性法・大学・民法学

ポスト司法制度改革の民法学

大村敦志

有斐閣

目　次

第1部　総論　法の性質

第1章　大学と公論 ────────────────────────2
A　市民社会・市民法の担い手としての大学 …………………2
　Ⅰ　はじめに──法と大学の変動　*2*
　Ⅱ　法学知の需要者たち──大学に集う人々(1)　*4*
　　1　ある大学教員の一日　*4*
　　2　学生から見た大学　*6*
　Ⅲ　法学知の供給者たち──大学に集う人々(2)　*12*
　　1　ある大学教員の一年　*12*
　　2　教員から見た大学　*14*
　Ⅳ　法学の性質から──大学で行われていること(1)　*18*
　　1　法と法学の関係　*18*
　　2　法学の統合性　*20*
　Ⅴ　大学の役割から──大学で行われていること(2)　*21*
　　1　アクセルとしての大学　*21*
　　2　ブレーキとしての大学　*22*
　Ⅵ　おわりに──法の「広場」としての大学　*23*

B　現代日本における民法典論争 …………………24
　はじめに　*24*
　Ⅰ　19世紀の民法典論争　*25*
　　1　民法典論争のさらなる研究へ　*26*
　　2　民法典論争研究の研究へ　*27*
　Ⅱ　21世紀の新・民法典論争　*28*
　　1　新・民法典論争の研究へ　*29*
　　2　新・民法典論争の記録へ　*33*
　おわりに　*34*

［後　記］

I　債権法の改正について　35
　　II　家族法の改正について　37
　　III　その他について　38

第2章　社会認識と法教育―――――――――――――――39
　　I　はじめに　39
　　II　フランスにおける法教育と法学教育　40
　　　1　20世紀末の市民教育――小学生の日常　40
　　　2　19世紀末の法学教育――科学学派による革命　41
　　III　日本における法教育と法学教育　43
　　　1　法教育から法学教育へ　43
　　　2　法学教育を再考する　44
　　IV　おわりに　45

第3章　民法と民法学―――――――――――――――47
　A　状況――変化する法典と法学　……………………………47
　　I　はじめに　47
　　II　法典――立法の時代　48
　　　1　財産法の場合　49
　　　2　家族法の場合　49
　　　3　債権法改正とその先　51
　　III　法学――多面体としての民法学　52
　　　1　越境――憲法・倒産法へ，消費者法・ジェンダー理論へ　53
　　　2　転回――商法学とアメリカ法へ，法統一とヨーロッパ法へ　54
　　　3　再発見――アジアの関係，立法との関係　55
　　　4　基礎づけ――社会や思考様式，存在意義や基本的価値との関係　56
　　IV　おわりに　57
　B　提言――新利益考量法学へ　………………………………59
　　I　はじめに――二つの「戦後」　59
　　II　出発点としての利益考量法学　62

    1　利益考量法学とその好敵手　*62*
    2　利益考量法学とその区分　*65*
  Ⅲ　何のための民法学か——民法学の目的　*67*
    1　法（＝社会）形成の学としての民法学——法的市民と市民的法律家の育成のために　*68*
    2　法（＝社会）認識の学としての民法学——市民と市民社会の擁護のために　*70*
  Ⅳ　どのような民法学か——民法学の対象と視点　*74*
    1　閉じたシステムとしての民法の研究　*75*
    2　開いたシステムとしての民法の研究　*79*
  Ⅴ　おわりに——新・利益考量法学へ　*83*
C　具体例——現代日本における相続法学説 ················*86*
  Ⅰ　はじめに——民法学の末子？　*86*
  Ⅱ　私法学会シンポジウムを素材に　*88*
    1　序　*88*
    2　議論されたこと　*89*
    3　議論されなかったこと　*93*
  Ⅲ　穂積重遠『相続法』を素材に　*95*
    1　序　*95*
    2　かつて，書かれたこと　*96*
    3　いま，書かれるべきこと　*99*
  Ⅳ　おわりに——協働の場としての相続法　*102*

第*4*章　解釈論・立法論と隣接諸学―――――――*104*
  はじめに——民法の立法・解釈と3先生　*104*
  Ⅰ　所　与　*105*
    1　現状認識　*105*
    2　出発点　*107*
    3　在庫整理　*111*
  Ⅱ　所　造　*117*
    1　解釈論・立法論そのものにおける具体例　*117*

       2 解釈論・立法論のための基礎研究における具体例　*127*
       3 小　括　*130*
    おわりに——解釈としての法・制度としての法　*132*

第2部　各論　研究の枠組み

第*1*章　体　系　へ———————————————————*136*
  A　民法改正と消費者法 …………………………………………*136*
    I　序　言　*136*
    II　本　論　*138*
      1 総論的な問題——消費者契約規定の位置　*138*
      2 各論的な問題　*139*
    III　結　語　*142*
  B　債権法改正と労働法 ……………………………………………*144*
    I　議論の現況　*144*
      1 中間試案までの経緯と今後の見通し　*144*
      2 対応の仕方——「黒船」の到来？　*144*
    II　本日の報告の感想　*146*
      1 全体の印象　*146*
      2 個別問題からのアプローチ　*147*
      3 全体構造からのアプローチ　*148*
      4 民法学への示唆　*150*
    III　今後の展望　*151*
      1 インターフェイスの必要性——研究教育上・立法上の連携へ　*151*
      2 国際から学際へ——内部での進化とより大きな進化　*151*

第*2*章　歴　史　へ———————————————————*153*
  A　明治期日本における民法の受容 …………………………………*153*
    はじめに　*153*
    I　前提の説明——議論状況　*155*
      1 法学の内外で　*155*
      2 民法学の文脈で　*157*

Ⅱ　展開のための試論──資料の提示　*159*
　　　1　民法の観念　*159*
　　　2　民法の反響　*163*
　　おわりに　*164*
　B　民法典の継受とボワソナード自然法論 …………………………*166*
　　はじめに　*166*
　　Ⅰ　ボワソナード自然法講義を通じての民法典継受　*167*
　　　1　ボワソナード自然法講義の内容　*167*
　　　2　ボワソナード自然法講義の意義　*170*
　　Ⅱ　ボワソナード旧民法起草を通じての民法典継受　*173*
　　　1　ボワソナード旧民法起草の特徴　*173*
　　　2　ボワソナード旧民法起草の痕跡　*176*
　　おわりに　*177*

第*3*章　比　較　へ───────────────────*179*
　A　フランス法研究の展望──民法 …………………………………*179*
　　Ⅰ　「フランス民法」「研究」「展望」　*179*
　　Ⅱ　民法・民法典の解釈・立法のために──導入型の研究　*181*
　　　1　基層を発掘する──特殊な関連性を基礎とする研究・その1　*181*
　　　2　革新を導入する──一般的な方法による研究・その1　*183*
　　Ⅲ　民法・民法典の思想と民法学の理論のために──参照枠型の研究
　　　　184
　　　1　観念を抽出する──特殊な関連性を基礎とする研究・その2　*184*
　　　2　枠組みを構築する──一般的な方法による研究・その2　*185*
　　Ⅳ　結語──フランス学の系譜の中で／司法制度改革の先に　*187*
　B　グローバリゼーションの中の法学教育──パリから東京へ …*190*
　　幕開き──2012年5月のパリから　*190*
　　これまでの梗概──大学改革と政治学院問題　*191*
　　　1　大学改革　*192*
　　　2　政治学院問題　*192*

第1幕——パリ政治学院 vs 法学部　*193*
　　　1　ジャマンの著書を読む　*193*
　　　2　ヴォジェルの著書を読む　*196*
　　幕間に——大学の変化？　*198*
　　　1　競争導入と多様化　*198*
　　　2　組織再編と海外提携　*199*
　　劇評——フランス法学はどこに行くのか？　*199*
　　　1　変わるもの？　*199*
　　　2　変わらざるもの？　*200*
　　幕切れ，と思いきや……　*201*
　　第2幕に続く——2013年の東京へ　*201*
　　　1　主役から悪役へ？　*202*
　　　2　観客も舞台に上がる？　*203*
　C　これからのフランス法学 …………………………………… *205*
　　Ⅰ　フランス法の特色——アクセルだけでなくブレーキも踏む　*206*
　　　1　古い法律にこだわる　*206*
　　　2　詳しい法律をつくる　*206*
　　Ⅱ　フランス法学の特色——現象でなく本質を見る　*207*
　　　1　法の道具化をさける　*207*
　　　2　法の人間性をたもつ　*208*

第4章　学　説　へ　　*210*

　A　架橋する法学・開放する法学——星野英一『法学入門』……… *210*
　　はじめに　*210*
　　Ⅰ　紹　介　*211*
　　　1　「外的視点」からの位置づけ　*212*
　　　2　「内的視点」からの位置づけ　*214*
　　Ⅱ　検　討　*215*
　　　1　「教養科目」としての法学学習　*215*
　　　2　「専門科目」としての法学学習　*217*
　　おわりに——「入門」の研究について　*218*

B 「人の法」の構想——広中俊雄の民法体系論 ……………220
- I はじめに——生成する広中体系　*220*
- II 広中体系の形成——「人間と市民」の間で　*222*
  1 広中体系の原型　*222*
  2 広中体系の定礎　*223*
- III 広中体系の展開——「人の法」構想に即して　*225*
  1 広中体系の変容　*225*
  2 広中体系の未来　*227*
- IV 結びに代えて——民法の体系を語るということ　*229*

第5章　教　育　へ ——————————————231

A 法教育から見た利益考量論 ……………………………231
はじめに　*231*
- I 民法学における方法論　*232*
  1 民法学は何をしているか　*232*
  2 利益考量論の意義　*234*
- II 利益考量論から法教育へ　*236*
  1 理解の技法としての利益考量　*236*
  2 創造の技法としての利益考量　*238*

おわりに　*241*

B 法教育から見た民法改正 ………………………………243
はじめに　*243*
- I 民法学における体系論　*244*
  1 法典上の体系と講学上の体系　*244*
  2 「講話・読本系」教科書の意義　*246*
- II 民法典の体系と法教育　*248*
  1 「講話・読本系」教科書の体系　*248*
  2 来るべき民法の体系　*253*

おわりに　*256*

第6章　立法・判例へ —————————————— 258

A　民法と消費者法の25年——民法改正と消費者市民社会 ……… 258

I　出発点　258
1　25年前の状況　258
2　視点？としての「民法改正と消費者市民社会」　260

II　その後の展開　261
はじめに　261
1　「消費者法」の展開　262
2　民法の展開　263

III　民法改正の経緯　264
はじめに　264
1　法制審議会以前　265
2　法制審議会　266

IV　展望　268
1　民法改正の後に　268
2　市民社会と消費者　270

B　Unbuiltの民法学——債権法改正「連戦連敗」の後で ………… 273
はじめに　273

I　なぜ負けたのか——市民社会なき民法（市民法）改正　274
1　債権法に特有の事情——推進力の不在　274
2　一般的な事情——立法過程におけるコーポラティズム　275

II　今後どうすべきか——民法（市民法）の名の下での市民社会の実現　276
1　法制審議会のシステム改良　276
2　解釈論・立法論における進化主義　277

おわりに——「人をつくる民法学」へ　278

C　最近の最高裁決定に見る法的推論 ……………………………… 280
はじめに　280

I　2件の最高裁決定の紹介　280
1　最大決2013・9・4（9月決定）　280
2　最決2013・12・10（12月決定）　283

Ⅱ　2件の最高裁決定の特徴　*284*
　　1　9月決定における進化主義　*284*
　　2　12月決定における進化主義　*285*
おわりに　*287*

あとがきに代えて──近代日本・平成日本・ポスト司法改革────*289*

初出一覧　*295*
事項索引　*297*
文献索引（邦文）　*304*
文献索引（欧文）　*320*

第1部 総論
法 の 性 質

第 1 章
大学と公論

A　市民社会・市民法の担い手としての大学

I　はじめに——法と大学の変動

　現代日本における法の変動を，その担い手という観点から検討する。
　このような課題を設定すると，直ちにいくつかの問題が現れる。「現代」「日本」とは，「法」の「変動」とは，そして「担い手」とは何か。「日本」はさしあたり括弧に入れ[1]，「法」の「変動」は（本稿初出書の）本論に譲るとしても，「現代」と「担い手」については，一応の範囲確定をしておく必要があるだろう。
　「法の変動」を語ろうとする時，「現代」という限定を付すのは必然的なことではない。ローマ法以来の変動を1000年・2000年の単位で，ナポレオン法典に始まる法典編纂以来の変動を100年・200年の単位で，それぞれ語ることももちろん可能である。しかし，ここでは主として，10年・20年の単位で考えてみたい。
　それには二つの理由がある。一つには，「法の変動」に限った話ではないが，1989年以来，私たちが新しい時代を迎えているからである。もう一つとして，1999年以来の司法制度改革を考慮に入れる必要がある。こちらは，「法の変動」により直接にかかわる。さらに，本稿が発表される媒体（初出書）が『岩

---

[1]　日本という単位で考えることの有効性そのものが問われなければならないが，この点について本稿では，間接的に触れるにとどまる。

波講座 現代法の動態』であることを考えるならば，最近10年という切口に格別の意味が付与される。というのは，1997年に刊行された『岩波講座 現代の法』の後継企画である本講座においては，特に前講座刊行後の事情を重視することが期待されるからである[2]。

「法の変動」の「担い手」とは誰のことか。この点を先決問題とするのではなく，「法の変動」の諸相を検討することを通じて，「担い手」を明らかにすることも考えられる。しかし，ここでは予め，主たる担い手を想定した上で，各々の担い手との関連で「法の変動」を考察するというアプローチを採りたい。

このアプローチを採ると，どのような「担い手」が想定されるだろうか。まず最初に考えられるのが「国会と裁判所」であるが，現代日本におけるその役割の変動を考える上では，「立法と判例」*の関係の変化という切り口が有用であろう。もちろん，「担い手」はこれに尽きるものではない。「メディア」*や「国際関係」*は大きな影響力を持っているし，「時代思潮」*の影響も無視できない。さらに，「地域社会」*が法を生み出すという側面にも着目する必要があろう。

より一般的に見るならば，「法律家」*と「市民」**が果たす役割をどう見るかという問題がある[3]。前者については役割の変化やそれに伴う制度の変更，後者に関しては，広義の法の教育という観点からの考察が興味深い。

「司法制度改革」によって「現代」を画するならば，とりわけ司法制度への市民の関与のあり方に留意することが必要となろう。この観点からは，「裁判員」*，「裁判外紛争処理」*，「行政訴訟」*「団体訴訟」*がとりわけ注目される（*は本稿初出書に本論として収録された諸論文のテーマを示す。なお，**は論文の収

---

2) 本稿は，筆者自身にとっては，前講座に寄稿した「現代日本の法学教育——法学部における教育を中心として」田中成明ほか編『岩波講座 現代の法 15現代法学の思想と方法』（岩波書店，1997）の続稿としての性格も持つ。「法学部における教育を中心として」という副題を付した前稿は，教育の観点から見た大学（法学部）論でもあったが，後述のように，本稿は，教育を一要素として含む法の担い手としての大学（法学部）論となる。そして，本稿では，司法制度改革（およびこれに関連する諸改革）を背景に，大学（法学部）をめぐる状況が，前稿公表時から見ると大きく変動している点に，特に着目することになる。なお，大学・法学部に関する文献は多いが，最近のものとして，広田照幸ほか編『シリーズ大学1〜6』（岩波書店，2013），広渡清吾『知的再生産構造の基盤変動——法科大学院・大学・学術コミュニティーの行方』（信山社出版，2009）を掲げておく。

3) 本稿は，司法制度改革や法教育についても言及するが，詳細な文献引用は省略する。

録が予定されていたものの実現しなかったテーマを示す。本稿はこれらの諸論文に対して序論をなすものとして書かれている）。

　以上のリストからは，性質の異なる二つのものが抜け落ちている。一つは「市場（経済）」である。しかし，これについては，「グローバリゼーション」という観点から（本稿初出書を含むシリーズの中で）別に扱われることが予定されているので，ここでは扱わない。もう一つは「大学（法学部等）」であるが，これが本稿の直接のテーマということになる。「法律家」「市民」に先立ち「大学」を取り上げて，法の変動の「担い手」に関する総論的な考察とするのはなぜか。この点こそが，本稿の中心的な問いにほかならない。

　この問いをめぐる考察は，次の二つの観点からなされる。まずはじめに，「アクター」から見た大学についての検討を試みる。具体的には，大学に集う人々が何を求め，何を行っているのかを「法学知」の需要者（Ⅱ）と供給者（Ⅲ）に分けて検討する。つづいて，「シーン」としての大学について考えてみたい。具体的には，大学で行われていることを，法学の性質（Ⅳ）と大学の役割（Ⅴ）の両側面から検討する。全体を通じて，「法の変動」に大学はいかにかかわるかを明らかにするとともに，法学部（あるいは法学校）と法学者の役割を再定義することが本稿の課題である（Ⅵ）。

Ⅱ　法学知の需要者たち――大学に集う人々(1)

1　ある大学教員の一日

　(1)　大学の法学部（法学科）や法科大学院（以下，「大学」あるいは「法学部等」と呼ぶ）に足を運ぶのは，どのような人々か。モデルとして，ある架空の大学教員（民法担当）の1日のスケジュールを追ってみることにしよう。

　都心の私立大学に勤務するA教授は，朝7時に郊外にある自宅を出発した。1時間目の講義が8時半から始まるからである。法科大学院生を相手に問答式の授業を終えたA教授は，事務室に立ち寄って研究費の支出に関する書類を提出した後，10時30分から学部内の図書委員会に出席し，先日書店から送られてきたカタログに出ていた新刊雑誌の定期購読を提案する。賛成する同僚が

多かったが，結局，予算不足のために見送りとなる。

委員会が終わったら昼時になったが，同僚たちと食事に出かけたりはしない。正門前のコンビニエンスストアでサンドイッチを買って研究室に戻り，そそくさと昼食をすませ，来客がある1時までの間に雑誌原稿の校正をすませる。午後1時に○○弁護士が来訪，同弁護士が担当している事件につき相談を受ける。続いて午後2時には××新聞の記者が来訪，現在進行中の法改正について解説と意見を求められる。

応接室から出たA教授は，受付に立ち寄り校正ゲラを預ける。夕方までには△△出版社の編集者が取りに来るはずだ。代わりに，大学院生がA教授宛に預けていった封筒を受け取る。その学生が執筆中の博士論文の一部だ。留学生なので，日本語も直してやらなければならない。A教授は研究室には戻らず，荷物を持ったまま図書室へ。夕方のゼミが始まるまでのあいだ，雑誌のコピーを取り続ける。週末に自宅で書く予定の判例解説のための資料だ。

夕方5時から始まるのは学部学生を相手にしたゼミだ。不法行為判例の社会的背景に関する報告を聞き，質疑応答をして7時に終了。ゼミ生の一人が相談事があるというので30分ほど立ち話をし，大学を後にする。8時の始発電車に座ることができたので，車内でメールチェック。帰宅は9時すぎだ。

ことのほか忙しい1日であった。もちろん，こんな日ばかりではない。授業も会議も来客もなく，誰とも言葉を交わすこともなく机に向かう日もあることを付言しておこう。

(2) この日，A教授が出会ったのはどんな人々であったか，簡単にまとめておこう。①大学で学ぶ人々：法科大学院生，博士課程の大学院生，そして学部のゼミ生たち。②大学に勤務する人々：同僚教授や事務職員。そして，③大学外の人々：弁護士やジャーナリスト，編集者。

以下においては，このうち①に属する人々，すなわち学生をいくつかに分類することを通じて，法学部に集う人々が何を，すなわち，どのような法学知を求めているのかを考えてみたい。これは次の理由による。②に属する人々は，大学において法学知を産出する人々とそれを補助する人々であるので，さしあたり除外する[4]。他方，③の人々の需要については，学生たちのサブ・カテゴリーごとの需要と関連づけることができるからである。

2 学生から見た大学

(1) 法律家のレベルで――法科大学院の創設とその変貌

明治時代の前半に司法省法学校が廃止されて東京大学法学部に吸収されて以来，日本の法学部は狭義の法曹養成を目的とするのではなく，広い意味での法律家の育成を担ってきた。別の言い方をするならば，法学部では，法曹を志望する者とそうではない者とをともに対象とする教育が行われてきた。

この体制は，2004 年を境に大きく変化した。法曹養成を目的とする専門職大学院として法科大学院制度が発足したからである。法科大学院の教育目的は法曹養成に特化されたのである。学生の側からこれを見るならば，法曹志望者は法科大学院において，法曹養成に集中した教育を受けることとなった。つまり，法科大学院に入学した学生にとっては，大学は将来の法曹にふさわしいトレーニングを受ける場となったのである。

法科大学院は，法学教育の目的だけでなく，その方法にも影響を及ぼした。法科大学院の創設に際しては「理論と実務の架橋」が説かれた。その結果，実務家が教育に関与するようになる一方で，実定法だけではなく基礎法学的な素養を重視すべきではないかという方向も示された。前者の影響は，要件事実論への関心に集約されるが[5]，後者は，基礎法学の側からの度重なる問題提起となって現れている[6]。

ここで注意すべきは，法科大学院の創設後 10 年を経て，前提条件が変わりつつあることである。司法試験の合格者数と法科大学院の総定員のアンバランスが試験の合格率を引き下げると同時に，以前より数が増えた合格者の中には就職が困難な者が現れたのである。結果として学生たちは，試験科目の勉強に集中することを強いられると同時に，法曹以外の職への就職を視野に入れなけ

---

4) 事務スタッフの状況や研究施設や予算は，法学知のインフラとして重要な意味を持つ。論ずるべき点は少なくないが，本稿ではさしあたり，直接の検討を行うことは対象外とせざるをえない。

5) 法科大学院における要件事実教育については多くの文献があるが，民事法学・法実務の全体との関連づけをはかるものとして，伊藤滋夫『民事法学入門――法学の基礎から民事実務までの道しるべ』（有斐閣，2012），その歴史的な側面に注目するものとして，坂本慶一『新要件事実論――要件事実論の生成と発展』（悠々社，2011）を参照。

6) 基礎法学の側からの提言については，たとえば，曽根威彦＝楜澤能生編『法実務，法理論，基礎法学の再定位』（日本評論社，2009），水林彪ほか「シンポジウム・実定法学の基礎法学 (1) (2)」法時 83 巻 3, 4 号（2011）などを参照。

ればならない，という難題に直面することになった。他方，法科大学院を経ずに法曹になる道として予備試験が開始されたため，予備試験を経て法曹になろうとする者も目立ってきた。

こうした状況に対しては，α 規模を縮小しつつ法科大学院を維持する，β 法科大学院を廃止する，という解決策が考えられる。α 案は，当初の制度構想に忠実であろうとする方策であるが，弁護士への需要の伸び悩みを考えるならば，これだけでは抜本的な解決とはならない。β 案は，当初の制度構想を廃棄して，従前の制度に戻ろうという方策であるが，10 年間の貴重な経験を無駄にすることになる。

そこで第三の道として出てくるのが，γ 法科大学院の教育目的を修正する，という方策である。確かに，日本社会はそれほど多くの「法曹」を求めているわけではない。しかし，ハイレベルの知見を備えた「法律家」はやはり必要なのではないか。ここでいう「法律家」には，「法曹」（司法関係者）だけではなく，政策法務（国や自治体・国際機関，議員やNPOのスタッフなど），企業法務（金融・保険・物流そのほか），さらには法普及活動（法律書出版，法教育や法報道）を担当する人々が含まれる。

学生の側にも社会の側にも，こうした需要はあるはずである。それをいかに汲み取るかが問題であろう。法科大学院の教育目標をこのように拡大するならば，教育方法の多元化が必要になるだろう。政策法務・企業法務に対応できる知見を養いうるようにコース設計をするとともに，法曹養成に関しても平均的な法曹ではなく，先端的な領域で活動しうる「尖った」人材を養成する工夫が必要となろう。

前述のように，時に，大学には弁護士（さらに官僚）たちが訪れて，自分たちの抱える案件について相談をしていく。その場合に求められることが多いのは，「いま・ここ」にあるのとは異なる法のありようの可能性である。そうだとすれば，これからの法科大学院に求められるのは，（平均的な）法曹としての（まとまった・既存の）知見だけではなく，（多様な）法律家としてやっていくための構想力や問題解決能力であろう。

(2) 市民のレベルで——法学部の再編とその現状

法科大学院の発足にあたっては，法学部を存続させるか否かが論じられた。

この点につき，日本では法学部を存続させるという方針が採られた。他方，日本より5年ほど遅れて法科大学院を導入した韓国においては，法科大学院を設置する大学では法学部は廃止する（別の学部に改組する）という選択がなされた[7]。全体として見るならば，日本でも韓国でも法学部は廃止されなかったが，日本では，同一の大学に法学部と法科大学院が併存するのに対して，韓国では，法学部を持つ大学と法科大学院を持つ大学とに分かれることになったわけである。

　結果として，日韓両国は共通の問題を抱えることとなると同時に，韓国には固有の問題が生じた。日韓共通の問題というのは，①法科大学院とは別に存続する法学部では，何のためにいかなる教育を行うべきかという問題である。また，韓国に固有の問題とは，②法学部を改組した新学部では，何のためにいかなる教育を行うべきかという問題である。日本では今日もなお一部に法学部廃止論があるが，もし法学部を廃止・改組することになれば，韓国と同様の問題に直面することになろう。

　現実には，①②は密接にかかわっている。仄聞するところによれば，韓国では，存置された法学部は法科大学院への合格者数を競い合っているようであり，いわば法科大学院の予備校として機能しているようである。また，法学部を改組して創設された新学部はどうかと言えば，ソウル国立大学の「自由専攻学部」を別にすると，当初理念とされた教養指向は実現されておらず，看板はともかくとして実質は「第2法学部」の様相を呈しているようである[8]。

　こうして見ると，法学部が存在するという状態から出発する以上，法学部を廃するか否かにかかわらず，法曹（あるいは法律家）養成を直接の目的としない法学部由来の学部において何をいかに教育するかが問題であるということになる。

　この問題を考える上での最大の分岐点は，法科大学院を創設した後に，学部レベルで法学を教え続けることに意味があるか，という点にあると言えよう。

---

7) 韓国の法科大学院制度の現況については，閔永盛「韓国の新しい法曹養成制度——法学専門大学院制度の導入経緯と現況」比較法研究73号（2011）を参照。

8) その意味では，Martha C. Nussbaum, *Not for Profit: Why Democracy Needs the Humanities*, Princeton University Press, 2010 の認識はやや不正確である。

この点を考えるにあたっては，近代日本において「法学部」とは何であったのかを振り返ることが有益であろう。

日本の大学法学部（法学科）は毎年約4万人弱の学生を受け入れているが，その大部分が私立大学の学生である。戦前を通じて，明治期に創設された私立法律学校[9]に端を発する私立大学の法学部は在野の弁護士や地方の名士などいわゆる傍系エリートの育成に貢献したと言われる[10]。今日では国立・私立の区別は薄れているが，法科大学院に進学する数千人とは別に，法学を学んだ数万人の人々が社会に出て，「準法律家」や「法的市民」（大村 1997）として活動することの意味は大きい。

もっとも，法学部が「準法律家」や「法的市民」の育成にふさわしい教育をしてきたか否かは，また別の問題である。特に，前述のように，法科大学院において（広義の）「法律家」の養成を行うのであれば，法学部における法学教育が何を目指すかは，より明確にされなければならないだろう。

かつて俗に，「法学部出身者はつぶしがきく」と言われたことがあった。これは，専門知識はともかくとして，「ジェネラリスト」として一定の知見と技能とを備えていたということだろう。この場合の「ジェネラリスト」とは何かを改めて考えてみるならば，①現代社会に対する基本的な認識と問題意識を有していること，②問題解決のための基本的なスキルとバランス感覚とを有していることを意味していたと思われる。それはたとえば，中央官庁の官僚や銀行員・商社マンに求められる能力であった。

こうした能力は今日でも，学生からも社会からも求められているはずである。もっとも①に関しては，自分探しや自分磨きに関心を集中させている若者たちに対して[11]，現代にふさわしい社会像を提示できているのか，という問題があ

---

9) 東京では，東京法学校〔法政〕，専修学校〔専修〕，明治法律学校〔明治〕，東京専門学校〔早稲田〕，英吉利法律学校〔中央〕の5大法律学校など。関西では，関西法律学校〔関大〕など。各学校の校史のほか，天野郁夫『大学の誕生（上）（下）』（中公新書，2009），同『高等教育の時代（上）（下）』（中公叢書，2013）などを参照。
10) 天野郁夫『学歴の社会史』（新潮選書，1992），同『旧制専門学校論』（玉川大学出版部，1993）による。
11) 現代日本の若者については，多数の文献があるが，内外の文献として，古市憲寿『絶望の国の幸福な若者たち』（講談社，2011），牧野篤『認められたい欲望と過剰な自分語り――そして居合わせた他者・過去とともにある私へ』（東京大学出版会，2011），牧野智和『自己啓発の時代

る。かつての法学は一定の社会像を提示しようと試みていたが[12]，近年ではそうした指向性は希薄になりつつある。これでは政策志向を強めつつある隣接諸学に対抗することも難しい[13]。また②についても世の関心は，法学部出身者よりもビジネス・スクール出身のコンサルタントたちに集まりつつあるようにも見えるが[14]，法学が実践的な側面においても大局観を失いつつあることが，その原因の一つになっているように思われる[15]。

　大学を訪れるジャーナリストたちが求めているのは，法学部が提供する社会像なのではないか。残念ながら，現在の司法記者たちの中には法学部出身者は多くない。法学部で勉強していればそんなことはわかるはずだ，と思われるちぐはぐな質問を受けることもある。しかし自らを省みるならば，現在の法学部では，ジャーナリストたちが基礎とできるような基本的な社会像に関する知見は，必ずしも十分に提供されていないのではないか，との反省を迫られる。

(3) 研究者のレベルで——大学の改革とその趨勢

　1990年代以降，日本の大学は大きな改革の波の中にある。一言で言えば，

　　——「自己」の文化社会学的探究』（勁草書房，2012），メアリー・C・ブリントン（池村千秋訳）『失われた場を探して——ロストジェネレーションの社会学』（NTT出版，2008），Muriel Jolivet, *Japon, la crise des modèles*, Philippe Piquier, 2010 など。実態調査として，NHK放送文化研究所編『NHK中学生・高校生の生活と意識調査——楽しい今と不確かな未来』（NHK出版，2003），同『NHK中学生・高校生の生活と意識調査2012——失われた20年が生んだ "幸せ" な十代』（NHK出版，2013）などを参照。

12) 川島武宜の法社会学的な社会論（たとえば，川島武宜『日本社会の家族的構成』〔学生書房，1948（日本評論社，1950，岩波現代文庫版，2000）〕），平井宜雄の法政策学の提唱（平井宜雄『法政策学〔第2版〕』〔有斐閣，1995，初版，1987〕）など。

13) たとえば，政治学や社会学においては，社会に対する基本認識と政策提言を結合する傾向が目立つようになりつつある。後出注33) 引用の文献を参照。

14) ビジネス・スクール関連の書籍が次々と出版されている。留学記として岩瀬大輔『ハーバードMBA留学記——資本主義の士官学校にて』（日経BP社，2006），授業の紹介としてクレイトン・M・クリステンセン（櫻井祐子訳）『イノベーション・オブ・ライフ——ハーバード・ビジネススクールを巣立つ君たちへ』（翔泳社，2012），リチャード・ヴィートー＝仲條亮子共著『ハーバードの「世界を動かす授業」——ビジネスエリートが学ぶグローバル経済の読み解き方』（徳間書店，2010），ケースメソッドについてウィリアム・エレット（斎藤聖美訳）『入門ケース・メソッド学習法——世界のビジネス・スクールで採用されている』（ダイヤモンド社，2010），ヨーロッパのビジネス・スクールに関して，テュルパン＝高津尚志『なぜ，日本企業は「グローバル化」でつまずくのか——世界の先進企業に学ぶリーダー育成法』（日本経済新聞出版社，2012）など多数。

15) たとえば，利益衡量論の退潮は，自覚的にバランス感覚を学ぶという意識を希薄にする結果となったように思われる。

大学もまたグローバリゼーションの大波に洗われつつある。大学全体を見れば，設置基準の緩和（大綱化），大学院重点化・教養部解体，国立大学の法人化などの出来事があり，自由化・専門化・競争化という形で，大学に市場原理が導入されることになった。法学部に関して言えば，職業人コースの導入や法科大学院の創設などによって大学院の脱＝研究化が進行している。特に，法科大学院の設立後，研究者を希望する学生が減少していることは大きな問題になっている。

では，学生たちは，なぜ（研究者養成のための）大学院に進学しなくなったのか。その理由はいくつか考えられる。

まず第一に，多くの大学が，法科大学院経由で博士課程に進学するというルートによって研究者養成をはかろうとしたことが挙げられる。そもそも，法科大学院が司法試験受験のみを指向するのであれば，そこから将来の研究者をリクルートするのはなかなか難しい。

第二に，研究職の魅力が物心両面で低下しているという事情もある。学説が実務に対して優位を保てなくなりつつあるように見える[16]，という点については後述するとして，大学教員の処遇が悪化しつつあるという点を指摘しておく必要があろう。一方で，大学の予算中に「競争的資金」が占める割合が増えたことによって，常勤の教授・准教授ではなく，任期付きの研究員がプロジェクトごとに採用されることが多くなった。そのため，若い研究者はなかなか常勤ポストに就けなくなっている。他方，法科大学院の創設に見合う形で教員ポストの増員がなされなかったために，教員一人あたりの授業負担は従前よりも大きくなった。教授・准教授たちの多くは忙しそうにしており，若い学生たちから見て魅力的な職業とは言いにくくなっている。

減りつつあるのは日本人の学生だけではない。前述のように，法科大学院経由で研究者養成をはかっている大学では，大学院修士課程に在学するのは外国人留学生だけという状況が出現しているのだが，法学に関する限り，大学院レベルでの留学生の数は伸び悩んでいるように見える。これにもいくつかの理由が考えられる。

---

16) 内田貴が強調する点である（内田貴「日本法学の閉塞感の制度的，思想的，歴史的要因の分析」曽根＝楜澤編・前出注6）所収など）。

まず第一に，経済の不調が，日本に留学生を吸引する力を削いでいることが挙げられる。第二に，従来の大学院教育が日本人学生を対象とした内向きのものであり，（特に東アジア諸国からの）留学生にとって敷居の高いものであったことも付け加えられるだろう[17]。留学生の処遇を改善することも必要だが，留学生にとって魅力あるプログラムを提供することや学位取得のための障害を除去することなどが必要であろう。

学生の研究者離れは出版事情ともかかわっている。書籍・雑誌の売り上げは減少傾向にあり，特に，専門書の売れ行きは思わしくない。法学の領域でも，研究成果をモノグラフィーとして，あるいは論文集として出版することは難しくなってきている。法学出版物の要であった概説書についても，出版社は，ある程度の売り上げを見込むことができる共著の教科書を，次々と刊行せざるをえない状況にある。法律雑誌についても同様で，一般誌が退潮し，読者層を絞った専門誌が増加する傾向が見られる。

こうした傾向の中で，出版社の編集者が大学を訪れる頻度も，かつてに比べて低くなっている。若い研究者たちに学術書の出版の機会を与えて，将来の著者を育てていくという気長な方略に代えて，いま必要な原稿を書いてくれそうな著者にメールで依頼をするという短期的な手法が目立つようになっている。

III 法学知の供給者たち——大学に集う人々(2)

1 ある大学教員の一年

(1) 大学の法学部（法学科）や法科大学院で研究・教育に従事しているのは，大学院生や非常勤講師を別にすれば，専任の教員たちである。もっとも，教員たちが行っている活動の内容は，専門領域による差があるだけでなく，一人の教員について見ても一様ではない。ここでもモデルとして，ある架空の大学教員（民法担当）の1年間の業績リストを示してみよう。

---

17) 東京大学法学部における留学生（民法）の推移につき，大村敦志＝伴ゆりな「留学生教育に関する一資料——東京大学大学院法学政治学研究科（民法専攻）の場合」書斎の窓594号 (2010) を参照。

地方の国立大学に勤務するB教授は，昨年，2冊の共著と3本の論文，それに2件の判例研究を公表した。他に書評と翻訳が一つずつある。2冊の著書のうち1冊は，他の二人の教授と一緒に書いた教科書である。幸い清新な教科書としてまずまずの売れ行きを見せているようだが，B教授自身も今年からこの教科書を使って授業をしている。もう1冊は，前年にやや大きな改正があった特別法に関する注釈書である。立法前から，この改正に関心を持っていたB教授は，いくつかの条文につきかなり立ち入った検討を加えている。

3本の論文のうち2本は，それぞれ記念論文集と大学紀要に発表したものであるが，長年B教授が関心を持っている法制度につき，比較法的な検討を行うものと裁判例や学説の動向をまとめたものである。残る1本は，ある時事的な問題に関する法律雑誌の特集に際して，民法の観点からの検討を求められたものである。判例研究はどうかと言えば，1件は新判例に関するものであり，やはり法律雑誌からの依頼で書いたものだ。もう1件は，やや古い著名な判例に関するものであり，『○○判例百選』に掲載された。

なお，書評は学会誌からの依頼に応じて執筆したものである。また翻訳は，B教授が参加している研究プロジェクトで来日した外国人研究者の講演を訳したものであり，同プロジェクトの雑誌に公表された。畑違いの領域に関するものであったので，少し手こずった。

B教授にとっては，昨年は，まずまずの成果があがった年であった。ただ，夏休みのオープン・キャンパスで高校生向けに行った講演と，××学会での△△弁護士の報告に対するコメントは，それぞれ掲載誌の都合で刊行は翌年になってしまった。また，これまで発表した一連の論文を再編成してモノグラフィーとして刊行する計画が進行中であるが，刊行には至らなかったのが残念である。

(2) B教授の昨年の業績がどのようなものであったのか，ここでも簡単にまとめておこう。①教育に関するもの：教科書の分担執筆や学習用判例集への寄稿。②研究に関するもの：論文集や紀要に掲載された論文，未完のモノグラフィー。③立法や判例に関するもの：注釈書の分担執筆や新判例の解説。④その他のもの：書評・翻訳・講演・コメント。

以下においては，これらの業績を素材に三つの観点から，法学部に集う教員

たちが，どのような法学知を求めているのかを考えてみたい。第一の観点は，法生成から見た場合，何を行っていることになるか（①②③にかかわる），第二の観点は，専門とする法領域から見た場合，行っていることに違いはあるか（主として②③にかかわる），第三の観点は，異なる知として何を連結の対象としているか（②④にかかわる），である。

2 教員から見た大学
(1) 役割の観点

法学部の教員（法学者）の大きな特色は，法生成への関与という点に求められる。大学の教員の職務は「教育研究」（学校教育法83条・92条など）にあるが，法学部においては，教育・研究もまた法生成と間接的にかかわっている。法は制度として存在するだけでなく，一般市民や法律家の法意識によって支えられているが，法の教育は法意識を再生産する機能を持つからである。この点において，法の世界において，教科書と呼ばれる概説書が果たす役割は極めて大きい。また，法の研究は，個別具体的な法の解釈や立法のための基礎作業としての意味を持つ。

法律家たちは，法の解釈や立法に際して，法学者の研究成果を利用することがある[18]。このような需要があることに応ずるべく，法学者自身が，法の解釈や立法につき具体的な提案をすることもある。基礎的な研究を参照して，そこから応用的な帰結を引き出すのは，容易なことではない。そこで，法学者たちは，みずから判例や立法にコメントをしたり，研究論文を書くにあたっても，実践的な帰結を示唆することが多い。このような場面においては，どの程度までの影響力を持つかは別にして，少なくとも主観的には，法の生成に直接に関与しようという意図が前面に現れる。

(2) 領域の観点

ところで，法学者の果たす役割はその研究領域によって同じではない。法学部の教員の中核をなすのは，現行日本法を分野ごとに研究する人々である。このような法学研究が実定法学と呼ばれるのに対して，基礎法学と呼ばれる法学

---

[18] 最高裁判例に対する調査官解説や法制審議会に提出される事務局資料などにおいては，学説の主張が精査されるのが通例である。

研究も存在する。「いま」「ここ」にある「法」から離れて，法の歴史（法史）や外国法との比較（比較法），あるいは法と社会などの関係（法社会学など），そもそも法とは何か（法哲学）に関する研究などが基礎法学に含まれる。

　基礎法学が文字通り「基礎」研究を行うとすれば，実定法学は「応用」研究を行うものである。一応はこのように言うことができるものの，実際はそれほど単純ではない。一方で，基礎研究の中にも応用性を念頭に置いたものがある。特に，基礎法学者のなかには，法科大学院における基礎教育の研究・教育につき，こうした観点を強調する者も増えてきている[19]。他方，実定法学は応用を指向するものではあるが，その実用の度合いは様々である。むしろ，実定法学の中には基礎的な研究と応用的な研究の双方があると言った方がよい。

　さらに言えば，一口に実定法学と言っても，そのスタンスは研究領域によってもかなり異なっている。試みに，主な法領域を三つの類型にまとめて，簡単な対比をしてみよう。①主導型（一体型），②批判型（外在型），③混合型（交流型）という区別である。

　①にあたるのは，知的財産法，経済法，租税法などである。憲法訴訟論，あるいは労働法，消費者法などもこれに加えることができるかもしれない。その特徴は，これらの領域では，いくつかの理由で実務側に理論的な蓄積が乏しいことが多いため，学説の占める割合が相対的に大きい，という点にある。これらの法に関する法学説は，実務と同じ平面で実務を主導する役割を担っている。その性質上，ここでいう学説はある問題に関する解釈学説（doctrine）であることが多い。

　②にあたるのは，刑法総論，刑事訴訟法，行政法総論，手形小切手法などである。憲法（人権論や統治機構論）や国際法などもここに含まれるだろうか。これらの領域では，いわゆる「理論」（théorie）が築かれており，その観点から，現実の法（実務）に対する批判がなされることが多い。もっとも，刑法にせよ刑事訴訟法にせよ，刑事司法実務には実務固有の論理がある。行政や政治・外

---

[19] 村上淳一編『法律家の歴史的教養』（東京大学出版会，2003），木庭顕『ローマ法案内――現代の法律家のために〔新版〕』（羽鳥書店，2017），同『現代日本法へのカタバシス〔新版〕』（羽鳥書店，2018），笹倉秀夫『法哲学講義』（東京大学出版会，2002），同『法解釈講義』（東京大学出版会，2009）などを参照。

交についても同様である。そのため，理論の側からの批判は必ずしも受け入れられない。しかし，これらの法領域においては，実務に直接の影響を及ぼすことが目的とされているわけではなく，むしろ実務を掣肘する点に学説の存在意義が見出される。

③にあたるのが，民法，商法，民事訴訟法などであろう。さらに，国際取引法などを加えることもできる。これらの領域は次のような特色を持つ。すなわち，実務に影響を与えることの必要性が（以前よりも）強く説かれると同時に，（裁判や取引の）実務が急速に力をつけてきているという事情がある。その背後には，「判例」が占めるウエイトが非常に大きくなっていることと，司法研修所や巨大ローファームといった実務側の頭脳が形成されつつある[20]ということなどがある。これらの法に関する法学においては，個別の問題に集約された形で論者の見解（opinion）が求められることが多くなっている。

歴史的に見るならば，明治期においては，すべての法領域が①型であった。その後，②型や③型が分化したと考えるべきだろう。そして，最近では，一部に，②型から①型への回帰が生じているようにも見える[21]。他方，③型は，これに属する法学のアイデンティティを揺るがしつつある。では，どうすればよいか。このうち，経済分析やガバナンス論の優越する商法学においては，②型への移行がはかられつつあるように見えるが，民法学や民事訴訟法学はどのような戦略を採るのかが，問われている。

民法学・民事訴訟法学のアイデンティティの揺らぎは，法科大学院における実務家教員の採用ともかかわっている。民事訴訟の進行や民法の適用の実際について，実務家教員が教えるとすれば，法学者（研究者教員）は何をすればよいのか。この点が一層切実な問題になるからである。もちろん，何をすべきかを考えざるをえないというのは，実務家教員も同じかもしれない。裁判の現場や司法研修所ではなく大学で教えるということに格別の意味があるのか否か。この点も一つの問題たりうるだろう[22][23]。

---

20) ローファームにつき，長島安治編集代表『日本のローファームの誕生と発展』（商事法務，2011）。草野耕一『未央の夢——ある国際弁護士の青春』（商事法務，2012）も参照。
21) 領域で言えば，憲法訴訟論（さらには経済刑法）など。
22) 前出注5）引用の伊藤，坂本の著作のほか，加藤新太郎の一連の著作（加藤新太郎編『リーガル・コミュニケーション』〔弘文堂，2002〕，同編『裁判官論』〔第一法規，2004〕など）も参

(3) 連結の観点

　古くからヨーロッパの大陸法諸国の法学者は，法学知の連結者であった。ヨーロッパの各地からイタリアの諸大学に集まり，ローマ法の知識を身につけた若者たちは，帰郷して諸侯のために働いた。たとえば，フランス語のjuristeが，仏仏辞典では「法の知識を持つ者」と定義されており，仏和辞典では「法学者」と訳されているのは，こうした沿革による。近代日本の法学者たちもまた，ヨーロッパから日本へと法学知の移植・連結をはかった。

　もっとも，外国法学の輸入の必要性は，相対的に低下しつつあるように見える[24]。いまや留学は大学教授の特権ではない。官庁も大手法律事務所も若手を外国留学に送り出している。そもそも外国の法情報の収集は，かつてとは比べものにならないほど容易になっている。必要があれば，調査員を派遣することもできるし，現地からレポートを送ってもらうこともできる。

　法学知の輸入に代わって求められるようになっているのが，実務知の組織化であろう。複雑に発展・分化する判例法は，ある種の整理・体系化を施して初めて認識可能になる。依然としてここには実定法学の役割の一つがある。1990年代において日本の民法学が体系指向に舵を切った理由は，この点に求められるだろう。

　しかし，法学者が担いうる「連結」の試みは，これだけに限られるわけではない。たとえば，隣接知の導入や市民知との架橋などが考えられる。日本では，様々な社会理論の導入と実態調査を行って来た法社会学が，この双方の先駆形態である[25]。マクロの法＝社会変動論を指向するとともに，様々な社会運動に

照。

23) 法学部にはそのほかに，ゲスト教員（外国人教員やジャーナリスト・官僚など）が客員教授などの形で所属していることがある。これらの人々の役割，さらには，日本の多くの法学部は「法政治学部」であるし，「法経学部」という形の学部もあるので，政治学者・経済学者の役割も考えなければならないが，本稿では立ち入らない。

24) それでも，外国法を知ることや留学することには格別の意味があると思うが，この点については，別に論ずる。さしあたり，大村敦志「フィンランドで日本の法学について考える――外国語，読書，学者」『民事判例Ⅵ』（2013a）を参照。

25) 日本の法社会学の現状の一端を示すものとして，太田勝造ほか編『法社会学の新世代』（有斐閣，2009），松村良之ほか編『現代日本の紛争処理と民事司法（1～3）』（東京大学出版会，2010）など。なお，ある時期までの成果をまとめたものとして，川島武宜編『法社会学講座（全10巻）』（岩波書店，1972～73）。

目を向けてきた（広義の）マルクス主義法学についても，同様の見方が不可能ではない[26]。さらに今日では，「法の経済分析（法と経済[27]）」のほか，「法と交渉」「法と心理」「法とジェンダー」など[28]，アメリカ風に言えばLaw andsと呼ばれる研究潮流も有力になっている。あるいは，法教育（法と教育[29]）という枠組みのなかで「非法律家を法律家に」するだけでなく，「法律家を非法律家に」する（非法律家を理解させる）ことも考えられる[30]。

IV　法学の性質から——大学で行われていること(1)

1　法と法学の関係

　大学法学部で教育＝学習され，研究されているのは何だろうか。その呼称からは「法学」だと考えるのが自然だが，本当だろうか。この点については，二つの方向から考えてみる必要があろう。

　第一に，法学部で教育＝学習され，研究されているのは「法」であるという見方が可能である。もっとも，「法」の教育＝学習には「法学」の助けが必要になる。このような見方は，医学部，工学部・農学部，あるいは外国語学部で行われていることなどについても，共通にあてはまるかもしれない。「医学」や「工学」「農学」や「語学」は，「医術」や「工業・技術」「農業」や「外国語（術）」を学ぶ助けとなる。

　第二に，法学部で教育＝学習され，研究されているのは「法学」であるとい

---

26) 最近ではマルクス主義法学が語られることは少なくなったが，その問題意識を引き継ぐものとして，たとえば，清水誠『時代に挑む法律学——市民法学の試み』（日本評論社，1992），吉田克己『現代市民社会と民法学』（日本評論社，1999）など。なお，その成果をまとめたものとして，天野和夫ほか編『マルクス主義法学講座（全8巻）』（日本評論社，1976～80）。
27) 最近のものとして，スティーブン・シャベル（田中亘＝飯田高訳）『法と経済学』（日本経済新聞出版社，2010）のみを挙げておく。なお，飯田高『〈法と経済学〉の社会規範論』（勁草書房，2004），常木淳『「法と経済学」による公共政策分析』（岩波書店，2012）も参照。
28) これらについては，学会や研究会も設立されている。
29) 大村敦志＝土井真一編『法教育のめざすもの——その実践に向けて』（商事法務，2009），大村敦志『〈法と教育〉序説』（商事法務，2010）などを参照。
30) 「非法律家を法律家に，法律家を非法律家に」は，穂積重遠が掲げた標語であった（大村敦志『穂積重遠——社会教育と社会事業とを両翼として』〔ミネルヴァ書房，2013〕を参照）。

う見方も可能である。実践的な「法術」や「医術」を習得するには，教室での多少とも体系的な教育＝学習が必要になる[31]。「法学」や「医学」はそのためのものであり，「法学」や「医学」を通じて「法術」や「医術」を習得する。大学とはそのような組織なのであり，「法学」や「医学」はこのような大学のあり方を前提として成立した。

結局のところ，大学法学部で行われているのは法＋法学であると言うべきだろう。実定法学を「法（術）の習得・改善のための学」と解するならば，法と法学とは不即不離なのである。

しかし，日本の大学法学部で行われていることは，これに尽きるものではない。そこでは，「法術のための法学」だけが行われてきたわけではなく，「法術のための法学」を通じて，「法」そのものを伝え・育むための教育＝学習，研究が行われてきたと言えるのではないか。そのために，「法術のための法学」の内部には「法術に関する法学」が生まれた。

今日，「法学教育」と対置した形で「法教育」の必要性が説かれている。その趣旨は，「法術」以前の問題として，「法」そのものの教育＝学習の必要性を説く点にある。それは暗黙裡に法学部において行われてきたことであるが，「法教育」はこの点を意識化することを促しているといえる。

法術を備えた法律家になるにせよ，ならないにせよ，法について学ぶことは必要である。というのは，法は人々の意識の中に存在するからである。そうであるからこそ，専門教育としての「法学教育」以前に「法教育」を行うことが要請される。

もっとも，一般教育としての「法教育」の必要性は，専門教育としての「法学教育」における「法」の重視に直結するわけではない。一般教育において「法」が教育＝学習されているならば，専門教育ではそのことをふまえて「法術」が教育＝学習されればよいとも言える。

ここで問題になるのは，一般教育＝専門教育という二元構造であろう。私たちは，一般市民と法曹（狭義の法律家）の間に，両者を媒介する人々を必要としないか。これらの人々は一般市民を代表して現行法を批評するとともに，一

31）「法学」「法術」という語は，明治期の法学者によってしばしば用いられた。

般市民に現行法を説明する役割を果たす（法的市民），また，司法制度を背景としつつ，その外で市民の必要に応じて法律関係を整序し，場合によっては新しい「制度」を生み出す（準法律家）。

こうした人々に期待されるのは，法意識の担い手であることだけでなく，法意識を意識することであろう。そのための教育＝学習には「法」そのものに関する法学が要請されることになろう。ここに基礎法学が果たす役割がある。実定法学に関して言えば，「法術に関する法学」（基礎的実定法学と呼べる）と「法術のための法学」（応用的実定法学と呼べる）との（相対的）区別を意識し，（基礎法学と連携しつつ）前者を洗練させていく必要がある。

2 法学の統合性

大学が神学部・医学部と法学部の3学部からなっていたころ，「神学」が「精神」（こころ）の学であり，「医学」が「身体」（からだ）の学であるのに対して，「法学」は「社会」（つきあい）の学であるとされていた。法学は「社会の知」を代表する学知であったわけである。

その後，社会学や経済学・政治学が勃興し，それぞれに制度化が進む[32]。近代日本について言えば，ある時期にはマルクス主義経済学が総合社会科学を標榜し，また今日では，厳密な社会科学であるのは新古典派経済学だけであると考える人々も少なくない。これに対して，政治学や社会学には，主として認識や批判の役割が期待されてきた。ところが近年では，これらの学問領域においても，政策学としての側面を前面に押し出す傾向が目立ってきている[33]。

このように，経済学に続いて政治学・社会学もまた，総合社会科学あるいは社会構成技術を標榜するようになっている中で，法学はいかなる方向に進むべきなのか。いろいろな考え方がありうるだろうが，原型としての「社会の学」

---

32) たとえば，フランス第3共和制期における社会学の生成につき，山下雅之『コントとデュルケームのあいだ——1870年代のフランス社会学』（木鐸社，1996）など。

33) 政治学につき，足立幸男『公共政策学とは何か』（ミネルヴァ書房，2009），草野厚『政策過程分析入門〔第2版〕』（東京大学出版会，2012，初版，1997），同編著『政策過程分析の最前線』（慶應義塾大学出版会，2008）。社会学につき武川正吾『政策志向の社会学』（有斐閣，2012），盛山和夫ほか編『公共社会学1，2』（東京大学出版会，2012）など。なお，コント社会学を「ソシオロジー」として再提示する試みは，専門化された社会学から総合社会科学への復帰を目指す試みであるようにも見える。

に戻って，法＝社会という観点から，総合社会科学や社会構成技術を目指すというのが，考えられる一つの方向ではなかろうか[34]。

V　大学の役割から ―― 大学で行われていること(2)

1　アクセルとしての大学

　大学がグローバリゼーションの波を受けて流動化していることは，すでに述べたとおりである。それとは別に，知識社会化に対応するかのように，学歴の高度化が進んでいる。見方を変えればそれは，大学の大衆化ということにほかならない。いまや大学は，内外に向けて，また，政府や企業だけでなく国民一般に向けて，その存在意義を明らかにすることを求められている。

　このような状況の下で大学が打ち出しているのは，国際化と学際化とであろう。スローガンとして国際化が説かれるようになって久しいが，最近では，これに対する障壁を除去しようという試みが目立つようになってきている。英語コースの開設，長期短期の留学の奨励，4学期制・秋学期入学の試みなどは，その一例であろう。他方，学際化も様々な場面で説かれてきた。「法」学部・「医」学部や「文」学部・「理」学部のような伝統的な学部とは別に，様々な名称の領域横断的な学部が相次いで創設されている。「先端」や「超域」などといった語が用いられる例もある。

　ところが，法学部や法科大学院では，国際化も学際化も必ずしも十分には進んでいない。確かに，「法学」の中心をなす実定法学は，一国の国内法を主たる対象とするため，国際化にはなじみにくい部分がある。同時に，日本には，明治以来，欧米の法・法学を学び続けてきた歴史がある。近年においては，中国・韓国をはじめとする東アジア法への関心が高まっている一方で[35]，東南アジアや中央アジアへの法整備支援も盛んになっている[36]。それにもかかわらず，

---

34) 実定法学の中からの試みとして，大橋（行政法学），水町（労働法学）など（概説書として大橋洋一『現代行政過程論〔第4版〕』〔有斐閣，2019〕），水町勇一郎『労働法〔第7版〕』〔有斐閣，2017〕）。
35) たとえば，野村豊弘ほか「座談会・アジアの民法」ジュリ1406号（2010）など。
36) たとえば，鯨京正訓『法整備支援とは何か』（名古屋大学出版会，2011），松尾弘『開発法学

少なくとも教育＝学習レベルでは，外国法はかつてよりも遠いものとなりつつある。その背後には，国内法学の成熟という側面もあるが，むしろ，学生たちが（司法試験や法科大学院入試の）試験科目以外に関心を示さなくなってきているという事情もある。学際化についても事情は同様であり，基礎法学や隣接諸学に対する関心は，あまり高いとは言えない。

しかし，時代の潮流に棹さし，グローバリゼーションの大波を乗り切っていくには，現代の世界が直面する問題を適切に把握し，様々な方面から解決を試みることを可能にする視点とスキルが必要となる。今日の大学には，こうした「知」の生産（研究）と供給（教育）とが求められている。大学はこの要請に応えていかなければならない。日本の法科大学院にとっても，欧米やアジアのロースクールと競争し，また，内外のビジネススクールに対抗して，現代社会にふさわしい人材を供給するためには，国際化・学際化は不可欠であろう[37]。

2 ブレーキとしての大学

しかし，大学の役割は，それに尽きるものではなかろう。学校の役割は，現実の世界から一定の距離をとり，そのありようを問い直すという点にもある。古今東西を通じて，教育とはそのような営みであったとも言える[38]。この点は大学においても変わらない。というよりも，こうした反省と批評が行われる場としては，大学こそがふさわしい。「大学の自治」はそのためにある。

他方で，近代国家における学校は，国民の創出，国民国家の維持という役割を担わされてきた。この点は，フランス第3共和制における公教育において顕著であるが[39]，帝国日本の教育についても同様のことがいえるだろう。今日，このような教育観は時代遅れになったのだろうか。確かに，大学に対して，グローバリゼーションの防波堤たれ，というのは過大な要求かもしれない。防波

の基礎理論——良い統治のための法律学』（勁草書房，2012）など。
[37] フランスの状況につき，本書第2部第3章Bを参照。
[38] ギリシャの教育につき，廣川洋一『ギリシア人の教育——教養とは何か』（岩波新書，1990），孔子の教育につき，俵木浩太郎『孔子と教育——「好学」とフィロソフィア』（みすず書房，1990）。
[39] 第3共和制期におけるフランスの教育につき，小山勉『教育闘争と地のヘゲモニー——フランス革命後の学校・教育・国家』（御茶の水書房，1998）など。なお，大村敦志「共和国の民法学」同『20世紀フランス民法学から』（東京大学出版会，2009）も参照。

堤となるのは（国家を含む各種の）「社会」の役割であろう。しかし，大学は「社会」のために警告を発することはできるはずである。大波を防ぐことはできないとしても，波を照らし出して，その実像を示すことが期待されるのではないか。

VI　おわりに——法の「広場」としての大学

　まずは，大学に集う人々（II・III），続いて，大学という場（IV・V）に焦点をあわせて，「法学部」の位置づけを試みてきた。なお検討すべき点は多いが，ひとまずは，「法学部」に求められる法学知は重層的なものであり，また，「大学」が果たすべき役割は両義的なものであると述べておこう。

　こうした認識からは，大学は多様なものが出会い，せめぎあう知の「広場」——法学部に即して言えば「法」の広場——として位置づけられることになる。国際・学際についてはすでに述べたところであるが，今日ではさらに，理論と実務だけでなく，行政や市民とも協力し合う inter-professionnel な側面（「職際」あるいは「能際」）[40]，あるいは，短期的な目標だけでなく，将来世代のことも視野に入れた inter-temporel な視点（「時際」）も必要であろう。

　かつて司馬遼太郎は，近代日本の大学を「文明の配電盤」と呼んだ[41]。欧米から日本へという一方向的な流れのイメージは是正されるべきであるとしても，多くのものが集まって，そして分かれていく，というイメージは，今日も保持されてよい。こうした機能を果たせるか否かは，異なるものの接続をいかにはかる，換言すれば，どのようなインターフェイスを創り出すか，にかかっている。

　理論と実務，法律家と市民，法学と隣接諸学，国外と国内，短期と中長期，権利と公共性……様々な「間」に立つ法学者に期待されるのは，こうした役割ではないか[42]。

---

40)　東日本大震災以後，専門家に対する不信の念が高まっていることを考えると，市民との協働の回路を開くことは特に重要であろう。
41)　司馬遼太郎『本郷界隈——街道をゆく 37』（朝日新聞社，1996，初版，1971）。
42)　もっとも，実務と言っても，A（司法）・B（ビジネス）を分けて考える必要がある。同様に，

B　現代日本における民法典論争

はじめに

　はじめに，星野通『民法典論争資料集』（以下「資料集」という）に対する謝辞を述べたい。編者の業績を顕彰するシンポジウムにおいて，後進の研究者がこのように述べるのは当然のことのように思われるかもしれない。しかし，私が述べたいのは，より立ち入った個人的な感謝の言葉である。

　もう20年以上も前のことになるが，私は「民法と民法典を考える」という論文を書いたことがある[43]。この論文は「民法典の民法観」「法律家の民法と市民の民法」「ル・コードからレ・コードへ」の3章からなるが，このうち第1章の第2節「日本民法典の民法観」で，私は「法典論争に見る民法観」を取り上げた。この部分を書くにあたって主として用いたのが，「資料集」の原型をなす『明治民法編纂史研究』（以下「研究」という）の第2部「民法典論争資料編」であった[44]。星野博士が苦労して編まれた「資料集」のおかげで，私たちはいま，容易に民法典論争の内容を知ることができる。一般論としてではなく，法典論争の内実に立ち入る研究を，わずかではあれ試みた者の一人として，その学恩が計り知れないものであることを痛感する。本シンポジウムへのご招待をお受けしたのは，博士の学恩にいささかとも報いたいと考えたからにほかならない。

　　世論A（メディア）・B（出版），隣接A（諸学）と隣接B（諸法），公共性A（政策）・B（自然や文化）の区別が必要となろう。
43)　民法研究1巻（1996）所収。現在では，大村敦志『法典・教育・民法学』（有斐閣，1999）に収録。
44)　私が用いたのは，1969年版の原型となっている『明治民法編纂史研究』（ダイヤモンド社，1943）の復刻版（信山社，1994）であり，2013年の復刻増補版のような校訂が施されたものではなかった。新たな復刻増補版によって『民法典論争資料集』はさらにその価値を高めたが，それでも原版やその原型である『明治民法編纂史研究』の価値は失われないことは言うまでもない。

星野博士は,「断行派の中核……は,……司法省法学校出身者であ（る）」のに対して,「延期派の中核……は,……東京大学法学部出身者であった」[45]としている。そこで,東京大学の観点から民法典論争について何か話してほしいというのが,主催者から私に寄せられた要望であった。しかし,私がこれからお話ししたいのは,主催者の求めとはやや異なることである。「資料集」復刻増補版の「はしがき」は,「現行民法典制定過程の研究の重要性は,近時の民法（債権法）改正事業とあいまって高まっており,星野博士の「資料集」の意義もますます大きくなっている」[46]と指摘しているが,博士の業績を参照しつつ,現代の民法改正について考えてみたい,というのが以下の私の報告の趣旨である。

言い換えるならば,19世紀の民法典論争を媒介として（Ⅰ）,21世紀の新たな民法典論争を展望しようというわけである（Ⅱ）。本題に入るに先立ち,このような報告をすることをお認め下さった主催者に,まずお礼を申し上げたい。

Ⅰ　19世紀の民法典論争

19世紀の（本来の）民法典論争については,これまでに多くの研究が積み重ねられてきている。私自身も,①断行派・延期派の両雄であった梅謙次郎と穂積八束の間の共通の側面に着目すべきこと,②旧民法の家族法と比べて明治民法の家族法が保守的だと断ずることはできないことなどを指摘してきた[47]。また,民法典編纂過程における議論には,旧世代の実務法律家と新世代の大学教授の対立という側面があることにも留意する必要がある[48]。

---

45) 星野通編著＝松山大学法学部松大GP推進委員会増補『民法典論争資料集〔復刻増補版〕』（日本評論社,2013）6頁。
46) 星野・前出注45）ⅲ頁。
47) ①は大村・前出注43）で,②は大村敦志『文学から見た家族法』（ミネルヴァ書房,2012）で,それぞれ述べた。
48) 起草委員である穂積（1856年生）・富井（1858年生）・梅（1860年生）が若年の大学教授たちであったのに対して,尾崎三良（1842年生）・横田国臣（1850年生）・磯部四郎（1851年生）・高木豊三（1852年生）・菊池武夫（1854年生）など,発言力ある委員たちは年長の実務法律家であった。

以下においては，これらの点を繰り返すことはせず，民法典論争についてさらに検討すべき課題のいくつかを指摘した上で（*1*），いまや民法典論争に関する研究そのものが研究対象になるべきではないかということを述べたい（*2*）。

1 民法典論争のさらなる研究へ

(1) 論争の聴衆は？——共時的な拡張

民法典論争につき，最近，私が気にかけていることの第一は，論争の聴衆はいかなる人々であったのか，ということである。

「資料集」を繙けば一目瞭然であるし，星野博士自身も冒頭の解題「旧民法典と民法典論争」で触れておられるが，論争は延期派・断行派の「機関誌」を主たる舞台に展開された。具体的には「法理精華」「法学新報」「法政誌叢」「法治協会雑誌」「法律雑誌」「明法誌叢」などに論文が発表されているが，このうち「法理精華」は「法学新報」の前身であり，「法学新報」は英吉利法律学校（現・中央大学）の機関誌である。また，「法政誌叢」「法治協会雑誌」「明法誌叢」は明治法律学校（現・明治大学）と，「法律雑誌」は和仏法律学校（現・法政大学）と密接な関係を持つ[49]。

問題はこれらの雑誌の読者が，どのような人々であり，どのくらい存在したかという点にある。この点に関しては，当時の私立法律学校の規模を，通信教育をも考慮に入れつつ[50]，検討する必要がある。この点をぬきにしては，民法典論争の広がりを実感することはできないだろう。

(2) 論争の淵源は？——通時的な拡張

第二に，より長いタイム・スパンの中で，民法典論争を位置づける必要があるように思う。周知のように，民法典編纂の試みはすでに明治初年に始まっている。民法典制定に関する賛否両論もすでに，狭義の民法典論争以前に現れている。

---

[49] 村上一博「明治法律学校機関誌にみる法典論争関係記事（1〜6）」法律論叢77巻1号〜83巻1号（2004〜2010）がある。

[50] 天野郁夫『大学の誕生（上）』（中公新書，2009）330頁によると，国立国会図書館の蔵書目録には，東京法学院302点，東京専門学校274点，明治法律学校188点，和仏法律学校160点，日本法律学校122点，専修学校36点の通信講義録が見出されるという。

その詳細に立ち入ることはできないが，ビッグ・ネームだけを取り上げるならば，たとえば，福沢諭吉，小野梓，植木枝盛などが1880年代に民法典制定の是非・内容について論じている[51]。福沢の「民法編成の問答」（明治14〔1881〕年）[52]，小野の『民法之骨』（明治19〔1886〕年）[53]，植木の「如何なる民法を制定す可き耶」（明治22〔1889〕年）[54]がその例である。また，津田真道の造語と言われる「民法」という訳語[55]の是非についても，明治初期以来の議論があったが，いまは立ち入らない[56]。

いずれにしても，民法典編纂の是非が，法律家だけでなく思想家によっても論じられていたことは注目に値するだろう。

2 民法典論争研究の研究へ

「資料集」の原型をなす「研究」が出版されたのは1943年のことであった。いまから70余年前のことであり，いまやそれは歴史的な出来事になっていると言える。私たちは，なぜこの時期に星野博士がこのような研究を公表されたのかを考えるべきであろう。星野博士の主観的な意図だけでなく，当時の学界事情・社会事情を考慮に入れた総合的な研究が必要であろう。また，「研究」以後，民法典論争の意義や位置づけについては様々な検討がなされてきた。そうした研究史の中に星野博士の「研究」を改めて位置づけることも必要であろう。こうした点については，本シンポジウムの他の報告で言及されることになるかもしれないが，念のために述べておく。〔シンポジウムの席上，岩谷十郎教授は「民法典論争・論争」という表現を用いられたが，この表現を借りるならば，「民法典論争・論争」の研究が望まれる。〕

---

51) この点については，法制史学会国際シンポジウム「西洋法の東アジアへの移転」（2010年10月）における報告（本書第2部第2章Aとして所収）で検討した。
52) 交詢雑誌41号。引用は中村菊男「法典争議と福沢の立場——明治法史における福沢諭吉(1)」法学研究23巻8号（1950）36～37頁による。
53) 国立国会図書館デジタルコレクションによる。
54) 国民之友60号，61号。引用は家永三郎編『植木枝盛選集』（岩波文庫，1974）189頁以下による。
55) 穂積陳重『法窓夜話』（岩波文庫，1980）180頁。
56) この点についても，大村・前出注51) のシンポジウム報告で述べた。

II　21世紀の新・民法典論争

　21世紀の新・民法典論争を語るにあたっては，ここでいう論争の対象を確定しておく必要がある。この点に関しては，広狭二つの論争を想定することができることを指摘しておきたい。新・民法典論争と言えば，第一に，1990年代に端を発し，2000年代の半ばから活況を呈し始めたいわゆる債権法改正（実質は契約法改正）をめぐる議論が想起されるであろう[57]。少なくとも多くの法律家にとっては，これを新・民法典論争と呼ぶことに大きな違和感はなかろう。しかし，これだけが新・民法典論争ではない。第二に，1980年代末に端を発し，今日まで続いている家族法改正を巡る議論にも目を向ける必要がある[58]。債権法をめぐって展開された2000年代半ば以降の議論を狭義の新・民法典論争と呼ぶならば，1990年代半ばから続いている家族法をめぐる議論も含めた民法改正全般にかかわる議論は，広義の新・民法典論争と呼べるであろう。

　以下においては，広狭二義の新・民法典論争を念頭に置きつつ，その研究の必要性を確認した上で（*1*），そのための記録整備の重要性（*2*）について述べ

---

57) いわゆる債権法改正の端緒をどこに求めるかは一つの問題であるが，1998年の日本私法学会においてこのテーマが取り上げられたのが，一つの画期となろう。シンポジウム報告グループの活動はその数年前から開始されていたので，とりあえず1990年代の半ばぐらいまでは遡れるであろう。その後，2006年の年頭に，法務省が債権法改正を予定しているという報道がなされるのと前後して，複数の学者グループの活動が盛んになった。その成果は2008年〜09年にかけて公表された。これを受けて，2009年11月には法制審議会に民法（債権関係）部会が設置され，公式の審議が始まった。同部会は，2011年3月に「論点整理」を，さらに2013年2月に「中間試案」を公表するに至っている。〔その後，2017年に新法が成立し，2020年4月から施行される。〕

58) 家族法に関しては，実現を見た改正，すなわち，1999年の成年後見制度の改正や2011年の親権制度の改正などのほか，実現に至っていない改正，すなわち，1987年の特別養子法制定の後に着手され，選択的夫婦別氏制度の導入や相続分の格差是正を含んだ婚姻法改正（1996年の要綱でストップ），1990年代の終わりに生殖補助医療の進展を契機に始まった親子法改正（2003年の中間試案でストップ）を考慮に入れる必要がある。さらに特別法として，児童虐待防止法やDV防止法，あるいは性同一性障害者特例法を視野に入れることが望まれる。なお，実現に至っていない例として，成年年齢の引き下げもある。〔本稿脱稿後の2013年に，相続分の格差是正が実現した。その後，2018年には成年年齢の引き下げが実現するとともに，2013年の改正を発端とする相続法改正がなされた。2019年は特別養子制度の改正がなされ，さらに法制審議会では親子法制の見直しが行われており，本稿初出時とはかなり状況は異なっている。〕

たい。

1 新・民法典論争の研究へ

(1) 新・民法典論争の背景事情

まず一方では，民法典論争の場合と同様に，新・民法典論争がなぜ起きたのかを研究することが望まれる。19世紀の民法典論争は，当時の人々にとって（法典論争という形をとった）「民法改正」がどのような意味を持つのかを明らかにする大きな手がかりとなった。同様に，21世紀の新・民法典論争は，現代に生きる私たちにとって「民法改正」が持つ意味を解明する手がかりとなるであろう。

この解明にあたっては，様々な観点から論争の原因・背景事情を探ることが重要な作業となる。具体的な研究は今後に委ねられることになるが，ここでは，19世紀の民法典論争の要因を念頭に置きつつ，いくつかの可能性を指摘しておきたい。

第一は，政治的・制度的な要因についてである。この点は複雑であり，立ち入った検討を要するが，さしあたり二つの事情を挙げておく。一つ目は，1993年に自民党の長期政権が終焉を迎えて以来，政権の基盤が脆弱になっているということである。特に家族法に関しては，審議会の提案を受けて法務省が作成した改正案が，与党自民党内の反対によって流産するという事態が続いている。現代日本における政権の権力基盤は明治政府の強大な権力基盤とは比べるべくもない。二つ目としては，審議会自体が自律性を保ちにくくなっているという事情がある。かつての法制審議会民法部会は包括諮問を受けており，改正事項を自ら設定する権限を持っていた。しかも，準備会を設置して入念な検討することができた。ところが今日では，諮問事項は限定されており，そもそも常設の民法部会自体が廃止されてしまった。そのために審議に際しては，それは権限外の事項ではないかという議論がしばしば生ずることになった。この点も，伊藤博文を総裁とした法典調査会とは全く事情が異なる〔法典調査会のステータスの高さについては，シンポジウムにおいて岡孝教授も言及された〕。なお，かつての民法部会は民法学者と裁判官などからなる狭義の専門家の集まりであったのに対して，今日では広い範囲から委員が集められるようになっているが，この

点については，別の文脈で改めて取り上げる。

　第二は，改正の対象の変化についてである。戦後は1980年代に至るまで，民法改正の中心は家族法であり，財産法部分の改正は散発的に行われるにとどまっていた。しかも家族法に関して言えば，62年改正や80年改正はいわば1947年の大改正の積み残しを処理する改正であり，法技術の選択についての議論はありえたものの，改正の方向性は明らかであったと言える[59]。また，財産法について見ても，66年の借地借家法改正はやはり既存路線の延長線上にあったし，71年の根抵当法の改正は極めて技術性の高いものであった[60]。家族や取引のあり方をめぐって，正面から考え方が対立するということは稀であった。ところが，1980年代の後半から，家族法については，戦後の典型的な家族像の中には収まりきらない現代的な問題が出現しはじめた[61]。また，財産法においては，契約法が検討対象となることによって，新旧の学説が対立するだけでなく，経済界・労働界・弁護士会・裁判所などがそれぞれの利害と関心とに応じて様々な主張をするようになった[62]。

　第三は，第一点・第二点ともかかわるが，立法に関与する人々の拡大についてである。かつてとは異なり，法制審議会は様々な立場の人々を委員に迎えるようになっている。そして，それらの人々は，それぞれの利益代表として審議に臨むようになっているため，審議会はそれ自体が議論の場であるというよりも，諸利益の妥協・調整の場としての色彩を強めている。また，パブリックコメントの制度が導入されたこともあり，審議会の委員を媒介とせずに示された意見も参酌されるようになっている。つまり，立法に利害関係を持つ人々が，審議会の議論に対して，その内外から影響を与える余地が拡大している。また，

---

[59] 大村敦志「民法典の改正――後二編」広中俊雄＝星野英一編『民法典の百年Ⅰ　全般的考察』（有斐閣，1998）所収（大村敦志『消費者・家族と法』〔東京大学出版会，1999〕にも収録）を参照。

[60] 借地借家法については，星野英一『借地借家法』（有斐閣，1969）が，根抵当法については，鈴木禄弥『根抵当法概説』（新日本法規，初版，1973，第3版，1998）が，立法前後の状況を伝える。

[61] 大村敦志「家族法と公共性」長谷部恭男＝金泰昌編『公共哲学12』（東京大学出版会，2004）所収を参照（大村敦志『新しい日本の民法学へ』〔東京大学出版会，2009〕にも収録）。

[62] 同様の激しい議論は，すでに1990年代末から2000年代はじめにかけて，借地借家法の改正や区分所有法の改正においても展開されていた。

経済界・労働界（及びそれぞれの関係官庁[63]）はもちろん，弁護士会・裁判所に関しても[64]，立法案につき検討するための組織が整えられるようになっている。その結果として，単に利害が主張されるだけではなく，（否定的なものだけでなく建設的なものも含めて）それを支える法律論が展開されるようになって来ている。

第四は，立法モデルについてである。国内に様々な意見があるとしても，世界的な趨勢に裏づけられた確固たる立法モデルがあるのであれば，立法論はこのモデルを中心にして，それに必要な修正を加えるという形で展開されることになる。19世紀の法典編纂はまさにそのように行われたわけである。今日においても，男女平等（雇用機会均等や男女共同参画社会）だとか消費者保護（製造物責任や不当条項規制）といった世界的な趨勢の認められる領域においては，その影響を追い風として（外圧によって）立法を推進することは不可能ではない。しかし，日本社会が先進化・成熟化したこともあって，明確な立法モデルとなりうるものは少なくなりつつある。なお，このことは，比較法的な研究に大きな力を注いできた民法学者（実定法学者）の影響力を後退させる要因にもなっている。

(2) 新・民法典論争の影響

他方で，新・民法典論争の影響についての研究も求められる。実は，19世紀の民法典論争は，旧民法典を葬っただけでなく，民法典の家族法部分（明治民法）にも有形無形の影響を及ぼしている。このことを具体的に確認することの意味は今日でも大きい[65]。同様に，あるいはそれ以上に，新・民法典論争は新しくできるはずの民法（債権法部分・家族法部分）に大きな影響を及ぼすはず

---

[63] 中央官庁は，少なくとも少し前までは，法学部卒業の優秀な法制官僚を擁していた。

[64] 日弁連の各種委員会や各地の弁護士会の委員会，最高裁の事務総局・司法研修所などが充実することによって，独自の法律論の展開が可能になっている。

[65] もちろん，このことは一般論（総論）のレベルでは広く認識されているが，個別規定の内容やその後の解釈についての具体的な検討（各論）は，必ずしも十分ではない。40年来，現行民法典の起草過程の研究は活発化しているが，家族法部分については1947年の全面改正によって，明治民法と現行民法との間に，ある意味では断絶が生じたこともあって，明治民法の起草過程の研究は財産法部分に比べやや手薄になっている。私は10数年来，法典調査会における議論の読み直しを行っているが，総則編と比べて親族編において再発見に遭遇することが多いように感じている（具体的には，大村敦志『民法読解総則編』〔有斐閣，2010〕と同『民法読解親族編』〔有斐閣，2015〕とを対比していただきたい）。

である。その影響を解明することは，たとえば，次のような意味を持つ。

　第一に，ある規定（制度）がなぜそのような内容になったのかを明らかにするのに資する。新しい民法典の諸規定（諸制度）は，紆余曲折を経てある形をとるに至る。その経緯を明らかにして，できあがった諸規定（諸制度）の当面の意味を確定するには，法制審議会の議論を辿るだけでは十分ではなく，その審議の過程に有形無形に作用した様々な力と，そこからもたらされた議論の内容（その実質的な価値判断と法律上の構成）を抽出することが必要になる。その作業を経てはじめて，ある規定（制度）のさしあたりの（顕在化した）「意味」を明らかにすることができる[66]。

　第二に，ある規定（制度）に関する提案が採用されなかったのはなぜかを明らかにすることにも資するであろう。新しい民法典の諸規定（諸制度）を定めるにあたっては，様々な提案がなされては消えていく。その中には，様々な価値や技術が盛り込まれていたはずであるが，それらは直接的には実現しなかったことになる。では，それらが全く無用であったかと言えば，そうではない。そこには，実現した一つの制度をよりよく運用するための，よりよく改正するための，あるいは，よりよく理解するための手がかりが含まれている。それらは直ちに利用可能なこともあるし，近い将来に役立つこと，さらには遠い未来に再発見されることもある〔シンポジウムの席上，池田眞朗教授は，ボワソナード草案の規定が現代のフランスで再発見されていることを指摘された〕。ある規定（制度）の現実態を明らかにするだけでなくその可能態を明らかにしていくことは，様々な意味で有用なことなのである[67)68]。このような作業を経ることによって，

---

[66] このような検討は，民法改正をめぐる短期的な論争を対象とするだけでなく，従来の学説史をふまえて，さらには，法制史を遡って，なされなければならない。今回の改正に際しても，そうした研究は多数現れている。この場で網羅的な引用を行うことはできないが（それ自体が，「資料集」における収集対象の外延をなすとも言えるが），たとえば，様々な問題を取り上げて展開されている山本敬三教授の一連の論文などはそうした研究の典型例と言えよう。また，個別テーマに即して言えば，下森定「詐害行為取消権に関する近時の学説展開と債権法改正」法学志林110巻3号（2013）などがその一例であろう。さらに，木庭顕「『債権法改正の基本方針』に対するロマニスト・リヴュー，速報版」東京大学法科大学院ローレビュー5号（2010）も参照。

[67] たとえば，森田宏樹『債権法改正を深める』（有斐閣，2013）は，こうした観点から見ても，貴重な労作と言える。個別テーマについて言えば，最終的に債権譲渡がどのようなものになるかは現時点では不透明であるが，立法との関係を意識しつつ展開されている債権譲渡の研究などは，法改正の帰趨いかんにかかわらず，学問的な価値を持ち続けるだろう。

ある規定（制度）の潜在的な「意味」が解明されることになる。

2　新・民法典論争の記録へ

　改正民法の諸規定（諸制度）の二重の「意味」を解明し，よりよい法を継続的に発展させていくためには，その作業の前提となる資料を整備しておくことが重要であることは容易に理解されるであろう。それゆえ，新・民法典論争の資料を整理し，記録としてまとまった形で保存することの意味は大きい。それだけではない。20世紀末から21世紀の初めにかけて，私たちが民法のあり方をめぐって論争を展開したという事実自体が記録されることにも大きな意味がある。19世紀の民法典論争が示すように，民法典は社会を映す鏡の一つである。21世紀の新・民法典論争は，後世の人々に私たちの社会形成の営みを示すものとして残される必要がある。ピエール・ノラの言葉を借りれば，それは「記憶の場」の一つとなることであろう。

　このような記録の作業を行うにあたって，星野博士の場合と比べると，私たちはある意味では有利な，ある意味では不利な環境にある。一方で，私たちは資料収集・保存のための諸技術を手にしている[69]。星野博士の時代にように，手作業で雑誌を探し，現物を収集したり筆写したりせずとも，簡単に検索や複製を行うことができるようになっている。他方，情報量が格段に増えている今日においては，新・民法典論争の全貌を明らかにし，資料を収集するのには新たな困難が生じているとも言える[70]。星野博士の時代にように，雑誌論文を集めれば足りるということではなくなっているからである。あるいは，もはやこのような作業は個人の手には余るものとなっているのかもしれない[71]。

---

68)　なお，この点にかかわる解釈・立法の方法論（新・歴史主義，あるいは進化主義と仮称しておく）については別稿（本書第1部第4章として所収）で論ずる。
69)　資料のデジタル化ができるようになったことのメリットは極めて大きい。たとえば，名古屋大学の「法律情報基盤——明治期の民法の立法沿革に関する研究資料の再構築」（www.law.nagoya-u.ac.jp/jalii/meiji/civil/）の恩恵に与っている研究者は多いはずである。
70)　情報発信者や媒体が多種多様化したことによる。また，本文で述べたように，「民法典論争」の対象に広狭があるだけでなく，論争の外延をどの程度まで広げるかという問題もある。
71)　各種団体の有する資料を独自にまとめるだけでなく，共同でまとめる，あるいは，独自にまとめたものを共有するためのプラットホームも作るなど，様々な形態を考える必要がある。

おわりに

　まとめの言葉に先立って，一つ触れておきたいことがある。ここまで私は19世紀の民法典論争，21世紀の新・民法典論争について述べてきた。では，20世紀の民法改正[72]については論争はなかったのだろうか。改めて言うまでもなく，20世紀を通じて，民法典は何度かの改正を受けてきた[73]。とりわけ1947年には，後二編の家族法部分を全面的に改正するとともに，民法典の冒頭にいくつかの基本原則を追加した大規模な改正が行われた。

　それら数々の改正，とりわけ1947年改正をめぐっては論争はなかったのかと言えば，そうではない。新憲法が制定されたのに伴い，家族法が全面改正されるのは必然であったようにも見えるが，話はそれほど簡単ではなかった。論争は決してなかったわけではなく，想像以上に重要な意味を持つドラマが展開された。ただ，それは19世紀の民法典論争のような形では伝えられてこなかった[74]。

　このように，論争があったからと言って，必ずしも記録や記憶が残されるわけではない。むしろ記録が残されることによって，論争は記憶にとどめられる，あるいは忘却の中から再発見されうるとも言えるのである。民法典論争が「記憶の場」となるには，資料集の存在は必須だとまでは言わないまでも，きわめて重要な意味を持つ。私たちは星野博士の業績への感謝を新たにしつつ，「資料集」というものが持つ意味を改めて認識する必要がある。私たちが生きる現在は，まさに，そうすることが望まれる時であろう。

---

72) 20世紀における民法の変化を語るには，民法典の改正だけでなく判例の展開（特に1970年代に顕著に見られた判例による法創造）を視野に入れる必要があるが，今は立ち入らない。

73) 1990年代までの改正については，前三編につき池田恒男「民法典の改正——前三編」，後二編につき大村敦志「民法典の改正——後二編」を参照（いずれも，広中＝星野編・前出注59）に所収）。

74) 資料は十分に整備されておらず，かろうじて，我妻栄編『戦後における民法改正の経過』（日本評論社，1956）がその概要を伝える。なお，国会審議については，最高裁判所事務総局編『民法改正に関する国会関係資料』家庭裁判資料34号（1953）があるが，多くの人々に利用可能な復刻版の刊行が望まれる。

［後記］

　本稿は，2013年11月9日に松山大学において行われたシンポジウムにおける口頭報告原稿に注を付したものである。公表にあたって加筆を行う予定であったが，諸般の事情によって，そのための時間的な余裕を見出すことができなかった。特に加筆をしたいと考えていたのは，①21世紀における民法改正に関する資料のうち中心的なものを示すことと，②その保存・公開（「資料集」の作成）のための指針を示すことであったが，①については，概要を示すだけでも時間を要するために，②については，具体的な提案について細部を詰めるに至らなかったために，加筆を断念した。

　ただ，①に関しては，読者の便宜のために，また，今後の作業の備忘のために，以下に若干の文献等を掲げておく。手元の文献を掲げるだけであり，全く網羅的なものではない。

I　債権法の改正について

・学者グループの改正案やシンポジウムの記録

　　能見善久ほか『債権法改正の課題と方向——民法100周年を契機として』別冊NBL 51号（商事法務研究会，1998）

　　椿寿夫ほか編『民法改正を考える』法時増刊（日本評論社，2008）

　　金山直樹編『消滅時効法の現状と改正提案』別冊NBL 122号（商事法務，2008）

　　民法改正研究会（代表　加藤雅信）『民法改正と世界の民法典』（信山社，2009）

　　同編『民法改正　国民・法曹・学界有志案——仮案の提示』法時増刊（日本評論社，2009）

　　民法（債権法）改正検討委員会編『債権法改正の基本方針』別冊NBL 126号（商事法務，2009）

　　同『詳解・債権法改正の基本方針Ⅰ～Ⅴ』（商事法務，2009）

　　内田貴『債権法の新時代——「債権法改正の基本方針」の概要』（商事法務，2009）

　　大阪弁護士会『実務家からみた民法改正——「債権法改正の基本方針」に対する意見書』別冊NBL 131号（商事法務，2009）

　　「特集・『債権法改正の基本方針』を読む」法時81巻10号（2009）

　　NBL編集部編『インタビュー「債権法改正の基本方針」のポイント——企業法務における関心事を中心に』別冊NBL 133号（商事法務，2010）

・学者の著作

　加藤雅信『民法（債権法）改正——民法典はどこにいくのか』（日本評論社，2011）

　内田貴『民法改正——契約のルールが百年ぶりに変わる』（ちくま新書，2011）

　大村敦志『民法改正を考える』（岩波新書，2011）

　池田真朗『民法はおもしろい』（講談社現代新書，2012）

　松尾弘『民法改正を読む——改正論から学ぶ民法』（慶應義塾大学出版会，2012）

　円谷峻編著『民法改正案の検討（第1巻～第3巻）』（成文堂，2013）

　同『民法改正案の検討（第1巻～第3巻）』（成文堂，2013）

・実務家の著作

　浜辺陽一郎『民法大改正——ビジネス・生活はどう変わる？』（日本経済新聞社，2010）

　東京弁護士会法友全期会債権法改正プロジェクトチーム編『民法改正を知っていますか？』（民事法研究会，2009）

　高山崇彦＝大野正文編『銀行・事業会社のための債権法改正入門』（金融財政事情研究会，2009）

　高須順一『民法（債権法）改正を問う——改正の必要性とあるべき姿』（酒井書店，2010）

　田中豊ほか編『債権法改正と裁判実務——要件事実・事実認定の重要論点』（商事法務，2011）

　同編『債権法改正と裁判実務II——要件事実・事実認定の重要論点』（商事法務，2013）

　鈴木仁志『民法改正の真実——自壊する日本の法と社会』（講談社，2013）

・他分野との関係

　「特集・民法改正と消費者法」消費者法4号（2009）

　「特集・民法（債権法）改正——基礎法学・法の歴史の視点から」法時82巻10号（2010）

　「特集・民法（債権法）改正と労働法」法時82巻11号（2010）

　土田道夫編『債権法改正と労働法』（商事法務，2012）

　山本和彦＝事業再生研究機構編『債権法改正と事業再生』（商事法務，2011）

　同編『事業再生と金融実務からの債権法改正』（商事法務，2013）

・法制審議会の審議記録等

民事法研究会編集部編『民法（債権関係）の改正に関する検討事項——法制審議会民法（債権関係）部会資料〈詳細版〉』（民事法研究会，2011）

商事法務編『民法（債権関係）部会資料集』第1集〜（商事法務，2011〜）

大阪弁護士会編『民法（債権法）改正の論点と実務〈上下〉——法制審の検討事項に対する意見書』（商事法務，2011）

商事法務編『民法（債権関係）の改正に関する中間試案の補足説明』（商事法務，2013）

内田貴『民法改正のいま——中間試案ガイド』（商事法務，2013）

「特集・民法（債権関係）の改正に関する中間試案をめぐって」ジュリ1456号（2013）

「座談会・企業実務から見た民法（債権関係）の改正に関する中間試案（上下）」NBL 1014号・1015号（2013）

II　家族法の改正について

・改正が実現した立法について

小林昭彦＝原司『平成11年民法一部改正法等の解説』（法曹会，2002）

太田誠一ほか編『きこえますか子どもからのSOS——児童虐待防止法の解説』（ぎょうせい，2001）

戒能民江編著『DV防止法とこれからの被害当事者支援』（ミネルヴァ書房，2006）

・実現していない立法について

石川稔ほか編『家族法改正への課題』（日本加除出版，1993）

「民法改正要綱試案と戸籍制度」戸籍時報特別増刊号444号（1995）

「特集・家族法改正を考える——平成8年改正要綱から10余年を経て」ジュリ1336号（2007）

・最近の立法提案について

中田裕康編『家族法改正——婚姻・親子関係を中心に』（有斐閣，2010）

「家族法改正——子の利益を中心に」家族〈法と社会〉26号（2010）

「家族法改正——ジェンダーの視点から」ジェンダーと法7号（2010）

「シンポジウム『家族法改正を考える』」戸籍時報659号（2010）

梶村太市「家族法の改正をめぐる諸問題」戸籍時報特別増刊号675号（2011）

大村敦志ほか編『比較家族法研究——離婚・親子・親権を中心に』（商事法務，2012）

Ⅲ　その他について

・その他の法領域について
　「特集 不法行為法の新時代」法時 78 巻 8 号（2006）
　「私法学会シンポジウム資料・新しい法益と不法行為法の課題」NBL 936 号（2010）

・司法制度改革について
　井上達夫＝河合幹雄編『体制改革としての司法改革——日本型意思決定システムの構造転換と司法の役割』（信山社，2001）
　ダニエル・H・フット（溜箭将之訳）『名もない顔もない司法——日本の裁判は変わるのか』（NTT 出版，2007）
　柳瀬昇『裁判員制度の立法学——討議民主主義理論に基づく国民の司法参加の意義の再構成』（日本評論社，2009）

・立法学について
　読売新聞政治部『法律はこうして生まれた——ドキュメント立法国家』（中公新書ラクレ，2003）
　盛岡多智男『基本法立法過程の研究——法務省・法制審議会による立案と政治の関わり』（山梨学院大学行政研究センター，2005）
　臼井貞夫『法と政治のはざまで——素顔の議員立法』（花伝社，2007）

・条約・外国法の翻訳
　　契約に関する国際条約や諸外国の新債権法・新契約法に関する翻訳も数多いが引用は省略する。諸外国の家族法についても同様である。

＊以上の文献表は 2013 年の時点であり，今日では大幅な増補が必要になっているが，これについては他日を期したい。

第2章
社会認識と法教育

I はじめに

　法科大学院における法学教育は狭義の法曹養成教育のみを指向するのか否か。この点をどう考えるにせよ，法科大学院との対比において法学部での法学教育をいかなるものと考えるのか。これは法科大学院の発足以前から問われてきた問題であったが，法科大学院教育の見直しが迫られる今日では，避けては通れない重要な問題となっている。では，この問題について考える場合に，いわゆる法教育との関係はどう捉えられることになるのか。換言すれば，法教育の観点から法学教育のあり方を考察するとどうなるか。これが主催者から私に与えられたテーマである。

　この問題に対するアプローチの方法はいろいろありうるだろう。しかし，以下においては，私の個人的な経験と若干の歴史的な知見とに基づく報告を行う。ここで「個人的な経験」というのは，三度のフランス滞在の経験と日本での法教育に関する経験を指す[1]。また「歴史的な知見」というのは，私が「共和国の民法学」と呼んでいるフランス科学学派の盛衰に関する知見である[2]。なお，「共和国の民法学」は，歴史上現に存在したフランス科学学派のことではなく，理念型として捉えたものであることをあらかじめ付言しておく。

　具体的な叙述の順序としては，まず，フランスの法教育と法学教育に関する所見を述べ（II），続いて，日本における法教育と法学教育について考える際

---

[1]　1980年代のフランス法学の一側面については，大村敦志『法源・解釈・民法学』（有斐閣，1995）を，最近のその動向については，本書第2部第3章Bを参照。また，フランスの法教育の一端については，同「フランスの市民教育と法生活」，「法教育と市民教育」同『〈法と教育〉序説』（商事法務，2010）所収を参照。

[2]　大村敦志「共和国の民法学」同『20世紀のフランス民法学から』（東京大学出版会，2009）所収を参照。

の留意点を示す（Ⅲ）。その上で，三つのことを述べてまとめに代えたい（Ⅳ）。

Ⅱ　フランスにおける法教育と法学教育

1　20世紀末の市民教育——小学生の日常
(1)　生活の中の市民教育

1999年から2000年にかけて，私は，二人の子どもたちをフランスの現地校に通わせつつ，学校や地域社会の様子を観察する機会に恵まれた。その際に感じたことは，子どもたちの日常生活の中で市民教育が行われているということであった。学校の委員の選出は本物の選挙を模して行われ，学校のルールは本物の法規範のように適用される。子どもたちからはルール変更の要求がなされ，そのうちのあるものは受け入れられ，あるものは退けられる。学校自体がまさに市民社会の縮図であった。と言うよりも，むしろ学校をモデルとして市民社会が成り立っていると言ってもよかった。こうした社会においては，個別の学科として市民教育（éducation civique）が行われるだけでなく，学校生活そのものが生きた市民教育となる。もちろん，フランスの学校はすべてバラ色というわけではないことは言うまでもない。しかし，フランス人たちが，社会の原型である学校をよくすることを通じて，社会そのものをよくしようと考えていることもまた確かである[3]。

(2)　法教育の不在？

これに対して，法に特化した教育という意味での狭義の法教育がフランスで行われているかと問われれば，基本的にはそのようなものは行われていないと答えることになろう。2012年にパリ弁護士会で法教育について講演をし，意見交換をしたことがあるが，その際に得た情報によれば，弁護士会による法教育は日本の場合に比べて活発だとは言い難い。そもそも彼らは，市民教育に加えて特別な法教育が必要だとは考えていないかのごとくである。むしろ日本で，

---

[3]　フランスの学校の最近の様子につき，ダニエル・ペナック（水林章訳）『学校の悲しみ』（みすず書房，2009，原作2007）あるいは，ローラン・カンテ監督の『パリ20区，僕たちのクラス』（日本公開2010，原作2008）などを参照。

いまことさらに法教育が必要とされるのはなぜなのかと訝しく思っているようであった。実は，アメリカでもフィンランドでも，知人の法学者たちはほぼ同様の反応を示した。要するに，フランスでは市民教育が日常的になされる一方で，法は大学法学部において学ばれる。これが基本的な構図である。

2　19世紀末の法学教育——科学学派による革命
(1)　科学学派の誕生

では，フランスの大学で教えられる法学はいかなるものか。1987年から89年までの2年間，最初のフランス滞在中の私の関心事の一つはこの点にあった。結局，私は20世紀フランス（民）法学の源流を19世紀末の科学学派の誕生に求めることになった。フランソワ・ジェニーやレイモン・サレイユに代表される科学学派の学説については，日本でもそれなりに知られている。ここでは詳しい説明は省略して，「科学的自由探究」とか「進化的解釈」とか「比較民法」といったキーワードを掲げておくに留める。

私自身が注目したのは科学学派の学説の内容ではなく，それが登場した社会背景であった。ピエール・ブルデューの社会学やクリストフ・シャルルの歴史学を参照しつつ私が摘出したのは，科学学派の登場は，民法学を中心とする伝統的な法学の危機，さらに言えば法学部の危機に促されたものであるということであった。当時の民法学は，一方で実務との対抗関係において（「法学校 vs. 法院」École contre Palais と呼ばれる），他方で行政法と政治学との対抗関係において，さらに，社会学に象徴される新しい学問の登場との関係において，再編を余儀なくされていた。もちろん，しばしば指摘されるように，19世紀末の社会変化への対応がその底流にあったことも確かである。

結果として科学学派は，意識的に隣接諸学の成果を取り込むとともに（科学的自由探究），社会の変化の方向を見据えて（比較法や進化的解釈），統一的な法原理の提示を目指すという手法を確立した[4]。その具体的な成果とも言うべきなのが，コーズ理論の再編や法人理論の樹立，あるいは附合契約論や危険責任論の提唱などであった。これらはいずれも20世紀前半のフランス民法学にお

---

4)　最後の点は，科学学派そのものよりも，その後に現れたいわばポスト科学学派と呼ぶべき学説により顕著に表れている。

ける輝かしい成果であった。科学学派以後の民法学は，同時代の社会の変化を法的な観点から把握し，その変化を理論化することにある程度まで成功したと言えよう。

(2) 科学学派の終焉？

ところが今日では，その科学学派の命脈も尽きつつある。と言うよりも，科学学派革命は完全には成功しなかったと言うべきなのかもしれない。ほぼ20世紀を通じて，統一的な法原理の提示を目指すことが求められ続け，最近では，そこでいう法原理の抽象度はますます上がりつつある。しかし，その反面で，隣接諸学の成果の導入や具体的な問題の解決に対する関心は，十分には根づかなかった。また，外国法に対する関心も，比較的最近まで必ずしも高いとは言えなかった。

ところで，20世紀末においても，フランス法は輝かしい成果を収めている。1994年の生命倫理法はその一例であろう。しかし，フランス法学はある種の動脈硬化に陥っているとの印象も否めない。この点はフランス国内でも意識されており，既存の法学部に対する挑戦が始まっている。その担い手はパリ政治学院（シアンス・ポ）の法学校である。最近開校した同校の校長を務めるのは民法学者・法制史家のクリストフ・ジャマンであるが，開校にあたり彼は，財界や弁護士たちの意見を聴取し，諸外国の法学教育を参照した上で，国際性・学際性と応用性に重点を置くカリキュラムを提示している[5]。一言で言えば，アメリカのトップ・ロースクールとの競争を念頭に置きつつ，その長所の導入が試みられていると言える。

法学部側は劣勢に立っているが，その主張の中核には，大学の批評性・自由性の擁護が置かれている。また，当然の前提とされているからか明確には語られないが，従来から行われてきた法原理の抽出と更新という営みが，社会にとってなお意味を持つという自負の念も感じられる。私には，この2点が法学部の砦とされているかのように思われる。

---

5) 本書第2部第3章Bで紹介・検討した。

III 日本における法教育と法学教育

1 法教育から法学教育へ

(1) 双方向的な視線の必要性

　日本の法教育の前史は戦前に遡るが，その重要性が改めて説かれるようになったのは，司法制度改革が進められた10数年来のことである。それまでは，憲法を別にすれば，小中学校で正面から法が教えられることは少なかった。そのために今日でも，現場の先生方の間では様々な試行錯誤が繰り返されている。その際には，法律家に援助が求められることもある。そうした需要に応ずる形で，また，高大連携という観点に立って，法学者の側から小中高等学校の先生方に対して，助言・要望がなされるようにもなってきている。

　それ自体は望ましいことではある。しかし反対に，法教育を念頭に置きつつ，法学者が法学教育のあり方を再考するということも必要である。法教育への助言・要望としては，法学の基礎にあたる部分を教えてほしい，と説かれることが多い。では，法学の基礎とは何か。法学者の側はこの点を改めて考えてみることを求められているのではなかろうか。

　たとえば，私自身を含めて民法学者は，契約や不法行為の基本的な考え方を教えるとよいと助言する。契約については，契約自由とその制限について，不法行為については，過失責任とその例外について，しっかり教えてほしいなどと要望する。しかし，私たちは，契約自由や過失責任について，小中高等学校の児童生徒たちが納得できるような説明を持っているだろうか。ある種の紋切型の説明で満足してはいないだろうか。

(2) 学生の現状把握の必要性

　このように自問するのは，最近になって，私自身が法学部や法科大学院の学生に対して，民法の基本的な考え方を十分に伝ええていないと痛感するからである。

　本年度から私は，法科大学院の学生たちに中高生を対象とする授業を準備してもらうというゼミを開いている。このゼミを通じて，私は若い学生たちの教育力・感化力の高さに感銘を受けた。法科大学院生がいま学びつつあるものを，

より若い世代に伝えていくことの意味は大きい。しかし同時に，基本的な考え方を教えるということが，学生たちにとっていかに難しいかも実感した。これは彼らの責任ではない。私たちが彼らに適切に教えていないからであろう。

翻って考えてみると，法科大学院生たちは，「○○について理解ができているか」，「××について判例の基本的な考え方を知っているか」などという観点から教育を施されているかのごとくである。ここでいう○○や××は基本知識には違いない。しかし，これらの知識を統合する原理や思想を理解していなくては，民法（あるいは△△法）がわかったことにはならない。

私たちは，○○や××がわかれば，その上位にある原理・思想も理解しているはずだと思い込みがちである。ところが必ずしもそうではないのである。法教育では基礎を教えてほしい。それはもっともなことではある。しかし，その基礎とは何か，法学教育においてはその基礎を十分に教えられているのか。

法教育から法学・法学教育に対しては，こうした厳しい問いが発せられているのではなかろうか。

2 法学教育を再考する

(1) 総合社会科学（そして人文学）入門としての法学

では，法教育と連続性を持った「基礎的な法学教育」を構想する際に留意すべき点は何か。これは言い換えるならば，ここまで「基礎」とか「基本的な考え方」とか「原理・思想」と呼んできたものの実体は何かということでもある。

この点については様々な考え方がありうるだろうが，私自身は，法学を総合的な社会科学入門あるいは人文学入門として捉えるというのが，一つのありうる方向であろうと考えている。私たちが生きる「社会」とはどのようなものなのか，また，「人間」とはいかなるものなのか。法を通じて，これらの問題について考える。言い換えるならば，「法」は，どのような「社会」をいかにして成り立たせているのか，また，「法」は「人間」をいかなる存在として理解しているのか。

私個人としては，たとえば，契約法については，契約を用いることによって人々の結合（それは商品交換に尽きない）を創出できること，不法行為法ならば，責任を認めることによって，人と人との間に新たな秩序が創出されることを，

児童生徒たちに伝えたい。その上で，法学部や法科大学院の学生には，これらの法は，私たちが規範を生み出していく際に用いられるメタ規範（あるいは原規範）であること，そうであるがゆえに，社会の基礎を構成するものとして重要な役割を果たしていることを理解し，自らこれらの規範を使って社会規範を創出する役割を担ってほしいと思う。

　もちろん，社会や人間に関する専門知は，法学だけではなく様々な学問領域において探究されている。その意味で，「基礎的な法学教育」は社会科学あるいは人文学の入口に過ぎない。それは「入門」にとどまるが，しかし，過度の専門化以前のレベルで社会や人間を把握するという意味では，「総合的な」社会科学（人文学）の入門ということになる。

(2)　法教育と法学教育の階層化

　もちろん，法学教育の任務はこれに尽きるものではない。法教育と連続性を持つ法学教育の先には，法教育や基礎的な法学教育を前提にしつつ，さらに進んだ「専門的な法学教育」が必要とされるであろう。

　具体的には，「専門的な法学教育」においては，社会において「司法」「裁判」という仕組みが果たす役割を理解させることが重要であろう。今日では重要性を増している「立法」についての考察も，これとの関係で位置づけられることになろう。

　しかし，ここで「司法」「裁判」というのは，民事訴訟法や裁判法のみを教えることを意味するわけではない。むしろ実体法である民法も含めて，民事法が持つ「裁判規範」としての役割や特徴を明らかにし，裁判において法を適用するとはいかなることかを理解させるということである。それは必ずしも将来の法曹にならない学生にとっても重要な知見であろう。「専門的」というのは「職業的」とイコールではない。

Ⅳ　おわりに

　以上をふまえて，最後に三つのことを述べて結びに代えたい。

　少なくとも民法に限って言えば，第一に，今日，法学部・法科大学院の学生

たちの多くは大局観を失いつつある。「総合の知」の回復は急務であるが、そのためには、かつての利益考量法学を現代的な形で復権させて、教育に活用するというのが一つの方策であるように思われる。この点の詳細にはついては、別稿（本書第2部第5章Aとして所収）で検討する予定である。

　第二に、「民法」と「民法学」の意義について考え直すことも必要だろう。一言で言えば、「裁判」のみに還元されない民法・民法学を構想することが期待される。新しい利益考量法学のプログラム（本書第1部第3章B参照）は、必然的にこの問題を視野に入れたものとなることだろう。

　第三には、(法科大学院を含む広い意味での)大学法学部を位置づけ直すことが求められる。大学法学部は、「基礎的な法学教育」「専門的な法学教育」のほかに「研究指向的な法学教育」「実務指向的な法学教育」を行うことを求められており、これに必要な人材を集めている。研究者も実務家も、実定法学者も基礎法学者も、(さらに言えば日本人も外国人も)、それぞれの人々がそれぞれの立場から、よりよい法のあり方を求め、それを人々に伝えていく。大学法学部はそのために切磋琢磨が行われる場であってほしい（本書第1部第1章参照）。

　以上のような法学教育観・法学観、そして大学観に立った民法学。それが、法教育に触発されつつ、私が求めている民法学である。そうした民法学は、19世紀末のフランスには確かに実在していた。1970年代の日本にも類似のものが姿を見せた。いま、これらに匹敵するものを新しい形で再建することができるかどうか。もしこれができないのであれば、民法学は消滅はしないまでも、「市民の法の学」とは別のものとならざるをえない。

第3章
民法と民法学

A 状況——変化する法典と法学

I はじめに

　ご紹介いただきました大村でございます。よろしくお願いいたします。
　前に3人の方がお話しになっているわけですが，私も3人の方々とほぼ同年代です。あるいは，同じような前振りがすでにされたかとも思いますが，個人的な話から始めたいと思います。私は現在50歳を少し過ぎたところで，『法学教室』が創刊された30年前には，ちょうど法学部に進学したばかりの学生でした。今日の話は，まず学生として，その後は学者として私自身が歩んできた30年をふまえた話になります。他方，30年後は私が生きているかどうかわかりませんが，先日平均余命表を見たところ，この年まで生きていると，0歳の時の平均寿命よりも少し長くあと30年ぐらいは余命があるということでした。平均ですのでどうなるのかはわかりませんが，もしかすると30年後も生きているかもしれません。そこで，私が生きている間にどういう変化が生ずるだろうかということを，これまでの経験をもとに考えてみたいと思います。
　出発点として，『法学教室』が創刊された1980年代の民法典，あるいは民法学がどのような状況にあったかを振りかえっておきます。1980年代は，民法典にとっても民法学にとっても相対的な安定期であったと言ってよいだろうと思います。そのことは，たとえば，戦後民法学の総まとめとして『民法講座』[1]という講座ものが企画されたことに象徴されているように思います。あ

るいは,『法学教室』について申しますと, 創刊号から1年ほど, 星野英一教授が「民法総論」[2]を連載されておりました。これは, これまでの民法学の総まとめをしようというお気持ちで書かれていたのではないかと推測いたします。いま, 相対的な安定期であったと申し上げましたが, その安定のなかみを一言で言うと, 次のようになります。民法典がほとんど改正を受けない不磨の大典になっていることを前提に, 民法学は, 各規定の出自(オリジン)を明らかにした上で, 解釈方法としての利益考量を駆使して, これらの規定を現代化していく作業を行っていた。そういう時期だったのではないかと思います。

 ところが, このような状況は, その後今日までの30年間に大きな変化を見せることになります。この30年の変化を経て, その先どうなるか。過去の30年と将来の30年, この双方についてこれからお話しします。内容としては, 〔レジュメにありますように,〕まず法典について見て, そのあと法学についてお話をするという順序にします。截然と区切ることには無理がありますが, どちらかというと, 前者は過去から現在の話に, 後者は現在から将来の話に, それぞれウェイトを置いたものとなります。先ほど星野教授の連載についてふれましたが,『法学教室』の特集や連載についても, 必要に応じて言及することにしたいと思っております。

II 法典——立法の時代

 早速, 前半の民法典の話に入りたいと思います。立法の活性化が始まり, 不磨の大典が揺らぐようになったのは, 1990年代に入ってからです。ただ, いわゆる財産法の部分と家族法の部分とでは, 問題の出方が少々異なっておりました。また, 皆さんご存じの最近の債権法改正の動きは, 立法の時代が新たな段階に入りつつあることを示しているのだろうと思います。そこで「財産法の場合」「家族法の場合」「債権法改正とその先」の三つに分けて, 立法のことについてお話しします。

---

1) 星野英一ほか編『民法講座 (1)〜(7) (別巻1・2)』(有斐閣, 1984〜1990)。
2) 星野英一「民法講義——総論 (1)〜(12)」法教1号〜11号, 13号 (1980〜1981)。

1 財産法の場合

　最初に「財産法の場合」ですが，財産法の領域では，ここ十数年様々な法改正が相次いで行われております。第1に，かなり重要な特別法が制定されております。消費者契約法が2000年，電子消費者契約特例法が2001年，動産債権譲渡特例法が1998年にできて，2004年に改正されております。さらに，2007年の電子記録債権法もその一例です。消費者保護の強化と取引インフラの整備が，最近10年ほどの特別法立法の課題であったと言ってよいだろうと思います。

　次に，民法そのものの一部改正もかなり行われております。保証制度の改正が2004年，抵当権等の改正が2003年に行われました。これらの改正を導いたのも，直前に申し上げた特別法の場合と同様の課題意識であっただろうと思います。そのほかに成年後見制度の改正が1999年にありましたが，これについては，またあとで別の文脈でお話しします。

　以上と別に，公益法人改革の一環として，法人制度が大幅に改正されたのも重要なできごとでした。一般法人法が2006年に成立しております。これは特別法ができたということですが，これに伴い民法の法人規定が大幅に削除されましたので，民法の一部改正も同時に行われたということになります。この法人法改正に先立って，NPO法が1998年，中間法人法が2001年に制定されていることを考慮に入れると，市民社会の新たな担い手としての非営利法人をどう考えていくかということも，この10年の大きな立法課題だったと言えるだろうと思います。

　そのほかにも，借地借家法が1991年にできて，1999年に改正されています。区分所有法（2002年），不動産登記法（2004年），信託法（2006年）などについても，大改正がなされております。以上のように相次いで行われた改正によって，財産法に関する限り，民法典はもはや不磨の大典ではないという状況に至っているわけです。

2 家族法の場合

　それでは，「家族法の場合」はどうなのかというのが次の話題です。戦後の50年間，民法改正といえば，実は家族法改正のことだったと言っても過言で

はありません。1947年に民法典の後2編が全面改正されたわけですが、その後1962年、1980年、1987年と、重要な改正が相次いで行われてきました。この時期の財産法はと言えば、1971年の改正があったほかめだった改正はなされていません。まさに、民法改正というのは家族法の改正にほかならなかったのです。ところが、ここ十数年来、家族法改正はその中心部分において停滞してしまっております。夫婦別姓などを含む婚姻法の改正案、これは1996年に要綱[3]ができておりますが、立法はされていないわけです。あるいは、生殖補助医療に関わる親子法の改正、これは2003年に中間試案[4]の取りまとめを行ったものの、やはり立法には至っていないという状況です。これらは、実態と意識の両面において家族が多様化しつつあるという状況に、立法がなかなか対応できないということの表れであると言えるかと思います。

とはいえ、家族法の領域でも改正が実現している部分もあります。先ほどふれた成年後見制度の改正がそれです。これは、高齢化社会への対応という立法課題について、広い範囲でコンセンサスを得ることができた結果だろうと思います。特別法で言うと、児童虐待防止法（2000年）やDV防止法（2001年）といった立法がなされておりますが、これも同様だろうと思います。こうした家庭内の暴力に対して、何らかの形で対応しなければいけないということで、コンセンサスが形成されたということでしょう。

いまふれた児童虐待との関係で言うと、今年の春から、法制審議会で親権制度の一部改正作業が始まっております。もし、この改正がうまく実現しますと、家族法のその他の部分の改正、現在停滞しているものが、再度動き出すということも考えられるのではないかと思います。現行法が家族の変化についていけなくなっていることは明らかですので、全面的な見直しは不可避ではないかと思われます。2007年には戸籍法が改正されております。2003年には人事訴訟法もできております。現在も家事審判法の改正作業が行われていることを考えますと、手続法に比べて実体法の立遅れは著しいわけで、この状況は早急に解

---

3) 法制審議会総会決定（平成8年2月26日）「民法の一部を改正する法律案要綱」(http://www.moj.go.jp/shingi1/shingi_960226-1.html).

4) 法制審議会生殖補助医療関連親子法制部会第18回会議（平成15年7月15日開催）「精子・卵子・胚の提供等による生殖補助医療により出生した子の親子関係に関する民法の特例に関する要綱中間試案」.

消される必要があるだろうと思います。

　ここで注目すべきこととして，一つの特別法にふれておきます。それは，性同一性障害者特例法（2003 年）が成立したということです。考えてみると，あの法案がよく通ったと思いますが，これは一方で従前のシステム，あるいは法観念を前提としながらも，他方，マイノリティに配慮することも必要だということで立法化されたのだろうと思います。今後の家族法改正，家族法立法にあたっても，同様の発想が必要になるのではないかと思います。ここまで家族法の話をしてまいりましたが，最近の家族法の状況については，『法学教室』で言うと 3 月に終了したばかりの神戸大学の窪田充見教授の連載[5]がありますので，ぜひこれをご覧いただきたいと思います。

3　債権法改正とその先

　ここで再び話は財産法の領域に戻りますが，「債権法改正とその先」についてお話しします。民法の分野における最近の最大の話題は，何と言っても債権法改正です。債権法と言っていますが，ご案内のとおり，ここで言う債権法は実質的な意味での「契約法」のことを指しております。法律行為，消滅時効に関する総則の規定を含み，事務管理，不当利得，不法行為を含まないということですので，実質的な意味での「契約法」を改正するということになります。この債権法改正が学界共通の話題になったのは，1998 年ごろからです。この年，日本私法学会のシンポジウムで債権法改正が取り上げられました。1998 年は日本民法典の施行 100 周年にあたる年だったのですが，100 周年の機会に民法典全体を根本的にオーバーホールする必要があるのではないかという問題提起がなされたわけです。その後，2006 年に法務省が債権法改正を検討課題としていることが明らかになります。このころから，学界の側の検討にも拍車がかかることになり，いくつかの学者グループがまとまった改正提案や研究成果を提示したのに対し[6]，実務界の反響もめだってきました。これを受けて，

---

[5]　窪田充見「家族法──民法を学ぶ（1）〜（24）」法教 331 号〜354 号（2008〜2010）。現在では，『家族法──民法を学ぶ〔第 4 版〕』（有斐閣，2019）。

[6]　民法（債権法）改正検討委員会編『債権法改正の基本方針』（別冊 NBL 126 号，2009），民法改正研究会編『民法改正 国民・法曹・学界有志案──仮案の提示』（法時増刊，2009 年）など。

昨年秋から法制審議会で検討が始まって、今日に至っているわけです。

債権法改正については、実務界を中心に消極論や慎重論も見られます。今回の債権法改正は、特別法の制定や民法の一部改正とは違って、個々の制度の不都合を是正するのに加えて、対象範囲全体を見直そうとするものです。しかし、このような見直しの意義が必ずしも十分に理解されていないというのが、消極論や慎重論の出てくる所以なのではないかと思います。結果としてどの程度の改正がなされるかは、現段階ではまだ予想がつきません。しかし、全面的な見直しそのものは必須の作業であろうと思います。そしてどのような形であれ、債権法が改正されることになると、民法のその他の部分の改正も不可避ということになろうと思います。

先ほどお話しした家族法の部分もそうですし、総則の人の部分や物権あるいは不法行為の部分も、順次改正していかざるをえなくなるだろうと思います。会社法、保険法、金融商品取引法等々が相次いで立法されたことや、あとで松下淳一先生がお話しになるでしょうが、この30年の間に広い意味での民事訴訟法が順次リニューアルされたことを考えると、10年後、あるいは30年後には、民法全体がリニューアルされているということも考えられないことではないでしょう。

なお、債権法改正において、どのような問題が個別具体的に論じられているかについては、この4月から『法学教室』で始まった森田宏樹教授の連載（現在では、『債権法改正を深める——民法の基礎理論の深化のために』〔有斐閣、2013〕）があります。少し難しいのですが、勉強になると思いますので、ぜひお読みいただけるとよいかと思います。ここまでが、これまでの「30年」の話です。一言で言うと、「不磨の大典から立法の時代へ」というのがまとめになります。

III　法学——多面体としての民法学

ここからは、では、民法学のほうはどうかという話です。立法が活性化し始める前、すなわち1980年代の後半から1990年代にかけて、民法学界の関心は法解釈（あるいは法学）の方法論に向けられていたと言ってよいだろうと思い

ます。その中心をなすのは、お聞きになったことがあるかもしれませんが、「第二次法解釈論争」とも呼ばれる星野・平井両教授の論争でした[7]。ほかに池田・道垣内論争とか森田・潮見論争などといった論争[8]も、華々しく展開されておりました。

ところが、2000年代に入ってからの民法学者の関心は、まず教育に、次に立法に向かいます。ほかの科目についても事情は同じですが、法科大学院が発足する。そして、いま申し上げた債権法改正が現実味を帯びてくる。結果として、民法学者の活動は教育・立法中心になってきたわけです。そのため、民法学の方法が論じられることは、かつてに比べて少なくなってきております。しかし、そろそろ最近10年の教育・立法の経験を総括すべき時期に来ているのではないかと思います。

そこで、これからの民法学が何を求めてどこに向かうのかというのが、残りの時間でお話しする内容になります。未来予想は大体外れますので、言っても詮無いことなのですが、いくつかの可能性をお話ししていきたいと思います。

1 越境──憲法・倒産法へ、消費者法・ジェンダー理論へ

四つに分けてお話しします。第一に、レジュメには「越境」という項目を掲げましたが、あるいは民法の領分の拡張ということです。これにもいくつかの方向性があります。その一は、一方で、より抽象的な原理との関係を、他方で、より実践的な問題との関係を問うという方向だろうと思います。具体的には、民法と憲法の関係、あるいは民法と倒産法の関係といった問題がこれにあたります。『法学教室』ですと、山本敬三教授の論文に触発された形で、「民法と憲法」[9]という特集がかつて組まれたことがあります。あるいは、倒産法も視野に入れた森田修教授の「債権回収法講義」[10]が連載されたこともあります。さ

---

7) ジュリスト編集部編『法解釈論と法学教育──平井宜雄「法律学基礎論覚書」をめぐって』（有斐閣、1990）を参照。
8) 大村敦志『法源・解釈・民法学──フランス民法総論研究』（有斐閣、1995）、同『法典・教育・民法学──民法総論研究』（有斐閣、1999）で紹介・検討した。
9) 「〔特集〕民法と憲法──民法から出発して」法教171号（1994）。
10) 森田修「債権回収法講義──〈民法と民事訴訟法との融合〉の試み（1）～（17）」法教283号～290号、292号～300号（2004～2005）。現在では、『債権回収法講義〔第2版〕』（有斐閣、2011）。

らに,「民法と法哲学の対話」とか,「民法と刑法の対話」なども試みられているわけですが[11],こうした方向がさらに一層推進されることが期待されるのではないかと思います。

その二は,消費者法やジェンダー理論との関係です[12]。消費者保護や男女平等のための立法は,過去30年間の大きな課題でした。解釈論,立法論の双方にわたって,民法学者はさまざまな発言を行ってきました。しかし,民法理論として,近年の変化を全体としてどのように受けとめるのか,逆に消費者法やジェンダー法の中で民法はいかなる地位を占めるのか,これらの点の検討は必ずしも十分ではありません。今後の課題ということになるのではないかと思います。

2 転回──商法学とアメリカ法へ,法統一とヨーロッパ法へ

第二は「転回」と書きましたが,あるいは民法学の参照対象の転換ということです。話は二つに分かれます。民法と商法は密接な関係を持っており,国によっては民商統一法典を持っている国も存在します。日本の債権法改正においても,商取引法の民法典への統合が課題の一つになっております。このことをきっかけとして,民法学者の商法への関心が高まることが予想されます。それは,同時に商法学やこれに大きな影響を与えているアメリカ法に対する関心を,改めて惹起することにつながっていくのではないかと思います。しばらく前から,商法学を中心に非常に盛んになっている「法と経済学」の手法は,民法学には必ずしも浸透しておりません[13]。また,若い世代の商法学者たちが提起し始めている民法学の方法論に対する違和感[14]も,彼らの問題提起が十分に受容

---

11) 星野英一=田中成明「〔対談〕法哲学と実定法学をめぐって」法教79号(1987),田中成明ほか「〔座談会〕法哲学と実定法学の対話」法教102号(1989)〔いずれも田中成明=星野英一編『法哲学と実定法学の対話』(有斐閣,1989)所収〕,道垣内弘人=佐伯仁志「〔対談〕民法と刑法(1)~(16)」法教223号~238号(1999~2000),中田裕康ほか「〔座談会〕民法と刑法(1)~(3)」法教241号~243号(2000)。

12) 大村敦志『消費者法〔第4版〕』(有斐閣,2011),辻村みよ子『ジェンダーと法』(不磨書房,2005)などを参照。

13) 平井宜雄『法政策学──法制度設計の理論と技法〔第2版〕』(有斐閣,1995年,初版,1987年)などを参照。

14) 森田果「清算義務は合理的か(1)(2)」NBL801号,802号(2005),森田果=小塚荘一郎「不法行為法の目的──『損害塡補』は主要な制度目的か」NBL874号(2008),得津晶「負け犬の遠吠え──多元的法政策学の必要性またはその不要性」新世代法政策学研究1号(2009),

されているとは言えない状態にあります。しかし，どちらも民法学の将来について考えるにあたっては，避けて通ることができない問題だろうと思います。これも今後の課題の一つだろうと思います。

もちろん，アメリカが重要になるというのは，どの法領域もそうなのですが，これは民法学がこれまで関心を寄せていたドイツ法やフランス法に対する研究がいらなくなるということを意味するわけではありません。ただ，ヨーロッパについては，EUレベルでのルールを各国がどう受けとめているのか（反対に，どう働きかけているのか）という研究が，重要性を増すことになるだろうと思います。その先には，今後の世界において国家法が占める役割[15]，あるいは法の国際的な調和の必要性と可能性に関する議論が現れることになります。民法もそれと無縁ではないと思っております[16]。

3 再発見——アジアの関係，立法との関係

第三は「再発見」という表現にしましたが，民法学の研究対象の再検討ということがあります。最近の大きな一つの傾向として，アジアとの関係が深まりつつあるということが挙げられるだろうと思います。これも民法に特有な現象というわけではありませんが，たとえば債権法改正については，韓国における民法改正の手続[17]，あるいはカンボジアやベトナムにおける民法典の体系編成[18]といったものが参照されるようになっております。また，中国の物権法は2007年，不法行為法は昨年にできており[19]，韓国の家族法改正は2005年と2008年に続けて行われておりますが[20]，これらに対する関心も高まっております。

　　同「民商の壁——商法学者から見た法解釈方法論争」新世代法政策学研究2号（2009）などを参照。
15)　オーレ・ランドー＝ヒュー・ビール編（潮見佳男ほか監訳）『ヨーロッパ契約法原則Ⅰ・Ⅱ』（法律文化社，2006），オーレ・ランドーほか編（潮見佳男ほか監訳）『ヨーロッパ契約法原則Ⅲ』（法律文化社，2008）などを参照。
16)　藤田友敬編『ソフトローの基礎理論』（有斐閣，2008）を参照。
17)　梁彰洙（権澈訳）「韓国の2004年民法改正案——その後の経過と評価」ジュリ1362号（2008）など。
18)　大村敦志『民法読解 総則編』（有斐閣，2009）で論じた。
19)　物権法につき，星野英一＝梁慧星監修『中国物権法を考える』（商事法務，2008）を参照。
20)　李勝雨（権澈訳）「韓国における最近の民法改正——家族法」ジュリ1362号など。

こうしたアジアに対する関心は，法科大学院開設後，とりわけ顕著になったアジアの留学生の増加によって，さらに増幅されることになってくるだろうと思います[21]。今後，日本がアジア諸国に向けて，内容はもちろん手続や編成も含めて立法モデルを示すためには，実際の立法そのものに加えて，その過程を分析するためのツールを開発することが必要不可欠です。そのようなツールを用いて，アジア諸国の民事立法（さらには，その社会的背景）を比較検討することが，日本のみならず，アジアの民法学の大きな課題になってくるのではないかと思います。

アジア法についても立法学についても，研究はこれからです。しかし，アジアについて言うと，日本には戦前の経験や最近の立法支援の経験もあります。戦前の経験には，もちろん批判されるべきところもありますが，その中で利用可能なものを取り出して[22]，これらの経験を利用していくための枠組みを作り出すことが必要だろうと思います。立法学については，解釈論を中心になされてきた研究を立法論中心に再編成していくための工夫が，今後意識的になされる必要があるだろうと考えております。

少し横道にそれます。『法学教室』ではありませんが，『ジュリスト』で「アジアの民法」という特集を少し先にすることになっており，先日座談会をしました[23]。今年中には出ますので，アジアとの関係にご関心のある方は，ぜひ手に取っていただきたいと思います。

4　基礎づけ——社会や思考様式，存在意義や基本的価値との関係

最後の第四は「基礎づけ」，あるいは民法の意義の見直しという話です。債権法改正が顕在化させた課題の一つは，民法は何のための法なのかという問題にかかわるものでした。すでにふれましたように，いま民法を改正する必要は

---

[21]　留学生の実情の一端につき，大村敦志＝伴ゆりな「留学生教育に関する一資料——東京大学大学院法学政治学研究科（民法専攻）の場合」書斎の窓594号（2010）。

[22]　臨時台湾旧慣調査会編『台湾私法（全3巻）』(1910〜1911)，同編『台湾私法附録参考書（全3巻）』(1909〜1911)，朝鮮総督府『慣習調査報告書〔再版〕』(1927)，中国農村慣行調査刊行会編『中国農村慣行調査（全6巻）』（岩波書店，1952〜1958），千種達夫編著『満洲家族制度の慣習（全3巻）』（一粒社，1964〜1967）など。いずれも復刻版・再刊版などが出ている。

[23]　野村豊弘ほか「〔座談会〕アジアの民法——その比較法的意義と特色」ジュリ1406号（2010年）。

あるのか，改正は何のためかということが議論されているわけです。債権法改正論議の中では，「わかりやすい民法典」あるいは「市民のための民法典」ということが説かれておりますが，このことは『法学教室』が重視してきたことでもあったわけです。たとえば，『法学教室』について言うと，創刊後の早い時期に評判になった米倉教授の「民法総則」の連載[24]や，星野教授による各種の特集企画[25]などがそうしたことを意識しておりました。米倉教授の連載が社会との対応関係，あるいは事実との対応関係に力点を置いていたのに対して，星野教授が企画されたいくつかの特集は，民法の思考様式，発想を言葉にしてみることに重点を置いていたと思います。これらはアプローチは同じではありませんでした。しかし，目標は同じだったのではないか，わかりやすい民法が目指されていたのではないかと思います。

それでは，このような観点から将来に向けて必要なのは何かですが，一つ考えられるのは，民法が社会においてはたす役割を示すとともに，時代ごとの要請に応えていく上で鍵となる基本原理を提示していくということではないかと思います。過去30年間をふりかえってみても，民法が依拠する基本的な価値は，大きく変化していると言うことができます。『法学教室』が始まったころには，「弱者保護」がまだ非常に大きな力を持っておりました。その後，「自己決定」が猛威をふるうわけです。最近の債権法改正との関係では，「契約主義」ということが言われるようになっております。「弱者保護」とは何だったのか，「自己決定」とは何だったのか，そのあとにくる「契約主義」とは何なのか，何でありうるのか。こうした点を明らかにすることも，民法学の重要な課題となるのではないかと思います。

Ⅳ　おわりに

以上が，私のお話ししたいことです。最後に一言だけ申し上げて，結びに代

---

24) 米倉明「民法講義——総則(1)〜(80)」法教14号〜78号，80号〜82号，84号〜87号，89号〜93号，95号〜97号（1981〜1988）。
25) 星野英一『民法のもう一つの学び方〔補訂版〕』(有斐閣，2006) を参照。

えたいと思います。冒頭で申し上げたように，私はこの 30 年間，民法を勉強し，民法を研究してきました。30 年後は生きているかどうかわかりません。その 30 年後に民法学を担っているのは，現在民法を勉強している学生諸君の世代であろうと思います。もしかすると，この会場の誰かが 30 年後にこういう場所に立って，過去 30 年を振り返る役割を担われるのかもしれません。その誰かによる総括がどのようなものになるかはわかりませんが，30 年の成果が私の予想を上回るよいものになることを期待しております。しかし，そのためには民法典と民法学の改良に向けた努力が，多くの人々によってさらに続けられていかなければなりません。この努力の試みは困難なものではあります。しかし，民法が市民社会の基盤をささえる法であることを考えるならば，それはやりがいのある試みでありましょう。そうした共同作業への参加を，これからの世代に属する方々に呼びかけまして，結びとさせていただきます。ご清聴ありがとうございました。

B 提言——新利益考量法学へ

I はじめに——二つの「戦後」

「まったく，この数年，私が大学で教わった先生方，および個人的に親しくして頂いた先生方が次々に世を去られた。」――これは，星野英一[26]が残したエッセイの一節である[27]。「この数年」とは 1973 年から 75 年にかけて，「次々に」ということで挙げられているのは，我妻栄，田中耕太郎，南原繁，中川善之助を中心とした 9 人の人々であった。確かにこの時期には一つの世代がまとまって退場した観がある。

一世代は 30 年と言われることもあるが，長寿化の影響だろうか，同様の断層は 40 年後に再び現れることとなった。すなわち，2012 年 9 月に星野英一が逝去したのを初めとして，2013 年には，北川善太郎，川井健，山田卓生，平井宜雄，原島重義，そして 2014 年には広中俊雄が，まさに次々と世を去った。民法学界はいわば「ななつ星」を一挙に失うことになったのである。

この第二の「断層」の出現は，奇しくも民法学界における第二の「戦後」の到来と軌を一にしているのではないか。これが本稿の出発点となる基本認識である。では，ここで言う第一・第二の「戦後」とは何か[28]。いずれも日本社会が経験した二つの「戦後」を受けて発生した法学界における「挑戦」の跡を指している。一つ目の挑戦は，第 2 次大戦後の法解釈学への懐疑に起因する法社

---

26) 本稿は星野英一先生の追悼文集に寄稿されたものだが，以下，先生を含む人物名には，口頭の発言に言及する場合を除き，敬称等を付していない。

27) 星野英一「追悼文集等のすすめ」同『心の小琴に』（有斐閣出版サービス，1987, 初出，1975）。

28) 二つの「戦後」という発想自体は，三谷太一郎「二つの戦後」同『二つの戦後――権力と知識人』（筑摩書房，1988, 初出，1985）に負う。同書は，増補改題されて，同『人は時代といかに向き合うか』（東京大学出版会，2014）となっている。

会学による挑戦である。この挑戦は大きな台風となって暴風をもたらしたが，日本社会の復興と踵を接する形で法解釈学が復興すると，並の低気圧へと姿を変えた[29]。二つ目の挑戦は，バブル崩壊（第二の「敗戦」とも呼ばれた）後の改革路線が法学部教育への懐疑とも結びついた司法制度改革による挑戦である。この挑戦は法科大学院制度や裁判員制度を導き，民法を含む諸法典の大改正を促した。しかし，いまや改革の時代が終わりを告げようとしていることは誰の目にも明らかであろう[30]。法社会学に代わって（実は，これをふまえて）解釈法学が復調したのになぞらえて言えば，ある種の「法術学」に代わって[31]（やはり，これをふまえて）第一の「戦後法学」が再生すべき時を迎えているのではないか。本稿は，星野英一の「利益考量法学」を第一の「戦後法学」を代表するものとして捉え，第二の「戦後法学」としてその復興を構想しようというものである[32]。

次に，そのための検討の対象ないし指針について述べておく。星野は，「解釈そのもの」と「真の解釈のためになすべきこと」とを区別し，前者については利益考量をふまえた目的論的解釈を標榜したが，その前提となる後者に属す

---

29) 解釈法学の復興を象徴する現象として，さしあたり，『法律学全集』『注釈民法』の刊行開始を挙げておく。前者は 1957 年，後者は 1964 年のことであった。念のために付言するが，加藤一郎の「法解釈学における論理と利益衡量」は 1966 年に，星野英一の「民法解釈論序説」は 1967 年に，それぞれ発表されている。

30) 司法制度改革期・ポスト司法制度改革期については，より立ち入った状況認識を示す必要があるが，紙幅の関係で他日を期さざるをえない。

31) 「法術」という語は耳慣れない語のようだが，戦前には「法学」と対比して用いられていた（たとえば，富井政章『民法原論第 1 巻』〔有斐閣，1985，復刻版，1920，訂正増補版〕10〜15 頁など）。その場合の「術」は technique（または art）に，「学」は science に対応する。本文で言う「法術学」は「術」を出発点としてその体系化を図るもの，すなわち technologie du droit という意味で用いている。これは「理論と実務の架橋」をスローガンとした法科大学院において目指された，一つの方向であったと言えよう。それ自体には十分な意義が認められるが，今日では，いわば疑似「法術学」，あるいは，「法術学」以前の法学学習が蔓延している点で，憂慮すべき事態が生じているように思われる。

32) 筆者はこれまでにも星野の利益考量法学——ここでは，解釈方法論としての利益考量論にとどまらない広義のものとして捉えている——の現代的意義について述べたことがあるが（大村敦志『民法総論』〔岩波書店，2001〕第 4 章第 3 節，同「利益考量論の再検討」同『新しい日本の民法学へ』〔東京大学出版会，2009a，初出，2008〕，同「日本における科学学派の受容」同『20 世紀フランス民法学から』〔東京大学出版会，2009b〕，同「法教育からみた利益考量論」「法と教育」学会学会誌創刊号〔2011〕など），本稿はその延長線上にある。また，本稿と同様の問題意識に立って，別稿では大学のあり方についても論じている（同「法の変動とその担い手——大学の役割を中心に」長谷部恭男ほか編『現代法の動towards 5』〔2015，岩波書店〕）。

るものとして沿革的・比較法的研究を強く推奨していた[33]。すなわち「解釈」論（「学説」の提示）という目標（ないし集約点）に向かうための出発点（ないし経路）として基礎的「研究」を重視していた[34]。そこで本稿においても，「利益考量法学」の復興の青写真を示すに先立ち，その前提をなすものとして，まずはこれを中心とした戦後法学に関する素描を行うこととしたい（Ⅱ）。

ところで，ここまで「戦後法学」という言葉を使ってきたが，星野に代表される人々——筆者が「ななつ星」と呼んだ人々——は，いずれも1920年代後半から30年代生まれで，「戦前世代」と呼ぶこともできる人々である。彼らを特徴づけるのに，「戦後」「戦前」のどちらの言葉を冠するかは一つの問題でありうる[35]。「戦前世代」と言う場合には，大正デモクラシーのもたらした自由と連帯の残影のもと，社会に対して一定の責任感（とエリート意識）を持った旧制高校世代というニュアンスが伴うのに対して，「戦後」と言うと，社会科学における近代主義に見るような戦争責任や主体性に関する構造的な認識，文壇における戦後派が示した本格小説に対する方法的な関心などが前面に立ち現れる。しかし，両者は必ずしも二者択一ではなく同一の世代の二つの側面にほか

---

33) 前者につき，星野・前出注29）同『民法論集第1巻』（有斐閣，1970），後者につき，同「民法学の方法に関する覚書」同『民法論集第5巻』（有斐閣，1986，初出，1983）などを参照。なお，両者を含めてまとめたものとして，「民法の解釈のしかたとその背景」同『民法論集第8巻』（有斐閣，1996，初出，1988）がある（以下，民法論集は，初出時を除き，「論集○巻」として引用）。後二者には我妻を引く形で「解釈そのもの」「真の解釈のためになすべきこと」という区別が示されている。

34) 「解釈」「学説」「研究」といった用語の理解・再定義は本稿の目的そのものにかかわるので，ここではそのことを示すために括弧書きにするにとどめ，その内容について本論で検討する。ここでは星野が，解釈にあたって法的構成（所造 construit）よりも背景となる諸事実（所与 données）を重視し（たとえば，星野・前出注33）論集8巻219頁以下，特に223頁），学説史の検討においては個別の意見（opinion）よりも学説（doctrine）の展開に着目していたことを指摘しておく（たとえば，星野・前出注33）論集5巻102頁以下）。

35) 筆者は，2014年5月に，東京大学民法懇話会で「ななつ星，墜つ——戦前世代の退場を見送る」という報告を行ったが，席上，中田裕康教授から「戦後」ではなく「戦前」を冠するのはなぜか，という質問を受けた。本文で述べたように，どちらもありうると考えるが，本稿においては「二つの戦後」を対比する意味で「戦後法学」という呼称を採用した（あるいは，中田教授の質問は本文で述べたのと類似の認識に立った上でのものだったのかもしれない）。しかしさらに考えてみると，「第二の戦後」から見れば（第一の）「戦後法学」は（第二の）「戦前法学」でもある。本稿で筆者が主張したいのは，「第二の戦後」という位置に立って，「戦前法学」の伝統を救い出し再編することであり，三谷・前出注28）の視点に触発されたのはこの点においてである。

ならない．すなわち星野の世代は，心情やモラルにおいては戦前世代，社会認識や方法論においては戦後派と呼びうると言えばよいだろう．

もちろん，二つの観点は深く結びついている．利益考量法学に即して言えば，それは，星野が好んで口にした二つの標語によく表れている．すなわち，星野が目指したのは，「なんであるか」，「なんのためのものか」，「なぜそうなっているか」ということであり，そのために指針としたのは，「より広く，深く，遠くから」ということであった[36]．

そこで以下においても，両者の関係を意識しつつも，民法学の目的論の次元（Ⅲ）と方法論の次元（Ⅳ）とをさしあたり区別して，議論を進めていくこととしたい．

Ⅱ　出発点としての利益考量法学

利益考量法学はそれ自体が独立して存在していたわけではない．これと対抗関係にあった法学を視野に入れることによって，はじめてその理解は十全なものとなる（*1*）．また，利益考量法学にはいくつかのバリエーションがある．一方で，星野のほかに加藤一郎もまた独自の利益考量法学を展開していた[37]．他方，利益考量法学は1960年代からほぼ半世紀にわたって展開されたため，時代によって重点の変遷が見られる．これらの点も考慮に入れなければならない（*2*）．

1　利益考量法学とその好敵手

冒頭で述べたように，星野の利益考量法学は戦後法学を代表する位置にある．その理由は，戦後法学が利益考量法学を中心に形成されていた点に求められる．

---

36)　星野・前出注33）論集5巻97頁，同「日本民法学の現代的課題」論集7巻（有斐閣，1989，初出，1986）317頁など．

37)　周知のように加藤は「利益衡量」という表現を用いていたが，本稿では（引用を除き）「利益考量」で統一する．なお，加藤・星野の利益考量法学の異同については，星野自身が検討している（星野英一「いわゆる『預金担保貸付』の法律問題」同・前出注36）論集7巻〔初出，1987〕）．

このことは，利益考量の基準をめぐってなされた広中＝星野論争，利益考量の意義をめぐってなされた星野＝平井論争が端的に示すところである。見方を変えるならば，利益考量法学の主張とこれに対する反論の全体が戦後法学という議論空間の骨格を形成していたということになる。では，それはいかなる空間であったのか。二つの論争を振り返ることによって，以下の議論に必要な限りでの総括を行っておこう。

広中＝星野論争は，1964年から73年にかけて展開された[38]。星野は，「近代法のあり方」を解釈の際の基準に掲げる広中の立場をいったんは「客観説」として捉えた上で，それは主張者の価値判断を隠蔽する「一種のごまかし」に過ぎないと批判した。これに対して広中は，「近代法のあり方」は歴史認識をふまえつつ（論理的な切断を経て）主体的に設定された判断基準であるが，星野はそのことを理解していないと反論するとともに，利益考量論は「裁判官に対する白紙委任」をもたらすと批判した。

いま論争を振り返ってみると，両者の間には見かけほどの差は認められない。第一に，裁判官の判断に影響を及ぼすことを実定法学の目標とする点で二人は一致していた。第二に，二人の立場はいずれも主観・客観のどちらかに依拠するものではない[39]。主客二元論によって相手方を位置づけたのは，双方ともに適切ではなかったが，やむをえないところもあった。一方で，星野は価値の体系（ヒエラルヒア）を念頭に置いた「客観説」を標榜するものの，依拠する新自然法論は価値体系をアプリオリに与えてくれるものではなかったのに対して（だから，広中は白紙委任と捉えた），他方で，広中は唯一絶対の基準によってすべてが解決されるとは考えていないものの，「近代法のあり方」という表現は

38) 論争自体は，星野英一「〔書評〕幾代通＝鈴木禄弥＝広中俊雄『民法の基礎知識』」同・前出注33) 論集1巻（初出，1965），同「民法解釈論序説」同・前出注33) 論集1巻（初出，1967）における批判によって始まり，広中俊雄「現代の法解釈学に関する一つのおぼえがき」同『民法論集』（東京大学出版会，1971，初出，1969）の反論，星野英一「『民法解釈論序説』補論」同・前出注33) 論集1巻（初出，1970）の再反論が続いたが，出発点は，星野・書評の対象となった広中の共著（1964）およびこれと密接に関連する広中「近代市民法における人間」同・前出（初出，1963）に求められる。

39) 星野は，マクロの自然法だけでなくミクロの「衡平」(équité)——「『祈り』の心」と表現されているが，デリダ風に言えば「正義」と言ってもよい——を重視して，両側から価値秩序の構築を目指すのに対して，広中はいわばメゾ・レベルで「近代法のあり方」を指定していると見るならば，両者の立場は矛盾しないばかりか意外に近いと言えるのかもしれない。

「法の解釈」に関する「原則的見地」を示しているものとは受け止めにくかったからである（だから，星野は広中を客観説に分類した）。さらに言えば，論理的整合性以外の要素に依拠して，法解釈を提示しようとする点においても，両者は共通していた[40]。以上の点においては，星野も広中も，平井が言う「戦後法解釈論」の公準を共有していたと言える。すなわち，そこには「学者中心主義」「社会学主義」が根強く存在する。

星野＝平井論争は，1981年から1990年にかけて展開された[41]。平井は「法律家」にとって必要な資質は「議論」をする能力であるという立場から，「戦後法解釈論」を「直観主義」に立ち「非合理主義」を生み出すものとして退けた。また，客観的に正しい解釈は存在せず，議論の過程で暫定的な合意に達するほかないという立場を示した。これに対して星野は，実定法学は客観説を前提にしなくても成り立つとするとともに，実定法学の目的を狭義の「法律家」養成に限定するのは適切ではなく，そもそも「法律家」の養成にあたっても一般市民との連続性に配慮すべきだと反論した。

ここでも論争を振り返るならば，次の二点を指摘することができる。一つは，広中＝星野論争の場合と同様に，論争当事者の主張は見かけほどは離れていないということである。この点については星野自身も示唆するように，平井の法学も法政策学を含めて考えれば，「議論」に尽きない豊富な内容を含んでいることは改めて強調されてよい。両者の差は，制度構築の次元と規範適用の次元

---

[40] だからこそ，後年，判例の変遷の分析という事実解明的な（しかし同時に「解釈」的な）作業を中核に据えた『民法典の百年Ⅰ～Ⅳ』を共編するという形で「共闘」することができたとも言える。もっとも，個人的な見聞に属する話ではあるが，1990年代に広中は「星野君も変わったが，僕も変わった」と述懐したことがあった。星野の『民法のすすめ』（岩波新書，1998）と広中の『民法解釈方法に関する十二講』（有斐閣，1997）を読み合せるならば，星野がより具体的な（市民社会という）価値へのコミットを明らかにしようとしているのに対して，広中はより緻密な解釈方法を提示するに至っていることがわかるが，こうした傾向は当初から両者に内在していたとも言える。なお，晩年の広中法学につき，大村敦志「広中俊雄の民法体系論」法時87巻9号（2015）（本書第2部第4章Bとして所収）を参照。

[41] 平井宜雄「現代法律学の課題」同『著作集1』（有斐閣，2010，初出，1979），同「『法の解釈』論覚書」『来栖三郎先生古稀記念 民法学の歴史と課題』（東京大学出版会，1982），星野英一「民法の解釈をめぐる論争についての中間的覚書」同・前出注36）論集7巻（初出，1986）における応酬を序曲として，平井宜雄「法律学基礎論覚書」（同・前出，初出，1988～1990），星野英一「『議論』と法学教育」同・前出注33）論集8巻（初出，1990，有斐閣），平井宜雄「法解釈論の合理主義的基礎づけ」同・前出（初出，1990）において本格的な論争がなされるに至った。

を区別するか否かにあるとも言える。

　もう一つは，本稿にとってより重要な点である。平井はあるエッセイの中で，「法律論は『意図せざる結果』をもたらす言明である」ことを強調しているが[42]，ある意味では，平井の議論は平井自身が危惧した「学生の大多数が求めるのはひたすらに『技術』的知識なのである」という風潮を助長することになったのではないか[43]。この風潮と対比するならば，二人の学問観は極めて近いものに見えてくる[44]。星野の説く「法律技術屋でない，真に豊かな教養・見識のある法律家の養成」に，(教養・見識の内容については異論があるとしても) 平井は決して反対しないであろう[45]。

2　利益考量法学とその区分

　一般に，利益考量論は加藤・星野によって提唱されたと解されてきたが，両者の異同については様々な見方がありうる。星野自身は，加藤のそれを「第一種」，自らのそれを「第二種」と命名して両者を区別した。星野によれば第一種が「具体的事例」への法適用を問題にするのに対して，第二種は「条文」の解釈を問題にするという[46]。もっとも，星野もまた法適用の過程において利益考量を行うことを否定するものではないので，両者の違いは何を中心に論じた

---

42)　平井宜雄「言明の『意図せざる結果』」同『教壇と研究室の間』(有斐閣学術センター，2007，初出，1991)。

43)　平井宜雄「『エピステーメーとしての知識』と『テクネーとしての知識』」同・前出注42) (初出，1994) で，平井は「現在，学生諸君に最も求められているのは，『理論』つまり，『エピステーメーとしての知識』である，と私は考えている」(221頁) と述べている。しかし皮肉なことに，平井の「議論」重視は，学生が (そして法科大学院で教える人々が) 「技術」重視に向かうのを，(平井の意図とは別に) 推奨する力を持ってしまったのではないか。

44)　論争の後も，星野は常に平井を盟友として遇していた (星野英一「長年の同志で畏敬すべき後輩——平井宜雄君」同『法学者のこころ』〔有斐閣，2002，初出，1997〕)。平井もまた星野の死を悼むにあたって，病身に残された最後の力を振り絞った (平井宜雄「故星野英一会員追悼の辞」日本学士院紀要68巻2号〔2014〕。より実質的には，平井宜雄「星野英一先生の古稀をお祝いして」同・前出注42) 〔初出，1996〕を参照)。

45)　「呉越同舟」という言葉があるが，呉も越も中原にあって同一の文明を共有していた。周辺の異民族と対比するならば，両者の共通点はより際立つ。なお，筆者は「ななつ星，墜つ」と題する報告 (前出注35) 参照) において，星野・広中・平井に加えて，原島重義や北川善太郎の死を悼んだ。広中＝星野論争，星野＝平井論争を論じるにあたっては，原島・北川の位置づけについてもふれることが望ましいが，いまは紙幅がない。ここでは，彼らもまた中原にあったことだけを記しておくにとどめる。

46)　星野・前出注37) 171頁。

かということにすぎないとも言える。より大きな違いは，星野が「客観説」に立つと自称するのに対して，加藤は「主観説」に立つ点にあると言われてきた[47]。もっとも，星野の見解を「客観説」と呼んでよいかどうか疑問があることは，前述したとおりである。他方，加藤の見解も完全な価値相対論であるとは言えない。確かに加藤は，「価値の多様性とその相対的バランスを重視する考え方をとっている」と述べているが，同時に，「法の解釈・適用は，国民の進むべき方向に漸進的に進められていくほかはない」とも述べている[48]。帰納的・結果的にではあるが，加藤は法解釈に進むべき方向があることを認めていたと言えよう。

ここで注目されるのは，加藤が「法的判断は，常識に捉われてはならないが，常識に反するものであってもならない」と言い，星野が「利益考量・価値判断については，法律家といえども，一市民として，または一人間としての資格においてすることしかできない」，「できるだけ素人の感覚・期待に合致するような解釈をするように努めることが，法律家にとっても重要であると思う」としている点である[49]。そこには，法を一般市民に開放し，かつ，国民の意識に沿った形で（しかし，それをそのまま肯定するわけではなく）解釈を展開していこうという共通の指向が現れている。これは利益考量法学の要となる点であり，この点において加藤・星野の立場は完全に一致していた。

この点は，後期星野法学において特に強調された点であった[50]。後期星野法学は，民法を市民社会の基本法と位置づけた上で，市民の育成を法学教育（そして法教育）の目的として掲げる方向に進んだ。前期の星野法学が民法の「解釈」に関するものであり，中期のそれが民法の「（基礎）研究」に関するものであったと言えるのに対して，後期のそれは，民法そのものが体現する「価値」（民法という価値，あるいは民法が支える「市民社会」という価値）を前面に押

---

47) 星野自身もこのように理解している。星野・前出注33) 論集8巻192〜193頁。
48) 加藤一郎「〔補論〕『利益衡量論』について」同『民法における論理と利益衡量』（有斐閣，1974）67頁，同「法解釈学における論理と利益衡量」同書（初出，1966）37頁。
49) 加藤・前出注48) 論文集25頁，星野・前出注29) 7頁，11頁。
50) 星野法学について時代区分をする必要があるか，あるとしてどのように区分するかは一つの問題でありうるが，ここでは，「民法解釈論序説」（1967）の時代を前期，「民法学の方法に関する覚書」（1983）の時代を中期，そして『法学入門』（放送大学教育振興協会，1995，現在では，有斐閣，2010）と『民法のすすめ』（岩波新書，1998）の時代を後期と呼んでおく。

し出すものとなった。利益考量法学の展開は，解釈から研究へ，個別制度から民法全体へ，という広がりを見せており，星野の利益考量法学は，どの時期のものに着目するかによって，その内容（範囲）が異なってくるのである。しかし，そのいずれをも利益考量法学の名によって包括することが可能である[51]。もっとも呼称の問題そのものはさして重要なことではない。注目したいのは，星野法学の視界がどこまで広がりえたかということである。

Ⅲ 何のための民法学か――民法学の目的

「戦後法学」としての「利益考量法学」は，民法学の目的をどのようなものとして理解していたのだろうか。明らかなのは，法（＝社会）の形成に積極的に働きかけることが目指されていたということだろう（*1*）。しかし，それだけではない。その働きかけは，「常識」に沿ったものでありつつ，「常識」を超えた（掘り下げた）知見に支えられたものでなければならないと考えられていた（*2*）。

では，そうした働きかけ（形成）や知見の獲得（認識）の主体として想定されていたのは誰か。実は，ここに大きな問題がある。司法制度改革の前後を通じた変化はまさにこの点にかかわっていると思われる[52]。この点に関しては本

---

51) このように利益考量法学の範囲を拡大すると，「利益考量」の内容・意義は希薄化・多様化せざるをえない面がある。それにもかかわらず，星野法学の全体を利益考量法学と呼ぶ場合の「利益考量」の核心は何か。詳細な考証は後日に譲るとして，ここではそれは視点の転換に存するとしておこう。かつて村上淳一は，「ポスト・モダンの法学」との関係で利益考量について論じたが（村上のポスト・モダン論として，同「ヨーロッパの近代とポスト・モダン」同『仮想の近代――西洋的理性とポストモダン』〔東京大学出版会，1992〕，利益考量に関する言及として，同「包摂技術とコミュニケーション」同『現代法の透視図』〔東京大学出版会，1996，初出，1994〕），利益考量論は，むしろ「脱構築」の法学と呼ぶべきではないかと思う。これに対しては，いまさら「脱構築」かという疑問が投じられるかもしれない。しかしながら，「脱構築」とは，新たな解釈に向けての根源的な継続的な運動であると捉えるならば，そうした運動への指向が衰退したかに見える第二の戦後において，まさに求められているのは「脱構築」であると言えよう。デリダの脱構築については，塩川徹也が一味違う見方を示しており（『微虹と秘蹟――パスカル〈見えないもの〉の認識』〔岩波書店，1993〕9～18頁など），共感するところが大きい。なお，デリダの別の一面につき，大村敦志「法の根源へ――ジャック・デリダ」同『法典・教育・民法学』（有斐閣，1999）を参照。

論の中で考えていくが，あらかじめ目論見を述べるならば，民法学の「名宛人」(destinataire) を再編することが以下の議論の目標となる。

1 法（＝社会）形成の学としての民法学——法的市民と市民的法律家の育成のために

すでに述べたように，利益考量法学は，解釈論によって裁判官の判断に一定の影響を及ぼすことを目的としていたが，その際に，その解釈が「素人（一般市民）」の常識に適っていることを重視していた。ここで確認できるのは，第一に，民法学が法（およびその背後にある社会）に対して，裁判官に向けて解釈論を提示することによって影響を及ぼしうる，という前提が採られていることである。第二に，その解釈論は一般市民の常識によってサポートされると考えられていることである。

ここにあるのは，市民を代表して裁判過程を監視（批判・誘導）する民法学というイメージである。別の言い方をすると，利益考量法学は利益考量に基づく価値判断の過程を可視化することによって，市民にもわかる形でこれを提示すること，また，ありうる別の解釈との対質を解釈者自身の内部で，あるいは民法学界の内部で行うことを通じて，いわば市民的討論を疑似的に実現し，そのことを解釈論の正統性の根拠としたと見ることができる。また，判決を利益考量論によって分析し，裁判官にも判決中に利益考量を明示することを求めるなどして，判決を市民（むしろ市民を代表する民法学）が論評する条件を整えようとしたと言える[53]。つまるところ，利益考量法学がまず第一に目指したのは，判断過程の可視化・平等化を通じて，裁判の民主化・市民化を図るということだったと言えるだろう[54]。

---

52) 星野＝平井論争は，この問題を先取りしていたとも言える。星野は平井の再反論に対する反論を予定していながら果たせなかったが，星野が再反論するとすれば，この点をふまえた議論になった（ならざるをえなかった）はずである。

53) 加藤は，「これからは，わが国でも……判断の実質的理由を隠蔽することなく，形式的理由とともに判決の中で論述するようにしていくことが必要である」としていた（加藤・前出注48）33頁）。もしそうなれば，そして，星野がいうように，「利益考量・価値判断については，法律家といえども，一市民として，または一人間としての資格においてすることしかできない」とすれば，裁判官と市民（民法学）の解釈の間に優劣はなくなり，むしろ，市民の意を体した民法学の方が優位に立つということにもなる。

利益考量法学はさらに歩みを進める。自ら解釈論を提示するだけではなく，利益考量の手法を法学教育にも及ぼそうとしたのである。この点は利益考量法学の前期においては必ずしも明確には主張されていなかったが，中期から後期になると強調されるようになる。「法律というものは……やはり一般の社会人の間に起る紛争を当事者とまわりの人々のできるだけ多くが納得するように解決するためのものと考えます」という観点から[55]，利益考量法学を活かした教育が積極的に評価されるようになるのである。

　注目すべきは，その際に，教育によって養成されるべき人々が一般市民なのか専門法律家なのかという点について，明確な区別がされていなかったということである。実際には双方が含まれており，（利益考量法学が考える）法的な思考様式を身に付けた法学学習者（広義の法律家＝法的市民）の中から，市民の思考様式との連続性を確保できる法律家（狭義の法律家＝市民的法律家）が生まれると考えられていたように思われる。

　もっとも，狭義の法律家に限らない法学部卒業生を教育するというのは，平井の目的とするところでもあった。平井の「議論」論は狭義の法律家のための議論だと言われることがある。しかし，平井自身は，「職業としての法律家」だけでなく「キャリア官僚や大企業の管理者」を含めて「これらの職業に共通する法律家の『本質』とは何か」という問いに対して，「法律家の『本質』が『議論』による問題（とくに未知の）解決者たることにある」という理解に達したとしている[56]。ただ，平井の「法律家」は，「職業としての法律家」には限られないものの，これ（専門法律家）を中核に置き外延を広げたものである点において，利益考量法学の「法律家」とは異なっている。

　平井の「議論」論は，ある意味では利益考量法学の盲点を突いていた。確かに利益考量法学は，法の民主化・市民化の要請によく応えた。しかし，市民・

---

54) さらに言えば，当時の法学部は，公務員や企業の法務担当者など広義の法律家の養成を通じて，法を変革することを重視していたと見ることもできる。今日，このような発想が後退しているとしたら，その理由を明らかにすると同時に，再び法律家の観念を拡大する方策を講ずる必要があるだろう。もっとも，その際には「広義の法律家」の役割自体を再定義し，それにふさわしい教育プログラムを用意することを考えなければなるまい。

55) 星野・前出注33) 論集8巻204頁。

56) 平井・前出注42)「はしがき」iv頁。

法的市民・市民的法律家の連続性を強調するあまりに,「法」の特殊性・技術性に対する関心を過度に後退させてしまった。星野は「法学部を出た人の特色は,法および法律独特の考え方や論理操作に通じていることにある」としているが[57],その内実を詳しく説明していない。また加藤は,「それが法的判断であるためには……法規による形式的な理由づけを受けなければならない」とした上で,理論構成の意義について説明していたが,その説明は十分に説得的ではなかった[58]。

民法学が,実践の局面で市民とともに民法(民事裁判)に働きかけつつ,教育の局面では法的市民と市民的法律家とを共通に養成するという課題を担うべきことは,今日,改めて強調されてよいことである。特に法学部の見直しが進みつつあることを考えるならば,利益考量法学が掲げた目標は再評価を待っていると言うべきであろう。しかし,それだけでは十分でない。市民的法律家が法律家である以上は,その専門性の中身を分析し,市民性の涵養に加えて,専門性の習得が推進されなければならない。そして,法科大学院教育の目標が狭い意味での法律家養成にとどまりえなくなっていることを考えるならば,この専門性が狭義の法律家だけでなく法的市民(あるいは準法律家)にとってどのような意味を持つのかということも再考される必要がある。

2 法(＝社会)認識の学としての民法学——市民と市民社会の擁護のために

星野の利益考量法学の最大の特徴は,「解釈そのもの」における利益考量・価値判断に先立ち,「真の解釈のためになすべきこと」の研究が行われるべきことを強調した点にある。研究の方法については,まず,「科学的考察」と「哲学的考察」とに大別され,「科学的考察」には「民法典そのものの検討」と「民法の機能,実態の研究」とが含まれるとされた。このうち「民法典そのものの検討」では沿革的・比較法的研究,「民法の機能,実態の研究」では判例研究が学界を挙げて取り組まれたと言ってよい[59]。

---

57) 星野・前出注33)論集8巻204頁。
58) 引用は,加藤・前出注48)論文集27頁。説明は31頁にある。
59) 星野自身は,制度の思想的・宗教的背景や哲学的考察を重視したいとしたが,当初,これらは必ずしも十分な展開を見たとは言えなかった。もっとも,1980年代から90年代にかけて盛んになった契約思想に関する研究(星野英一「意思自治の原則,私的自治の原則」『民法講座1

星野は，この「科学」や「哲学」の部分，特に「事実の問題」——「制度や規定の存在理由，それらの趣旨，そしてその由来……沿革や比較法」——に関しては学者に権威があるとして，「学者としての存在理由」をこの部分に求めた[60]。川島武宜とは異なる意味ではあるが，「科学」（哲学を含むので，単に「学」と言った方がよい）としての民法学の樹立が目指されたのである。このような研究に基づき，それとの論理的切断を経た上で，解釈論を主張するというのが，星野の目指す民法学のあり方であった[61]。「学」の内容は異なるとしても，同様の考え方は広中にも共有されていた。もっとも，基礎研究（事実）から解釈論（規範）をいかに導くかという問題は，星野の利益考量法学の影響下にあった若い世代を悩ませたが，必ずしも明確な解答が得られるには至っていない[62]。

それでも基礎研究を続ける民法学者の多くは，その研究に一定の意義があると信じているかのごとくである。この信念が意味を持つか否かを考えるにあたっては，基礎研究が誰に向けてなされているのかを考える必要がある。おそらく名宛人は三つに分かれる。第一は，裁判（紛争解決）に従事する法律家であり，第二は，法学部で法学を学ぶ人々（将来の法的市民・市民的法律家）であり，そして第三は，民法学者の共同体である。

このうち法律家に関しては，平井によって，時間の制約からして，解釈論を

〔有斐閣，1984〕のほか，山口俊夫「フランス法における意思自治理論とその現代的変容」『法学協会百周年記念論文集第3巻』〔有斐閣，1983〕，北村一郎「私法上の契約と『意思自律の原理』」『基本法学4 契約』〔岩波書店，1983〕から内田貴『契約の再生』〔弘文堂，1990〕，大村敦志『公序良俗と契約正義』，同『典型契約と性質決定』〔有斐閣，1995，1997〕，山本敬三『公序良俗論の再構成』〔有斐閣，2000〕へと展開）や憲法と民法との関係に関する研究（山本敬三「現代社会におけるリベラリズムと私的自治(1)(2)」論叢133巻4号・5号〔1993〕に対して，星野・大村が「民法と憲法——民法から出発して」法教171号〔1994〕などで応じた。なお，大村敦志「民主主義の再定位と民法・民法学の役割」同・前出注32）2009a〔初出，2001，原題は「山本敬三『公序良俗論の再構成』を味わう」〕も参照）も，これらの考察に含めて考えることができる。
60) 星野・前出注33) 論集8巻246〜247頁。
61) この「論理的切断」について検討したのが，森田修「私法学における歴史認識と規範認識(1)(2)」社会科学研究47巻4号・6号（1995〜96）である。
62) 平井の「マクロ正当化」もこの問題にかかわるが，「ミクロ正当化」に比べると，その提言は必ずしも明確な像を結ばない。この問題は，論理的な（あるいは因果的な）連結方法を求めることによっては，おそらく解決されるとは思われない。ある時期の内田貴が試みたように，解釈的な包摂による説明力を競うことになると考えるべきだろう（方法意識が明確に現れたものとして，内田貴「探訪『法の帝国』(1)(2)」法協105巻3号・4号〔1988〕を参照）。

提示するのにこのような研究を行うことは期待できないという批判がなされた[63]。この批判自体はもっともなものであるが，利益考量法学は基礎研究を法律家に要求するものではなく，提供しようというものである。この点は法学部生に関しても同様である。ただ，基礎研究が提供される際の目的は同じではない。と言うのは，基礎研究は解釈論のためにのみ行われているわけではないからである。

この点にかかわるのは星野の次の指摘である。「裁判もまた結局は当事者，そして一般社会に受容されるものでなければならないが，わが国の民法その他の法律が継受法であって，用語自体造語であり，わが国民の法意識が欧米諸国のそれと異なることなどを考えれば，今後は……一般人にわかりやすい体系に改めることを考えるべきであろう[64]」。さらに進んで星野は言う。「21世紀の始まりを見るわが国は，明治維新および第二次大戦後とならぶ第三の大転換期にあるということができよう。この時期にあたって，従来あまり言われていなかった民法の思想を意識することが各方面において必要であると考えられる」。それは「改めて個人のイニシアティブを重視する社会に向かうべき」ことと結びついていると言うのである[65]。

言い換えれば，これは民法の各制度を再び意識的かつ積極的に受容するとともに，民法の思想に依拠しつつ社会を変革していく必要があるということだろう。利益考量は他者に対する共感の技法であるとともに[66]，諸制度の再継受——その批判的検討——のための方法でもある。基礎研究もこうした目的に資するものであると言えるだろう。

実は，同様の観点は，平井が法政策学の提唱に際して示したものであると言

---

63) 平井宜雄『現代不法行為理論の一展望』(一粒社，1980) 192頁以下など。
64) 星野・前出注33) 論集8巻154頁。
65) 星野・前出注40) 7頁，9頁。
66) 利益考量法学を批判した平井もまた，「人を『人生のコネスール』にするのは，決して多種多様な経験ではなく，さまざまな状況に置かれた人間への豊かな想像力と絶えざる共感，言い換えれば『多くの人生を同時に生きる』イマジネーションではないかと思う」とし，「法律学は，——法律の『コネスール』は言うまでもなく——最も『人生のコネスール』たることを要求する学問ではないかと思う。人と人との紛争の中に人間関係の本質的なものがひそんでいるからである。私は職業上の必要から，これまで無数の判決を読んできているが，その度にさまざまな人生をそこから読み取り，それに共感できるような気がする」としている (平井宜雄「想像力と共感」同・前出注42)〔初出，1982〕212～213頁)。

える。すなわち平井は,『法政策学』の巻頭において,「法律学の第一次的任務は, 実定法の解釈および運用の研究教育である」としつつ,「これはつまり制度または法制度の研究教育にほかならない」とする一方で,「『制度』を扱うほとんど唯一の社会理論……は, これまで法律学であった」とする[67]。その上で,「日本人の現実の行動を変え, 日本の社会のすべてにわたって決定的な影響を及ぼしてきたものは,『歴史の発展法則』というよりも, まさに国家主導の制度の設計の結果……であったと思われる」のであり,「終始一貫して制度を扱ってきたほとんど唯一の学問分野が法律学であるとすれば, そこから出発して法政策学を構想することは, 日本の社会理論において, とくに重要な企てなのである」と述べている[68]。

ここで重要なのは, 平井が「社会理論」を樹立しようとしていることである。そして平井は, これを「与件たる制度をどのようにして設計すべきなのか」という観点から実践的・実用的な知の体系として提示しようとする。さらに平井は, これを「個別・具体的な法律の立法」ではなく「解決を迫られているところの, 多数人の利害に関わる公共的問題を識別し, 解決のための代替案を数え上げて選択し, それに法技術的表現を与え」るためのものとしている[69]。

以上のように, 星野の利益考量法学と平井の法政策学との間には, その対象や方法に大きな差はあるものの, 社会に対する基本的な認識を獲得し, その上で, 社会に働きかける「学」を目指すという点で両者は共通しているのである。もっとも, 様々な基礎研究が究極的には, このような方向を目指すものであるとしても, それだけで星野や平井の言う「社会認識」に至ることができるわけではない。そこで登場するのが民法学者の共同体である。個別の基礎研究は, この集合体の議論空間を広げるのに役立つのである。言い換えれば, どの程度の意識をもってするかは別にして, 現行の法 (および社会) に関する解釈共同体に対して, 主体的に一つの提案をするというのが, 基礎研究の意義であると言える。

現代日本における個人と社会のあり方をいかに考え, それに基づいていかに

---

67) 平井宜雄『法政策学〔第2版〕』(有斐閣, 1995) 3頁。
68) 平井・前出注67) 4頁。
69) 平井・前出注67) 9～10頁。

現実に働きかけていくか。後期星野法学の「民法のすすめ」とは，すなわち市民と市民社会とを擁護する民法学を樹立する試みであった。市民・市民社会という言葉を使うか否かを別にすれば，平井の法政策学が目指す「社会理論」も同様の試みであった。

ところが今日では，利益考量法学が退潮しているばかりでなく，平井の法政策学に対する関心も乏しくなっている。1990年代後半に，平井自身が「4・5年くらい前から『法と公共政策』のゼミには，ほとんどの学生諸君は関心を示さなくなりました」と述べて，学生たちの知的関心の対象が狭まっていることを指摘している[70]。同時に平井は，「法律学基礎論覚書」につき「この一連の論文に対しては，『法と経済学』のときと違って私も驚くほどの反応がありました」と述べているのだが[71]，いま法科大学院で同様の演習が行われたとして，「驚くほどの反応」があるのだろうか。学生たちの中には「議論」に対して関心を持つ者は一定数はいるだろうが，「議論」論についてはどうであろうか。その知的後退は一層進んでいるのではないか，というのが筆者の見立てである[72]。

そしてこの知的後退は，アイデンティティを法科大学院の教師であることに求めざるをえなくなっている民法学者に影響を与えないではいない。では，どうすべきか。項を改めて，利益考量法学の再生を通じた民法学の方法の更新という観点から，この問題について考えてみよう。

Ⅳ　どのような民法学か――民法学の対象と視点

民法学の目的を論ずるにあたっては，研究成果の名宛人を明らかにするように努めたが，その方法（対象と視点）を検討するためには，研究の主体のありように焦点をあわせる必要がある。もちろん，民法学の担い手は「民法学者」

---

70) 平井『『法的思考様式』を求めて」同・前出注42)（初出, 1997）362頁。
71) 平井・前出注70) 367頁。
72) もちろん，いつの時代にも，広い知的関心を持つ学生は存在する。本文で述べたのは全体的な傾向についての，しかも臆測にすぎない。しかし，この臆測は多くの同僚たちの実感と重なり合うであろう。

であるが，ここで問題にしたいのは，その「民法学者」とはいかなる存在かということである。言い換えれば，学問成果の著者 (auteur) の性質——結論を先取りすればその多様性——を問おうというわけである。

　一口に民法学・民法学者と言ってみても，その名の下で行われている知的営為は一様ではない。その活動を整理するための観点も一つではない。以下においては「戦後法学」の内部における対立軸の一つであった「民法」「民法学」の範囲をどのように画するかという問題を意識しつつ，「閉じたシステム」(法そのもの) としての民法研究 (1) と「開いたシステム」(法とその環境の全体) としての民法研究 (2) とをさしあたり区別した上で，民法学の方法的な革新の可能性を探りたい。もっとも，すぐ後で述べるように，「閉じた」「開いた」というのはあくまでも対比のための区別であり，絶対的なものではない。

　民法学の役割を再定礎し，その方法を再編していくに際しては，民法学およびそれを取り巻く環境の現状をどのように理解するかが問題になる。この点については以下の本論の中でふれるが，あらかじめ一言で要約するならば，本稿冒頭で述べた「法術学」をよい形で発展させつつも，利益考量法学を復権させる，これによって，民法学のあり方を複線化させながら，求心性を維持する必要がある。以上が本稿の現状認識であり，かつ到達目標である。

1　閉じたシステムとしての民法の研究

　ここで民法を「閉じたシステム」として捉えるというのは，民法に焦点をあてて，いわば求心的な検討を行うことを指している。このような研究は，問題指向的なもの ((1)) と規範指向的なもの ((2)) とに分かれる。二つの場面における民法学者の現れ方は異なっているが，そのことを理解した上で，今日においては，それぞれにおいて更新が求められている。

(1)　問題指向的な研究——プレイヤーからコーチへ

　星野の利益考量法学の成果は様々な形で残されている。時間軸による整理 (時代区分) はすでに試みたが，ここでは議論の出発点として，空間的な整理 (業績の分類) を利用することにしよう。星野による問題指向的な研究の典型例は『借地・借家法』(有斐閣，1969 年) であろう。その特徴は膨大な判例を事案に即した形で，利益考量の観点から分析している点にある。その意味で，本書

は前期利益考量法学を代表するものと言える。さらに星野には，おびただしい量の判例研究が存在する[73]。その存在を念頭に入れるならば『借地・借家法』は氷山の一角であるとも言えるのであり，判例評釈群の全体を検討した上でなければ，「アレティスト（arrêtiste）」としての星野の全貌は明らかにならない[74]。

　アレティストとしての星野の活動は極めて旺盛であり，その判例研究は大きな影響力を持ったように思われる。同様の活動は星野の前後を通じて，多くの民法学者たちによって行われてきており，今日でも，判例研究が法の形成に働きかける重要な回路であることに変わりはない。このジャンルにおいて，民法学者は法の形成の一翼を間接的に担うプレイヤーとしての役割を果たしていると言える。しかし残念なことに，判例評釈に示される判決読解の技法は，十分には言語化されていない。このような評価に対しては，判例研究の方法についてはこれまでに多くの議論の蓄積があるではないか，という疑問が生じるかもしれない。確かに，方法論争は盛んになされてきた[75]。しかし，それらは十分に「実技」を取り込んだものにはなっていない。

　もちろん，民法学者がプレイヤーとして行動しているならば，実演をして見せれば足り，それを説明することは不要であるとも言える[76]。しかし，今日それでは十分とは言えなくなってきている。その理由の一端は，本稿の言う「法

---

73) 星野の判例研究は『法学協会雑誌』掲載のものに限っても173件に達し，1954年から89年までの35年にわたって発表され続けている。その多くは，同『民事判例研究第2巻（3分冊）・第3巻（2分冊）』（有斐閣，1971～73，1990）に収録されているが，未収録のものも少なくない。本稿では詳細には立ち入れないが，アレティストとしての星野については，別に扱うことを予定している。

74) アレティストという語（フランス語）は，一般には判例評釈者を指すが，このジャンルにおいてまとまった業績を有する者のことを特に指して用いられることもある。たとえば，フランスの民法学においてはラベ（Labbé），公法学においてはオーリウ（Hauriou）の名がしばしば挙げられる。この点につき，大村敦志『法源・解釈・民法学』（有斐閣，1995）59～60頁，64頁，橋本博之『行政法学と行政判例——モーリス・オーリウ行政法学の研究』（有斐閣，1998）を参照。

75) 判例研究の方法に関する論争については，さしあたり，大村敦志ほか『民法研究ハンドブック』（有斐閣，2000）補論「判例評釈の書き方」を参照。

76) 判例評釈に限らず，卓抜した法律論を展開できるプレイヤーは今日でも少なくない。たとえば，道垣内弘人『担保物権法〔第4版〕』（有斐閣，2017，〔初版〕三省堂，1990）や森田宏樹『債権法改正を深める——民法の基礎理論の深化のために』（有斐閣，2013）を通読すると，その論理の質は異なるものの，組み立てのうまさが感じられる。

術学」が優勢になりつつある（と言うよりも、その名目の下に「学知」が遠ざけられつつある）ことと関連する。法解釈の実技それ自体は「術（technique）」に属するが、今日では「術」を「術」として放置するのではなく、「術」に関する「学（technologie）」が求められている。法科大学院は「理論と実務の架橋」を掲げたが、本来の意味での架橋のために民法学がなしうるのは、「術」を「学化」することだと思われるからである。

　その際に特に必要であり、また有望であると思われるのが、民法学の観点からの判決の読み方・書き方を示すということであろう。繰り返しになるが、それは判例研究の方法を一般論として述べるのとは別のことである。自分たちが日ごろ行っている判例研究を対象として意識化して、メタの視点から、そこに含まれる技法の使い方と意味とを明らかにする必要がある。とりわけ判決を読み換える技法とそのような操作の意味づけが、積極的になされる必要がある[77]。また、事件を法的に構成する際の複数の可能性や上告申し立ての際にありうる複数の理由づけなどを示す必要がある[78]。実は、これらは、利益考量法学によっても示唆されていたが、十分には展開されていなかったものである[79]。

　同様のことは、判例（裁判）についてだけでなく、立法についても行われる必要がある。星野は現代を「第三の法制改革期」であるとした上で、立法の重要性を説いたが[80]、自分自身も長年にわたって立法補助を行ってきた。特に、

---

[77] そのような例として、他分野のものであるが、蟻川恒正の「起案講義憲法」法教391号（2013）以下などが想起される。なお、誤解を恐れずに言えば、これも「脱構築」の一種であるということになる。

[78] これらは民事訴訟法学からの提案ともかかわるが、民法・民事訴訟法の垣根を超えた民事裁判学において探究されるべき課題であると言えよう。古い文献も含めた恣意的な引用になるが、民訴関係の多数の文献のうち、村松俊夫「民事事件の法律的構成」廣濱先生追悼記念論文集『法と法学教育』（勁草書房、1962）342頁以下、新堂幸司「民事訴訟法理論はだれのためにあるか」同『民事訴訟制度の役割』（有斐閣、1993、初出、1968）9頁以下、井上治典「ある不動産取引紛争の分析」同『民事手続論』（有斐閣、1993、初出、1990）、椎木緑司『判例の生成過程と破棄判決』（有信堂、1996）2頁以下などが個人的には参考になった。民法学からのアプローチを考えるにあたっては、戒能通孝『法廷技術』（岩波書店、1952）や笹倉秀夫『法学講義』（2014、東京大学出版会）などに学ぶべきものがあるように思う。なお、福永有利＝井上治典『民事の訴訟──ある事件の発生から解決まで』（筑摩書房、1987）や伊藤眞『法律学への誘い〔第2版〕』（有斐閣、2006）のような教材も興味深い。

[79] 「法的論理（推論）」に関する注目（星野・前出注33）論集8巻242～243頁）や「性質決定」の探索的性格に関する言及（星野・前出注33）論集8巻151～152頁など）。

[80] 星野英一「日本民法典の全面改正」ジュリ1339号（2007）90頁以下など。

法制審議会の部会長を務めるようになってからは,実際上も立法に大きな影響を及ぼしうるようになったし[81],立法にかかわる発言も増えた[82]。しかし,立法のあり方について,技法と思想とをまとまった形で示すには至らなかった[83]。

(2) 規範指向的な研究――評論家から批評家へ

星野の規範指向的な研究の集大成は,『民法概論Ⅰ〜Ⅳ』(良書普及会,1971〜78年)であると言える。同書は我妻の『民法講義』の後を襲って,一時は標準的な教科書の地位を占めた。『民法概論』の大きな特色は,制度の趣旨を示す点に大きなウエイトが置かれていることである。その反面で,解釈が分かれる点にはあまり積極的に立ち入っていない[84]。「解釈そのもの」よりも「解釈のためになすべきこと」をまとめて提示することを目指すものであると言えよう[85]。たとえば総則で言えば,公法と私法の区別,民法の特別法,私権と公共の福祉,人格権,外国人の権利能力,法人,法律行為,私的自治の原則,時効の存在理由などの説明が非常に詳しい[86]。

これらの説明は貴重なものであるが,紙幅の都合もあり,学説の引用等は必ずしも十分ではない[87]。特に,前述の「理論と実務の架橋」という観点から見

---

81) 特に,成年後見制度の改正に影響を及ぼしたものと見られる。この点に関して,別に,さらに立ち入った検討を行いたい。
82) 星野英一「製造物責任法ができるまで――法制審議会財産法小委員会の視点から」,同「法制審議会――この知られざる存在」(いずれも,同・論集9巻〔有斐閣,1999,初出は,1994,1996〕)など。
83) 平井の法政策学の構想は貴重なものだったが,当初の具体性・実践性を備えた形態から離れて次第に抽象化・公準化が図られるようになったために,人々の関心が遠のいてしまったように思う。
84) このことは,星野自身が強調する点でもあった。「制度の趣旨……の説明は,必ずしもいわゆる通説的なものではなくなっている。……これにより,いくつかの制度がよりわかり易くなったものではないかと考えている。また,これが,各規定の解釈にさいし,重要な基礎を提供する」とした上で,「学説をあまり詳しく扱わず」,「価値判断によって決すべき問題についての私見は,必ずしも述べない」とされている(星野『民法概論Ⅰ民法総則』〔良書普及会,1971〕「はしがき」8〜10頁)。もっとも,この特色がよく保持されているのはⅠとⅡの前半であり,Ⅱの後半以降は従来の教科書に近づいている。
85) 星野は,「著者の解釈論だけが正しいもののように書」くのではなく,事実と価値判断とを区別するべきであるが,「私も努力はしてみたのですが,うまく書けません」と述べている(星野・前出注33)論集8巻246頁)。しかし,『民法概論』の叙述を事実部分と提言部分とに分けてみると,かなりの程度まで区別がなされていることがわかる。
86) 我妻の説明が社会・経済的な説明であることが多いのに対して,星野の場合には,歴史的な経緯に関するものが多い。
87) 制度趣旨の説明の観点から重要なもの(主要なもの)を掲げるにとどまることが多い。

た場合には，物足らないものが感じられることになろう。おそらく，いま必要とされているのは，次の二つの方向での展開であろう。

一つは，制度趣旨の理解を変更することそのものの意義である。この点を明らかにするには，従来の理解のインプリケーションと新しい理解のインプリケーションを明示的に対比した方がよい。たとえば，星野のように法人を効果から捉えることによって，法人論の問題布置は大きく変わりうるということをはっきりと示した方がよい。もう一つは，制度趣旨にかかわる学説の展開を全体として捉えることによって，問題構成（議論空間）がどのように変容してきたのかを示すことも望まれる。星野も指摘していたように，制度趣旨に関する議論は，具体的な解釈論との関係ではいわばメタ・レベルの議論になっているが，その意義を理解させるためにはもう一段高次のレベルでの位置づけがあった方がよい。たとえば，時効の存在理由を例にとれば，この問題をめぐる一連の議論（学説史）が何のために展開され，何をもたらしたのかをはっきりさせることが望まれる。

このレベルの議論は，「解釈のために必要なこと」と「解釈そのもの」とをより強固に関連づけることになるだろう[88]。前述の「術」の学化に対比して言えば，これは「学」の術化と言えるかもしれない[89]。

2 開いたシステムとしての民法の研究

「開いたシステム」としての民法とは，民法とそれを取り巻く「環境」との双方を視野に入れることを意味している。それゆえ，これを対象とする研究はどちらかというと遠心的なものとなる。この種の研究は，解釈・立法のための研究（(1)）と理解のための研究（(2)）に分けられる。

これらについても，民法学者の関わり方は異なりうること，今日では方法的な更新が求められていることは，「閉じたシステム」について述べたのと同じである。他方，「閉じたシステム」として民法を扱う場合に比べて，民法その

---

[88] 最近の教科書で，このような指向性を持つように思われるのは，中田裕康『債権総論〔第3版〕』（岩波書店，2013，初版，2008）であろうか。

[89] もっとも，本稿を一読すれば明らかなように，「学」の術化は，「術」のために「学」を展開する（「学」を「術」の手段にする）のではなく，「学」の成果を「術」の側から参照しやすい形で提示することを意味する。

ものからの距離は相対的に遠くなる。しかしながら，それらはある種の実践性をなお帯びており，研究のための研究というわけではない。

(1) 解釈・立法のための研究——研究者かつ組織者として

中期以降の星野が残した大きな功績の一つとして，各種講座ものの編集および雑誌特集の企画がある。具体的には，共編ではあるが実質的な編集責任を負ったものとして，『民法講座（全7巻＋別巻2巻）』（有斐閣，1984～85，1990），『基本法学（全8巻）』（岩波書店，1983）そして『民法典の百年（全4巻）』（有斐閣，1998）があるほか[90]，月刊雑誌化された『法学教室』の編集委員を長年にわたって務め（1980～99），いくつかの指導的な企画を実現している[91]。

これらによって星野は，民法学の研究成果を組織化・構造化する役割を担った[92]。すでに述べたように，星野の教科書は必ずしも基礎研究の成果を示すものではなかったが，各種講座ものや雑誌特集は，いわば学界の力を結集することによって，その欠を埋めようとするものであったと言える。解釈論・立法論においてどのような主張をするのであれ，その共通の基礎となるものを創り出し，かつ，学界（さらに実務界を含むより広い「法界」）の共有財産としようというのが，その目指すところであったと思われる[93]。特に，各執筆者がその解釈論を自由に展開するというのではなく，基礎研究を独立させて外部からの参照の便を図った点に，他の講座ものとは異なる独自性があった[94]。

もっとも，こうした試みは今日では十分に承継されていない。『民法講座』『民法典の百年』に続く企画が現れないことが，その証左であるとも言える[95]。

---

90) 第一のものは星野の責任編集（ほかに5人の編集委員）により，第三のものは広中との共編により有斐閣から公刊された。第二のものは，民法のみにとどまるものではなく，各法分野から編集委員を集めて岩波書店から公刊されたが，中心となったのは芦部信喜と星野であった。

91) 各企画の趣旨を示すインタビューや小論をまとめたものとして，星野英一『民法のもう一つの学び方』（有斐閣，補訂版，2006，初版，2002）がある。『法学教室』における星野の活動全般については，大村敦志「星野英一先生と『法学教室』」法教389号（2013）を参照。

92) そのほかに，星野英一「民法講義——総論」法教1号～11号（1980～81），なかでも「日本民法学史」の部分は民法学史の標準を示す意味を持った。

93) 加藤雅信責任編集『民法学説百年史』（三省堂，1999）や大村敦志『フランス民法』（信山社，2010）などは，その延長線上に位置づけられる。

94) なお，内田貴は立法論の領域で，このような標準化を伴う組織化を試みたということができる。実質的には内田の編著といえる民法（債権法）改正委員会編『詳解債権法改正の基本方針Ⅰ～Ⅴ』（商事法務，2009～10）を参照。

95) 家族法に関しては，『現代家族法大系1～5』（有斐閣，1979～80）に『講座現代家族法1～6』

ところが皮肉なことに，こうした企画の必要は，今日，ますます高まっているとも言えるのである。研究者の数が増え，テーマが細分化される一方で，多くの研究者は時間的なゆとりを失っているのに，民法学の全体像（あるいは趨勢）を窺い知ることができるようなフォーラムはどんどん失われているからである[96]。

　今後に必要なのは，フォーラムの回復であるが，それはもはや個人に期待することは困難な作業となりつつある。学界を挙げて，フォーラムを維持する仕組みを創り出すことが必要であろう[97]。ただし，現代の状況を前提にするならば，新たな講座ものや書評媒体を創出すれば足るというわけにはいかない。学説状況を概観するためには，新たな方法が必要であるように思われる。とりわけ立法の時代にふさわしい方法が求められるであろう[98]。具体的には，法の進化の過程を，経路依存性・複線性を考慮に入れつつ，かつ，遡行的に描き出す方法を開発すべきであろう[99]。

　(2)　理解のための研究――越境者ないし表現者として

　戦後において，民法学の存在を広く社会（あるいは隣接諸学）に向けて示したのは川島武宜であったが[100]，星野の後期利益考量法学はこの川島の役割を引き継ぐものであったと言える[101]。もっとも，『所有権法の理論』（岩波書店，

　　（日本評論社，1991～92）が続いたが，その後は実務主導の『新家族法実務大系 1～5』（新日本法規，2008）となっている。
96)　『法律時報』の「学界回顧」欄も，最近では単なる文献紹介に近づいている。また，「民法学のあゆみ」もかつてほどの影響力を持たなくなっている。
97)　たとえば，学会誌（『私法』）などに，書評欄・展望欄を設けることなどは考えられてもよい。雑誌ではなくウェブサイト上でもかまわない。もちろん，専門誌を創ることも考えられないではない。
98)　星野は前記の講座もののほかに，比較民法に関する講座ものの企画を持っていたようだが，実現には至らなかった。今日ではこれを，比較民事立法の観点から再編することが考えられる。
99)　この点からは，森田修『強制履行の法学的構造』（東京大学出版会，1995）で採られた歴史的方法の中に，学説の複線的展開に関する考察が含まれており，一般化して応用可能なのではないかと思われる（その一例として，阿部裕介『抵当権者の追及権について――抵当権実行制度の再定位のために』（有斐閣，2018））。なお，山野目章夫＝小粥太郎「平成15年法による改正担保物権法・逐条研究(1)～(9)」NBL 778～799号（2004）は，成立した新法の観点から旧法立法時の議論を再照射しようとする点で興味深い。
100)　川島に対する法学の外からの評価の一例として，青木保『「日本文化論」の変容』（中央公論社，1990）59～63頁，牟田和恵『ジェンダー家族を超えて』（新曜社，2006）164～165頁，千田有紀『日本型近代家族』（勁草書房，2011）65～66頁など。

1949)や『日本社会の家族的構成』(学生書房，1948)などによって川島が打ち出したのは，経済中心主義・近代主義的な民法像であったが，これに対して星野は，『民法（財産法）』(放送大学教育振興会，1994)，『法学入門』(有斐閣，2010)，『民法のすすめ』(岩波書店，1998)によって，民法の政治的意義やヨーロッパ思想の伝統との関連に対する注意を喚起しようとした。両者の差は，川島のスローガンが「科学としての法律学」であったのに対して，星野のそれは「人文学としての法学」であった点に端的に現れている[102)103)]。

いまや星野のように，一つの社会観を提示することができる民法学者は少なくなった[104)]。それは必ずしも民法学の側だけの事情によるものではない。平井の法政策学の構想は，ある意味では星野と並走し，星野に対抗していた観もあったが，その前途について平井自身が悲観的に語るに至っているのには，名宛人の側の事情もあるからである[105)]。しかしながら，民法というものが社会の存立にとってどのような意味を持つのかを，諸学と協働しつつ解明することは，ある意味では民法学の最も中心的な課題であるとも言える[106)]。名宛人の側に障害があるのであれば，それを克服する努力がなされるべきであろう。

具体的には，民法そのものを理解しようとする試みに対して，外部からアク

---

101) 星野に対する法学の外からの評価の一例として，山口定『市民社会論』(有斐閣，2004) 77〜79頁を参照。
102) 川島には『科学としての法律学』(弘文堂，1955)(現在では，同・「科学としての法律学」とその発展〔岩波書店，1987〕を参照)という著名な著書があるが，星野に関しては，たとえば，同『法学入門』(放送大学教育振興会，1995，現在では，有斐閣，2010) 199〜200頁などを参照。
103) 川島と星野の間に広中を位置づけることができる。川島がある時期からアメリカ的な手法に傾斜したのに対して，広中はドイツの（ヨーロッパの）知的伝統にとどまった。もっとも，川島とも星野とも異なり，広中が法における権力の契機を重視していたことは特筆に値するが，この点については別途検討を要する。
104) 「戦後法学」以後の世代では吉田克己が目立つが（同『現代市民社会と民法学』〔日本評論社，1999〕)，ほかに，山本敬三や森田修にも一定のイメージが伏在している。また，狭義の民法学の枠内には収まらないが，吉田邦彦や山本顕治，さらには森田果などの着想も面白い。ただ，吉田克己以外の構想はまだ十分な展開を見せているとは言えない。
105) 民法学の外で，平井の法政策学構想を展開しようといういくつかの試みがなされているが（最近の例として，常木淳『「法と経済学」による公共政策分析』〔岩波書店，2012〕など)，技法としての受容が中心であり，社会観が継承されているとは言いにくい。なお，平井の法政策学については，大村敦志「紛争解決の民法学から制度構想の民法学へ」同・前出注32）(2009a，初出，2007) で論じたことがあるが，さらに別稿で論ずることを予定している。
106) 諸学に開かれた研究として，加藤雅信の一連の試みが興味深い（一例として，同『「所有権」の誕生』〔三省堂，2001〕など)。

セスできる仕組みを創り出すことが望まれる。その意味で，民法学者には，民法学（さらには法学一般）のスポークスマンとしての役割を果たすことも期待される[107]。また，スポークスマンの手を借りずに，読者が社会観・社会理論としての民法学に親しめるような環境を整備することも不可欠である。たとえば，大きな課題をテーマとして設定し，しかし，そう大きな紙幅を費やすのでない「叢書」などが考えられてもよい[108]。

V　おわりに──新・利益考量法学へ

本稿では，利益考量法学を中心に戦後法学の大きな流れを一瞥した上で，そこで想定されていた民法学の目的と方法を手がかりに，その更新について若干の提案を行ってきた。一言で言えば，今日，新しい利益考量法学の展開が求められているというのが，本稿の主張であった。

新しい利益考量法学は，利益考量法学を継承しようとするものであるが，これをそのまま再生させようというものではない。一方で利益考量法学の伝統を尊重しつつ，「利益」と「考量」のそれぞれにおける革新を目指すものである。すなわち，①「利益」を「利益」そのものとして理解するのではなく，当事者双方（あるいは相手方）の立場に対して共感すること，そして，②法律構成に惑わされることなくその背後にある実体を把握することを促す手がかりとして捉

---

[107]　こうした役割は瀬川信久によって果たされてきたが（同「民法の解釈」星野英一編集代表『民法講座別巻1』〔有斐閣，1990〕，同「民法解釈論の今日的位相」瀬川信久編『私法学の再構築』〔北海道大学図書刊行会，1999〕ほか），最近では，小粥太郎の活動が注目される。小粥太郎『日本の民法学』（日本評論社，2011）や「担保責任論の争点」東北ローレビュー1号（2014），「遺産共有法の解釈──合有説は前世紀の遺物か？」論ジュリ10号（2014）などを参照。

[108]　思えば，平井の不法行為法学と法政策学とを架橋した，同『現代不法行為理論の一展望』(1980）は，一粒社の「現代民法学の課題」という叢書に発表されたものであった。この叢書にはほかにも，五十嵐清『民法と比較法』(1984)や北川善太郎『民法の理論と体系』(1987）など構えの大きい作品が含まれていた。後続企画が続かなかったのが惜しまれる。筆者自身は，以前に某社の編集者に対して，後続企画を提案してみたことがあるが，実現に至っていない。なお，隣接領域では，弘文堂の「現代社会学ライブラリー」（各巻160頁程度）の試みがあり，2012年にスタートしてから2014年までの間に，すでに18冊が公刊されている。なお，歴史学の分野では，1996年にスタートした吉川弘文館の「歴史文化ライブラリー」が続いており，400冊に及ぼうとしている。

えたい。また，「考量」についても，③諸要素のバランスをとることを超えて，多くの要素を視野に収めて統一的な説明を与えること，そして，④異なる複数の説明の間でよりよいものを求めつつ暫定的な判断を下すことを目指す営みとして受け止めたい。

　こうした拡張の必要性は，司法制度改革時代に私たちが経験してきた諸変動に由来する。法科大学院は「理論と実務の架橋」を，民法改正は「国民にわかりやすい立法」を，それぞれ目指した。この目標自体は正当なものであったが，実際には，想定されたような「法術学」は必ずしも十分な展開を見ていないし，新債権法（案）も真に「国民の民法」たりえているとは言えない。それでも，民法学が「実務」と「法律家」に，そして「立法」と「国民」に，意識的な関心を寄せたこと自体の意味は大きい。司法制度改革の遺産として，これらは引き継がれていくべきものであろう。

　別の言い方をするならば，戦後法学としての利益考量法学は，民法学が実務にとっても国民にとっても意味のあるものであることを自明の前提としていた。これに対して司法制度改革は，民法学に対してその有用性を改めて自問することを求めたと言うことができる。そうだとすれば，新たな戦後法学としての新・利益考量法学は，実務（と言うよりも法＝社会の形成）に対する有用性と国民（と言うよりも市民法＝市民社会の自己認識）に対する有用性を意識的に問い直したものでなければならない。あえて奇を衒った表現を用いるならば，以上のような意味において，民法学には「術」との接続を意識した「法学学」のレベルに属する新たな自己認識の営みが必要であろう。

　具体的に何をどうするべきかについては本論で述べた通りであるので，ここでは繰り返さない。ここでは，民法学が「学」であること，そして「民法」の学であることを確認しておく。

　民法学が「学」であるとは，大学にあること，学界にあること，同時に（「術」と対置される形で）法の世界にあることを意味する。すなわち，大学という普遍的な「知」の世界にあるということは，より広い視野に立って眺め，そして問うことを要請する。たとえば，私たちは自分たちの学問を「法解釈学」と呼んできたが，「法学」とは何かを「諸学」に対して示すためには，「解釈」とは何かを解釈することが求められるであろう。また，学界という組織体にお

いて営まれているということは，その中に役割分担があることを含意する。先端的な研究を進めることはもちろん必要なことであるが，それらを総合して外部に発信することも重要である[109]。学説には自らを語ることも求められるのである。さらに，法の世界にあることを考えるならば，同じ世界の他のアクターとは異なる役割を自覚的に果たすことが期待される。一言で言えば，あえて「メタ」のレベルに立つというのがそれである[110]。

民法学は「民法」にかかわる。このことは市民を育てること，市民社会を擁護することを意味する。「市民」は自治の気概を持った責任ある人間を意味するが，その涵養には「市民社会」の意義を適切に認識することが必要である。「民法とは市民社会の法」であるというのは，その第一歩をなす認識である。

---

109) この点につき，星野は，「深い井戸を掘って」いることと「池を掘って水を溜めている」という比喩によって，「ミクロの研究」と「マクロの研究」を対比した上で，(年齢による) ある種の分業論を展開している (同「法学とは何をする学問か」前出注82) 論集 9 巻 (初出，1994) 9 頁，11頁。そこでは，後者は前者を進める上でも必要であるとされるが，それとは別に，本文で述べたような観点からも「マクロの研究」は必要であろう。

110) 司法制度改革以降の民法学のあり方は，一つに限られるわけではない。「法術学」は法術に対してメタ・レベルに立つものであるが (対象レベルの法術を「法術 α」と呼ぶならば，これは「学」に近い「法術 β」である)，これとは別に，「学」としての性格が濃かった利益考量法学をさらに発展させつつ，法術とのインターフェイスを意識的に確保するという仕方で，メタ・レベルに立つことも可能である (法認識と法実践とが分断されがちであった従来の法学を「法学 α」と呼ぶならば，これは「術」との関係を考慮に入れるという意味で「術」に近い「法学 β」である)。前者が内的視点から出発して外的視点に立とうとするものであるとすれば，後者は意図的に外的視点に立ちつつ，同時に内的視点への環流を意識化しようとするものであると言える。また，前者を「法術学 (technologie du droit)」と呼ぶならば，本文で述べたように，後者は「法学学」(méthodologie des sciences du droit)」と呼ぶこともできる。注目すべき点は，利益考量法学自体がこのような発想をすでに含むものであったということである。その存在意義に改めて注目する必要があるのは，そのためである。

C 具体例——現代日本における相続法学説

I はじめに——民法学の末子？

　最高裁大法廷の違憲決定（最大決平成25・9・4民集67巻6号1320頁）を受けて，2013年12月には民法900条4号ただし書前段を削るという改正がなされた。この改正が発端になって，現在，相続法の一部改正作業が行われている。考えてみると，戦後70年の前半35年には，1947年の大改正は別にしても，1962年，1980年と2度の相続法改正が行われたのに対して，後半の35年には目立った動きがなかった。しかし，この35年間に相続法をめぐる諸事情は大きく変化したことを考えるならば，進行中の改正作業だけでなく，より視野を広げて相続法の立法的課題について論ずるというのは時宜にかなったことだろう。

　しかしながら，本稿が検討対象とするのは相続法改正そのものではなく，相続法改正をめぐって展開される相続法学説のあり方である。なお，ここで「相続法学のあり方」ではなく「相続法学説のあり方」と言うのには，若干の理由（ないしこだわり）がある。「相続法学のあり方」と言う場合には，学説はいわば一つの全体として捉えられているように感じられる。これに対して，本稿で「相続法学説のあり方」という表現を用いるのは，相続法学は一枚岩である，相続法学には一つの流れがあるというのではなく，その行方は個々の研究者の営みによって左右されるという，当然であると言えば当然のことを，いまあえて確認したいと思うからである。集合体としての学説を単数形（Doctrine）ではなく複数形（doctrines）で捉えたいと言えばよいだろうか。もっとも，ここでの「学説」は，ある解釈論・立法論に対する単なる賛否の表明（opinions）を指すものではない。

　学説のあり方ということであれば，相続法学説に限らず，契約法学説や家族

法学説についても語れるし、より広く民法学説一般についても語りうるだろう。しかし、相続法学説は、現代における（民法）学説の意義について語るのに、ある意味では適した素材であるように思われるのである。その理由は、相続法に関する研究は民法の他の領域に関する研究に比べて、相対的に遅れているということと関わっている。ここでは細かなデータを挙げることはしないが、たとえば、民法総則の概説書の多さに比べると、相続法の概説書の数はかなり少ない。単純に考えて、講義をするにせよ概説書を書くにせよ、民法典の冒頭から始めて最後に置かれた相続編に至るのはそう簡単なことではない。周知のように、富井政章、鳩山秀夫、我妻栄、星野英一……と日本民法学史の主流を形成する著名な著者たちも相続法に辿り着くことはできなかった[111]。こうして相対的に手薄になっている領域だからこそ、学説の存在意義が問いやすくなるのではないか。端的に言って、相続法学においては個々の相続法学説の存在感は、民法の他の領域におけるそれよりも大きなものとなりうるのであり、それはたとえば契約法学においては検出が難しくなっている民法学説の存在意義を可視化する（拡大して提示する）手がかりになるのではないか。これが本稿の拠って立つ基本的な前提である。

別の言い方をすると、本稿では、相続法学説というサンプルを取り出して、そのあり方を問うことを通じて、民法学説のあり方を考えてみたいのである。その意味では目標は大きいのではあるが、この機会に相続法学説のあり方を徹底的に検討し、それに基づいて堅固な学説論を形成しようなどという野心を持っているわけではない。ごくわずかな手持ちの素材を再利用して、若干の所感を述べようというにとどまる。

素材は二つある。一つは、本書の機縁になった日本私法学会シンポジウムである。同シンポジウムにおいて、私はコメンテーターとして、六つの報告[112]

---

111) 穂積重遠は、1946年から1947年にかけて書かれた自著『相続法』を女婿に贈るにあたって、見返しに次の歌を書き記している（この書物を筆者に恵与された岩佐美代子氏には、この場を借りてお礼を申し上げる）。
　　末の子はいとしとぞいふ　火にも焼けず　からく生まれしこの末の子よ
　　ここでの「末の子」は末娘とともに自身の最後の学術書を指すものと思われるが、『民法総論』『親族法』『債権各論及び担保物権法』などを書き継いできた著者にとっては、（物権法・債権総論については講義録が残るだけであるが）民法典の掉尾を飾る相続法（末の子）につき、まとまった書物を残しえたという気持ちも込められていたことであろう。

につき，その内容ではなく，そのあり方（議論のスタンス）について言及した[113]。本稿は，このコメントを若干敷衍すること[114]を第一の目標としている（Ⅱ）。もう一つは，前述の相続法の概説書に関わる。これも別の箇所で若干論じたことがあるが[115]，穂積重遠『相続法』といういまから70年前に書かれた概説書[116]を，やはりそのあり方という観点から見直してみたい。この古い概説書の存在意義[117]について検討することを通じて，相続法学説のあり方を考える。これが本稿の第2の目標である（Ⅲ）。なお，検討にあたっては，それぞれにつき，まず，一般的な所感を述べた上で，そこに「あるもの」と「ないもの」とを対比する形で議論を進めることにする。

Ⅱ 私法学会シンポジウムを素材に

1 序

これまで日本私法学会は，新たな立法の前後において，学説の観点からそれらを検討する機会を持ってきた[118]。しかし，相続法に関して言えば，最近は，立法が不活発なことを反映してか，シンポジウムのテーマとなることはほとんどなかった[119]。その意味では，私法学会シンポジウムで久々に相続法が取り

---

112) 論ジュリ10号（2014）に掲載。以下，「資料○○頁」という形で引用。
113) 私法77号（2015）54〜57頁［大村発言］。
114) 筆者に依頼されたのは，もともとこのような書き物であった。その出自からして，本稿はある種の所感を示すエッセイにすぎない。
115) 大村敦志『穂積重遠』（ミネルヴァ書房，2013）166，167〜168頁。
116) 第1分冊〜第3分冊（岩波書店，1946〜1947）。
117) 著者は，「六日の菖蒲十日の菊」になりはしまいか（穂積「序」），と謙遜をしていたが，それ以上の自負があったものと思われる（大村・前掲注45）166頁）。
118) 最近のシンポジウムとしては，「日本民法典財産法編の改正」「消滅時効法の改正に向けて」（私法71号〔2009〕），「契約責任論の再構築」（私法69号〔2007〕），「団体論・法人論の現代的課題」（私法66号〔2004〕），「生命科学の発展と私法——生命倫理法案」（私法65号〔2003〕），「『消費者契約法』をめぐる立法的課題」（私法62号〔2000〕）など。
119) 最近のシンポジウムとしては，「遺言自由の原則と遺言の解釈」（私法69号〔2007〕）があるのみ。対象をより広くとれば，「家族法改正」（私法72号〔2010〕）もその一部は相続法に関連していた。なお，古くは，「法制審議会身分法小委員会中間報告をめぐって——寄与分を中心として」（私法39号〔1977〕），「農地相続調査について」（私法26号〔1964〕），「新法下における相続の実態」（私法15号〔1956〕）などがある。

上げられたことの意味は，それだけですでに大きい。今回のシンポジウム自体は必ずしも立法論を打ち出すことを主眼とするものではなかったが，実際には立法論的な主張も含まれていた[120]。それは萌芽的なものであったかもしれないが，相続法改正作業を行っている法務省の関心の対象となったようである。法制審議会民法（相続関係）部会の審議において，当初の検討項目には含まれていなかったいくつかの点が取り上げられたのは[121]，その証左であるとも言える。

2 議論されたこと

(1) では，今回のシンポジウムでは，どのようなことが論じられたのか。また，それにはいかなる意味があったと言えるのか。シンポジウムの内容を簡単に振り返ってみることにしよう。繰り返しになるが，内容そのものの当否を検討するという対象レベルの作業はここでの課題ではない。本稿の関心の対象は，何がどのように問題とされたのか，という点，すなわちメタ・レベルの考察にある。指摘したい点は3点に分かれる。一つ目は，六つの報告の共通点・相違点，二つ目は，「学説」の役割についての感想，三つ目は，具体的な問題に関する問題提起である。

シンポジウムの「企画の趣旨」という文書には，「原理・原則をめぐる大上段の議論」と「細部についてのきわめて詳細な問題分析や解釈論」が対置された上で，その中間のレベルに位置するものとして「基本的な法的ルールを明確にする」作業が挙げられており，シンポジウムではこのレベルでの議論が企図されていると述べられていた（資料96頁）。この分類を借りるならば，以下の考察は，中間の「基本的な」話から始めて，「大上段の」話，とやや「詳細な」話に及ぶことになる。

---

120) 本稿初出の論集は，このような暗黙の指向性をより明らかにするものであると位置づけられよう。
121) たとえば，可分債権・可分債務の取扱い（資料119頁参照），相続分指定・遺産分割方法の指定と遺贈の関係の整理（資料105頁参照）などがその例である。後継ぎ遺贈の問題も，シンポジウムでは，相続法と信託法の関係という形で言及されたと見ることもできる。さらに言えば，遺言の方式に関する問題は，かつてのシンポジウム「遺言自由の原則と遺言の解釈」に，また，貢献に応じた生存配偶者の保護という問題は，かつてのシンポジウム「家族法改正」に，それぞれ触発されていると見ることもできるわけではない。

(2) 第一に，各報告の共通点・相違点の指摘である。

まず共通点のほうから始めよう。わかりやすいのは，「領域選択」における共通性であろう。相続法の基本要素は，①相続人，②被相続人，そして③相続財産の三つ——あるいは，これに④相続プロセスを加えてもよいかもしれない——であろう。従来，このうち主として（集合体としての学説によって）論じられてきたのは，一方で相続人に関する問題（すなわち相続人の範囲・順位や相続分の割合の問題など），他方で被相続人に関する問題（遺言をめぐる諸問題など）であったように思う。

これに対して，今回のシンポジウムにおける各報告は，相続財産あるいは相続プロセスに重点を置いたものとなっていた。前の二つの要素（①②）は相続の根拠と密接に関連するもので，これらをめぐる議論は「原理・原則をめぐる大上段の議論」になりがちである。これに対して，③相続財産ないし④相続プロセスに関わる問題はより法技術的なものである。このような領域選択を行うことによって，報告者グループは，相続法を財産法に（より一般化して言えば周辺法領域に）開くとともに，大上段になりがちな議論を具体的な問題に繋ぎ止めて，多くの研究者・実務家が参加しうる「共通の議論の場（議論空間）」を創り出すことに成功したように思われる。

次に相違点である。報告者グループが自ら示したのは「基本的な法的ルールを明確にする」作業を行うという方法レベルでの共通性であった。ただ，これが本当に各報告に共通しているかどうかには，異論の余地があったかもしれない。確かに各報告はいずれも，中間のレベル（メゾ・レベル）に定位しようとしていたのだろう。しかし，その中にあっても，重要な方法上の差異が検出された。その差異はいかなるものか。ここでは二つの側面から考えてみたい。

一つの側面は，「方法」に関わる。一方に，内在的な整合性を重視するアプローチを試みるものがあった。この点を明示するのは「制度間競合」の解決を標榜する潮見報告であったが（資料105頁），窪田充見報告や小粥太郎報告にも同様の指向性が見られた（資料119頁，112頁）。また，狭義の相続法と信託法との関係を整序しようとする沖野眞已報告もこのグループに加えることができる（資料132頁）。これに対して，水野紀子報告・松川正毅報告のアプローチは少し異なっていた。両報告においては日本の相続法の「母法としてフランス相

続法」（この理解自体に異論がありうるが，その点はひとまず措く）が呼び出され（資料98頁，126頁），日仏両法の違いが強調された。具体的には遺産分割の一体性が強調され，これと両立しにくい日本法の運用に対して問題提起がなされていた。

　もう一つの側面は，「検討対象」に関わる。この点に関しては，小粥報告が際立った特色を見せた。その他の報告が立法や判例の取扱いを検討の対象としたのに対して，小粥報告は意図的に学説を取り上げた。そこでは，合有説の問題提起を別の仕方で受け止めることにより，間接的な形ではあるが，学説が果たすべき（あるいは果たしうる）役割への注意が促されていた（資料112頁）。

　このように，報告者グループは，潮見佳男報告から窪田報告を経て沖野報告へという体系指向的な，しかし，帰納的な展開を中軸にしつつも，一方では水野・松川両報告が別の意味での（演繹的な）体系論を対置し，他方で，小粥報告は異なる位相から学説の意味を問うたわけである。このように多元的・多層的に問われているのは，相続法における「理論」的思考とはいかなるものか――それは，相続法学説とはいかなるものであるべきか，とも言い換えられる――という問いであった。

　(3)　第二に，やや大上段の話をしておく。六つの報告を通して聴いてまず感じたのは，今回のシンポジウムは，相続法という法領域あるいは研究領域における「議論空間の構造」を提示するものとなっている，ということである。すでに述べてきたように，各報告は，「基本的な法的ルールを明確にする」作業という点で足並みを揃えつつ，実際には，異なる問題を扱い，異なる方向性を示していた。一方で求心力を生み出す工夫をしつつ，他方でそれぞれが考える方向への展開を図る。こうした緊張関係によって，集合体としての「学説」が多様性を含みつつも求心力を失わずに一つの議論空間を創り出していた，あるいは，再活性化していたということである。

　このことは非常に重要なことである。解釈論・立法論に具体的・直接的な影響を及ぼすことは，個別の学説にとっては意味のあることである。しかし，今日では様々な事情により，学説がそのような影響力を単独で持ちうる場面は限られてきている。これに対して，集合体としての「学説（doctrines）」は，法（民法，相続法）の存在意義や可能性に関するより深い認識（あるいは再認識）を

私たちにもたらす。それだけではなく，多元的・多層的な空間の中に提示された諸要素は，現在あるいは将来において活用可能な知的資源を提供する。私は，学説を個々の主張として捉えるのではなく，このような集合的な営みとして捉えることが必要だろうと考えている。

(4) 最後に，最も具体的なレベルでは，二つの疑問を持ったので，ささやかな問題提起をしておきたい。

一つは，沖野報告が提起している相続法と信託法との関係に関する問題をどう考えるかということである。沖野報告は一方で，相続法の公序の内容は実は自明ではなく，信託法との接触の中で明らかにされなければならないとした。この考え方の前提には，信託法もまた（広義の）相続法の一部をなすという発想があるようである。同種の指摘は，実は水野報告にもあった。それはフランス法を学ぶ者には親しい発想であるが，贈与法を相続法の一部として扱うという発想である。では，相続法の範囲を広げる際に，贈与法を視野に入れる方向と信託法を視野に入れる方向とはどういう関係に立つのだろうか。両者は両立するのかしないのか[122]。言い換えれば，これは，今日において，相続法の範囲をどのように画定するか（相続法をいかなる法として位置づけるか）ということにほかならない。

もう一つは，潮見報告が示した相続分指定に対する評価に関わる。これは水野報告にも多少関連する。冒頭で述べたように，2013年9月の大法廷決定に続き12月には相続法の一部改正があった。その際に，配偶者の保護が十分か

---

[122] 本文はシンポジウムでの発言に基づくが，以下は，報告者に渡したメモの一部である。本文の補足になるので，注として掲げる。
　今回のシンポジウムは全体を通じて，相続法の領分の再定義（位置づけ直し）の契機を含んでいたと言える。従来，相続法は親族法の延長線上に位置づけられてきたが，むしろ財産法との連続性を重視すべきではないか，ということを改めて感じさせられた。もっとも，沖野報告も水野報告も，通常は財産法に属すると考えられる信託や贈与を相続法と連続させて捉えようとしている点では共通するものの，新たに想定される（広い意味での）相続法において，沖野報告は（狭い意味で）相続法の優位を当然の前提にしないのに対して，水野報告は贈与法は（狭い意味での）相続法に従属すべきものであるとするかのごとくであった。その意味では，水野報告では相続法の範囲は広がっているものの，その原理が変容を受けることがないのに対して（その延長線上に，たとえ信託を考慮に入れるとしても，それは相続法原理に従属すべきだという発想が出てくる），沖野報告は範囲を広げることが原理の変容（の可能性）につながっているという印象を受けた。そうだとすると，同じように相続法の範囲を拡張する契機を含むものの，二つの報告はずいぶん違うように思われた。

という問題が提起され，法務省に検討のためのワーキング・チームが設置された。その検討の中で，配偶者相続分の計算方法を複数化し有利なものを選択する仕組みの導入が検討されている。ところが，この仕組みが対象とするのは積極財産だけであって，消極財産については従前同様の相続分によることが考えられている。そうなると，生存配偶者に対する相続分の上乗せに対する処遇は，ある意味で相続分指定の場合の処遇に類似したものとなってくる。相続分指定に否定的な潮見報告の方向性からすると，このような立法論は望ましくないことになるのだろうか。それとも，積極財産の分配の仕方を変えることと切り離した形で消極財産の分配を考えることは，相続分指定の存否とは別に可能なことなのだろうか。より一般的には，これは，遺言による財産処分の態様とその効果との関係をどのように整理するかという問題になる。

3 議論されなかったこと

(1) ここまで見てきたとおり，今回のシンポジウムは，一方で，①相続人や②被相続人ではなく，③相続財産と④相続プロセスに関して，重要な問題が存在するという事実に光を当てることになった。他方，そうした問題にアプローチする方法は一つではないことを示すことにもなった。さらに言えば，こうした議論を通じて，現在進行中の相続法改正作業にも一定の影響を与えているようにも思われる。しかし，そこには，なお十分に議論されずに残された問題や当面の関心の外に置かれた問題もなかったわけではない。以下においては，そのうちのいくつかに言及しておく。

(2) 潮見報告が被相続人の行う処分の整序という観点から，窪田報告が相続財産のうち債権債務の処遇という観点から，それぞれに問題提起をしたことによって，遺産に対する処分の性質および残された相続財産の（分割前の）性質という問題が，より明確な形で問題として意識されることとなった。その上で，小粥報告をもう一度見ると，（相続開始以前の，遺産分割以前の）相続財産とは何か——さらに言えば，相続とは何か——という問題が，より具体的な形で問われている，というのがシンポジウムの成果であるように思われる。その意味では，「基本的な法的ルールを明確にする」作業は「大上段の議論」を誘発していると言える。

反対に，沖野報告・水野報告が示した相続法のもう一つの（二つの）体系の可能性は，「詳細な問題分析や解釈論」（あるいは立法論）にも影響を及ぼすかもしれない。相続法と信託法，相続法と贈与法の関係如何というのは，理論的には興味深いけれども，そこから具体的な帰結を導くのが難しい問題提起であるが，そこには意外な実用性もある。特に，法制審での検討課題にもされている後継ぎ遺贈について考えるにあたっては，これは不可欠の視点であるように思われる[123]。

　(3)　報告者グループは，「大上段の議論」を意図的に排除していた。そこで直接に想定されていたのは，相続人の範囲や相続分に関する議論，あるいは，被相続人の意思をどこまで尊重するかといった議論であろう。これらの点につき，いま改めて検討すべき問題はないかという点については後に一言することとして，ここでは，これらとは別に，「大上段の議論」をしておくべき問題はないか，ということを考えておきたい。今回のシンポジウムとの関係では「無いものねだり」ということになるが，これは決して報告者グループを批判するものではない。今回のシンポジウムにおいて，問題の重点を明示的に移動させようとしたことの意味は大きいし，それによって，残された問題が逆に照射されることになったと言えるからである。

　では，具体的には，どのような問題があるか。第一に必要なことは，相続の役割（および遺産の実態）について改めて考えることではないか。清算と扶養（生活保障）という説明はもはや十分な説得力を持たない。遺留分の妥当性に疑問が呈されるのも，これに代わる説明が与えられていないからであろう。なお，この点を考えるにあたっては，遺産の実態——それは先祖伝来の財産なのか，それとも被相続人一代で（特に婚姻後に）形成された財産なのか——を明らか

---

[123]　余談ながら，法体系に対する理論的な観点のほかに，基礎的な研究も重要である。特に，若手の研究者による重厚な外国法研究は，基礎的な研究の層が薄い相続法の領域では，その役割が大きい。後継ぎ遺贈については，石綿はる美「遺言における受遺者の処分権の制限——相続の秩序と物権の理念 (1)〜(7・完)」法協131巻2号277頁・3号552頁・4号833頁・5号937頁・7号1362頁・8号1475頁・9号1685頁 (2014) が，その一例である。また，これも法制審での検討課題となっている遺留分については，西希代子「遺留分制度の再検討 (1)〜(10・完)」法協123巻9号1703頁・10号1945頁・12号2543頁・124巻4号817頁・6号1257頁・7号1513頁・8号1775頁・9号2056頁・10号2309頁・125巻6号1302頁 (2006〜2008) が，すでにスタンダードとしての地位を占めるに至っている。

にすることが望まれる。第二に必要なことは，日常生活における継続的な財産関係をどの程度まで財産法の論理で把握することができるかについて真剣に考えることであろう。事前の局面では契約による処理がなされ，事後の局面では財産関係の変動がある程度までトレースできるならば，相続による清算に訴えるべき局面は減少することになるからである。これによって，相続財産（さらには婚姻前から有する・婚姻後に無償で得た固有財産，婚姻後に獲得・形成された実質的共有財産）の範囲を画することも容易になるはずである。

III 穂積重遠『相続法』を素材に

1 序

冒頭に述べたように，相続法に関する概説書は少ない。穂積重遠『相続法』はその少ない中の1冊である。その後の類書としては，中川善之助『相続法』[124)]がよく知られているほか，伊藤昌司『相続法』[125)]が異彩を放つが，そのほかには相続法のみを対象とするものは少なく，鈴木禄弥『相続法講義』[126)]，潮見佳男『相続法』[127)]が目を引くぐらいである。また，戦後の通説を形成した中川『相続法』の初版が現れてから50年，泉久雄教授による最後の補訂版が現れてから計算してもすでに15年が経過しているが，これに代わる標準的概説書は現れていない[128)]。このような状況は相続法学説の展開を阻害していると言わざるをえない[129)]。

---

124) 有斐閣，初版，1964，第4版（中川善之助＝泉久雄），2000。
125) 有斐閣，2002。
126) 創文社，初版，1986，改訂版，1996。
127) 弘文堂，初版，2003，第5版，2014。現在では，『詳解 相続法』（弘文堂，2018）。
128) 伊藤のものは中川『相続法』に対するアンチ・テーゼ，鈴木，潮見のものは家族法と財産法の架橋という観点に立つものであり，それぞれに興味深いが，中川学説をふまえた上で，上記の批判を考慮に入れた総括がなされることが期待されている。
129) これに対して，実務サイドからは，松原正明『全訂判例先例相続法Ⅰ～Ⅴ』（日本加除出版，2006～2012）がまとめられている。

2 かつて，書かれたこと

では，標準的な概説書があることにはどのような意味があるのか。まず，穂積『相続法』（以下，単に『相続法』として引用）の紹介を兼ねて，その内容を簡単に提示した上で，この点について考えてみよう。

本書は3分冊からなり，総頁数は699頁に及ぶ大著である。ただし，第3分冊は附録2編（「民法改正要綱解説」「判例隠居法」）からなるので，これを除くと本文の頁数は457頁となる。本文の頁数が700頁を超えていた『親族法』に比べると，やや小ぶりな「末子」ということになる。その章立ては大略以下のとおりである。

　起　語　相続は人生の継走
　第1章　総論
　　第1節　相続法　第2節　相続
　第2章　相続権
　第3章　家督相続
　　第1節　家督相続の開始　第2節　家督相続人
　　第3節　家督相続の効力
　第4章　遺産相続
　第1節　遺産相続の開始　第2節　遺産相続人
　第3節　遺産相続の効力　　　　　　　　　（以上，第1分冊）
　第5章　相続の承認と放棄
　　第1節　総論　第2節　承認　第3節　放棄
　第6章　財産分離
　　第1節　総論　第2節　相続債権者又は受遺者の請求による財産分離
　　第3節　相続人の債権者の請求による財産分離
　第7章　相続人の曠欠
　第8章　遺言
　　第1節　総論　第2節　遺言の方式　第3節　遺言の取消
　　第4節　遺言の執行　第5節　遺言の効力　第6節　遺贈
　　第7節　遺留分

結　語　相続法は変遷するか　　　　　　　　　　（以上，第2分冊）

　言うまでもないが，1947 年改正以前に書かれた『相続法』は，旧法（明治民法）を対象としている。そのため「家督相続」の章が設けられており，しかも大きな割合を占めている。その分量は 169 頁におよび本文（457 頁）全体の 4 分の 1（法定相続〔330 頁〕に限ればその半分）を超えている。ちなみに，遺産相続の章は 45 頁で，全体の 10 分の 1 を占めるにすぎない。こうして見ると，明治民法の相続法における家督相続のウエイトの大きさ，逆に言うと，遺産相続のウエイトの小ささが量的にも明らかになる。このことは，明治民法から家督相続を除き，遺産相続に補正（均分相続の強調と配偶者相続権の強化）を加えて成り立っていると言える現行民法の相続法がいかに手薄なものであるかを，改めて認識させる。

　では，家督相続に関する叙述にはもはや全く意味がないかと言えば，必ずしもそうではない。というのは，『相続法』を読むと，遺産相続とはいかなるものであるかが家督相続との関係で説明されていることに気づくからである。たとえば，遺産相続人に関する叙述を見ると，家督相続と対比して，その特徴として，①指定相続人・選定相続人が存在しないこと，②放棄の自由があること，③一人相続である必要がないこと，など（ほかに，④同じ家に属する必要がないこと・親族に限ること・日本人である必要がないこと，⑤届出を要しないこと）が挙げられている（『相続法』204〜207 頁）。これらは，今日，私たちが当然のことと考えている遺産相続に関する基本原則が，必ずしも当然ではないことを示している。

　また，家督相続に関する叙述の中に，遺産相続にも通ずる興味深い叙述が見出されることもある。典型例は配偶者相続権に関わる。『相続法』は立法論として，家督相続と遺産相続を統合することを提案するが，その際に，配偶者相続権の「量」「質」の双方について論じている（123〜126 頁）。「量」に関しては，配偶者に共同相続人 1 人分の相続分を与えるか，それとも一定割合を与えるか，という選択肢が示された上で，後者が推奨されて 4 分の 1 という相続分が提案されている。興味深いのは「質」のほうであり，次のような叙述が見出される。現在の立法課題にとっても示唆の多い叙述である。

「寡婦に財産を相続させるとして，後家を立て通して死後に其財産が其家に残るのなら結構だが，夫の遺産を実家の方へ廻したり又は其財産を持つて再婚したり実家に帰つたりしてしまつては困る，といふことが心配される。しかし必ずしも財産そのものを相続させるには及ばぬ話で，再婚復籍等をせずに其家に在る間は一定財産の使用収益権をもたせる，といふことにして置けばよからう。民法は『地役権』なるものを認めてゐるが，これは一種の『人役権』で，我国の法制としては新例だが，寡婦保護の目的上必要にして且十分だらう。……又住宅の所有権は子に伝はるが，寡婦は4分〔の〕1の住居権を有する。4分〔の〕1の住居権といつたところで，家屋を四つに仕切つて其一隅だけに居るといふ訳ではないが，今まで主婦として住んでゐた住宅に，今度は子の居候としてではなく，やはり自分の権利として住んでゐられるといふことが，寡婦の保護にもなり，又子に対する母親の権威を保たせることにもなると思ふ。」

さらに，手薄である遺産相続に関しても，出発点になる議論の整理がなされている。たとえば，現在の論点の一つである可分債権債務の取扱いについて，『相続法』は次のように述べている（217～218頁）。

「可分の債権債務を数人の遺産相続人が承継する場合については，大に疑問がある。普通の説明では……民法第427条の規定によつて債権又は債務は当初から相続人間に分割され，共同承継の状態は起らない，といふことになつてゐる。即ち債権者たる数人の相続人は各自債務者に対して其相続分に応ずるだけの弁済を請求し得るのであつて，従つて債務者は各相続人に対して其相続分に応ずるだけの弁済を為すべく，其一人に相続分以上の弁済をしたことを以て他の相続人に対抗し得ないことになる。これは債務者に取つてかなり危険なことである。又債務者たる数人の相続人は各自其相続分に応じた弁済をすればよいのであつて，其或者が債務を履行し得なくても他の相続人の負担はこれによつて増加しない。これは債権者に不当な不利益を与へる嫌がある。立法論としては，債権者たる数人の相続人は共同して債権を行使すべきもの，債務者たる数人の相続人は連帯債務を負ふべきもの，と明かに規定すべきではなかつたらうか。そして現行法文の儘でもさういふ解釈が出来はすまいか。それでは相続人

に対する相手方の方が有利になり過ぎるといふ非難があらうが，元来相続人側に於ける変動の結果なのだから，相手方の不利益になる解釈よりもむしろ相手方の有利になる解釈を採るべきであらう。」

　この後に，注の部分において，梅謙次郎の見解を「通説」として引用した上，可分債権の場合・可分債務の場合のそれぞれにつき，これまでに説かれていた少数説を援用して，それらに対する賛意が示されている（『相続法』218～221頁）。なお，債務に法定相続分による当然分割という考え方を採ると，特別受益の計算において不公平な結果が生ずることもすでに指摘されている（同228～229頁）。

　このように，『相続法』は当時までに何が知られ，何が論じられていたのかを集約的に示しており，そこからは今日も有益な示唆を引き出すことができる。

3　いま，書かれるべきこと

　(1)　繰り返しになるが，以上のような叙述には，今日においても参照に値するものが含まれている。また，いまから70年前に，すでにこのような議論がなされていたことは，今日，改めて想起されるべきことがらであろう。

　これとは別に，当時としては興味深いが，今日であれば，さらに付け加えるべきことがあるのではないか，と思わせる叙述も見出される。その一つとして，今回の私法学会シンポジウムの報告者グループがいったんは括弧の外に括り出そうとした——その試み自体には大きな意義があるが，その試みによって再び光が当てられているとも言えるところの——「大上段の議論」を取り出すことができる。

　ことの性質上，こうした議論は，『相続法』の総論部分（起語・第1章・第2章）に集まっている。具体的には，相続・相続権・相続法に関する議論がそれである。順に，その概略を見ておこう。

　(2)　起語において，穂積は「相続は人生の継走」であるとする。「我々日本人の家は，単なる『横の家』にあらず，連綿たる『縦の家』であつて，取りも直さず人生継走態勢である。……この人生の継走が文字通り『相続』である。……この人生継走を法制化したのが即ち『相続法』である。」としている（『相

続法』1～3頁)。その上で,相続については,相続の変遷(身分相続から財産相続へ),財産相続に関する基本的な考え方(強制保存・強制分割・遺贈自由),財産相続の法的構成(包括承継・個別承継)などが語られている。

　ここで興味深いのは,「純法律観念から財産相続を見ると,個別承継主義の方が論理的なやうでもある。しかし包括承継主義はよく相続といふ制度の精神に適し,且被相続人の債務に対する相続人の責任を認めて債権者を保護する点に於て個別主義より明確であり,殊に家督相続を説明するには個別主義では都合が悪いといふので,我国でも普通に前記の通り『相続ハ包括的権利義務ノ承継ナリ』と定義されるのである。」とした上で,自身の見解として人格承継説を説く点である(『相続法』14頁～15頁)。ここでいう人格承継は「法律上の地位〔の〕承継」であるとされ,「更に又生命権の侵害に対する損害賠償請求権が相続されるか,占有が相続されるか,といふ如き難問題が,此観念によつて従来よりは穏当に解決される。」とされている(同15頁)。

　私たちは,人格承継説を古い観念であると考えてきたきらいがあるが,それは権利義務の包括承継という考え方を前提に現れたものであったのである。家督相続との関係は措くとして,権利義務の包括承継をどのように把握するかは,契約上の地位の移転,営業譲渡・会社合併などとの関係で,改めて検討されてよい問題であろう。

　(3)　相続権に関する叙述に関しては,ソビエト・ロシアにおいて相続権の廃止が結局実現しなかったことが詳しく論じられている。その中に現れる遺産に対する扶養料請求権(『相続法』25～26頁),相続権制限としての相続税(同30～31頁)に関する部分が興味深い。

　また,これとは別に,相続の存在理由とされてきたものが挙げられているが,そこには「清算」は含まれていない(同27頁)ことに改めて注目するとともに,穂積自身は「相続なる制度の起源は畢竟人類の種族保存性に存するが,その将来に向つての存続理由は人類共同生活の心理的経済的必要に存する。……即ち相続は人類が先祖から子孫へと過去現在未来に亙つての『縦の共同生活』の必然現象である。而して相続は更に又同時代の人類の『横の共同生活』の重大要求でもあり得る。」としている(同27～28頁)ことも指摘しておこう。

　最後の点の意味するところは些かわかりにくいが,次のような補足がされて

いる。「早い話が，もし相続といふことがなくて生活が個人一代限りだとしたら，人に金を貸すにしても，自分が死ぬか相手が死ねばそれきりになる訳で，うつかり話に乗ることが出来ない。債権債務が相続されればこそ経済的共同生活も成り立つのであ〔る〕」（同28頁）と言うのである。

さらに，相続権の制限として人的制限が語られ，「西洋諸国の従来の相続法は所謂『親族無限相続』の主義であつた。……しかしながら……『個人相続制限・国家相続拡張』の主張が段々と具体化し，1907年のスイス民法及び1926年……のイギリス新相続法は相続人を直系卑属・配偶者・直系尊属・兄弟姉妹及び其子孫・伯叔父母及び其子孫のみに限り，……1922年のロシヤ民法に至つては，配偶者及び直系卑属の外は死亡者によつて扶養されてゐて労働能力や資産を有しない者のみが相続権を有すべきものとした。」（同29頁）という歴史的変遷が示されている。

以上に見られるところの相続権の根拠や相続人の範囲に関する議論は，相続法の立法論にあたっては考慮に値する知見であろうと思うが，その後，70年間の変化が補足されなければなるまい。

(4) 相続法の位置づけに関する叙述も興味深い。まず，特別法主義（相続法を包括的な特別法とするか不動産・動産等の財産ごとに個別の特別法を設ける）と法典主義（民法典に相続法を編入する）とが分けられ，法典主義には，①親族編の一部とするもの（プロイセン），②物権編の一部とするもの（オーストリア・オランダ），③財産取得編の一部とするもの（フランス），④独立の一編とするもの（民法典の最後に置くもの——ザクセン・ドイツ・ロシア，中間の編にするもの——スイスがある）の四つがあるとされている（『相続法』4～5頁）。

その上で，次のような考察が示されている。「我国の民法としては身分法を財産法より前に置くべきで，其点は人事編から始めた旧民法が優る，といふ考へもあるのであつて，それならば総則・親族・相続・物権・債権となり，スイス民法は其傾向だが，相続は何と言つても死亡を主因とする人生の限界であつて，身分関係のみならず財産関係についてもそこで一段落故，やはり最後に持つて来ないと具合が悪るからう。さりとて又親族法と相続法との間を財産法で割るのも連絡が面白からぬ故，もし身分関係に重きを措くといふならば，親族法と相続法とを併せて『人事法』とでも標題する別法典にするのも一案であら

う」(同5~6頁)。また,結論としては現行法の編成を是としつつも,「遺言は元来意思表示の一方式に外ならぬ故,其原則的規定は,契約の原則的規定と併せて,総則法律行為の部に収められてもよい訳である。……且遺言の実用上最も重きをなす遺贈を我民法は相続と見ないのだから,相続編中に遺言を規定するのは些か其所を得ないやうな感じもある。」(同6頁)との指摘もなされている。

　民法典中の相続法の位置づけを実際にどうするかという問題は措くとしても,今日の考え方が必ずしも普遍的なものではないことがよくわかるだろう。特に,法定相続と遺言相続が合わさったものが相続であるという観念は必然的なものでないという指摘は興味深い。今日,実際の民法典の編成を動かすのは至難の業であるが,学理的な検討によって現在の編成を相対化することを通じて,現実の立法に影響が及ぶ可能性はないわけではない。この点に関しては,生前から死後に向けての財産管理のプロセスをどのように把握するか,という問題を今日どのように考えるかも問われなければならないだろう。

Ⅳ　おわりに——協働の場としての相続法

　はなはだまとまりのないことを述べてきたので,最後に若干のまとめを試みておきたい。
　本稿が指摘したいと考えたのは,まず,以下の2点であった。第一に,フォーラムとしての「私法学会シンポジウム」の意義について考えることを通じて,学説による「議論空間の創出」の重要性を指摘することであった。もっとも,このような議論の集約を支えるためには,そこから派生する基礎研究を充実させることが必要であることにも注意しなければならない。穂積重遠風の表現を用いるならば,これは,相続法学説の「横の結集」(同時に「横の拡大」)を図る必要があるということである。第二に,アーカイブとしての「概説書」の必要性を指摘することであった。さらに言えば,「次世代のための集約」のためには,ある種のメタ概説書もあったほうがよいのかもしれない。やはり穂積重遠風の表現を使うならば,相続法学説の「縦の結集」(同時に「結集の重層化・相対

化」)を図ることが必要だろうということになる。

　次に，基礎研究を行うにせよ学説史を試みるにせよ，様々な変化を考慮に入れることが望まれる。具体的には，最近35年における「家族」の変化そのものが把握されなければならない。相続に即して言えば，遺言数(普通証書・公正証書)の変化，家族経営協定の変化などが出発点になろうが，そのほかにも求められている知見は多々あるはずである。あわせて求められるのが，「家族」法制の変化である。この点に関しては，相続税率の変化や贈与税配偶者控除・相続時精算課税など税法上の変化に対して立ち入った検討を加えることが望まれる。また，外国法制(欧米・アジア)の変化についても，十分なフォローがなされていかなければなるまい。

　最後に，相続法学説の活動がこれまで必ずしも活発でなかったことの得失についてである。この事実は遺憾ではあるが，同時にそれゆえに，民法中の他の部分における学説に比べて，個々の相続法学説は相対的に大きな影響力を有しているとも言えるのである。繰り返しになるが，このことを相続法学説の未発達と捉えることもできるのだが，同時に，それは民法学説がこれから生きのびていくための途を探る手がかりではないかとも思う。現在，相続法学説は未発達であるがゆえに，ある学説が現れれば(立法)実務はこれに一定の関心を払ってくれる。この状況は相続法学説が発達することによって徐々に失われていくかもしれない。しかし，発達した相続法学説が一定の集約性・一覧性を保つならば，個々の学説の影響力は相対的に後退するとしても，集合体としての相続法学説は，その影響力(利用可能性)を維持することができるかもしれない。相続法学説が市民社会にとって有益な存在であり続けるためには，(開放性・重層性を増しつつも)集約性・一覧性の保持に努めることが必要なのではないか。

　私たちが，民法学と社会(実務，立法，市民の法意識)との接続を図ろうとするならば，「国民にわかりやすい民法学」が目指されなければならない。相続法はそのための一つの場(試験の場，試練の場)たりうるのではなかろうか。この場において，まず学説が相互に協働することにより，学説と社会との協働もやがて実現することになるだろう。そして，同様の協働が民法の他の領域にも及んでいくことだろう。

第4章
解釈論・立法論と隣接諸学

はじめに——民法の立法・解釈と3先生

　本稿は，債権法改正後の解釈・立法の方法論について考えることを主題とする[1][2]。はじめに，この主題と本稿が献じられる安永正昭・鎌田薫・能見善久3先生のご業績との関係について触れておきたい。

　3先生は，いずれも委員長・委員長代行として民法（債権法）改正検討委員会に深く関与された。版元が本シリーズを企画したのも，それゆえであろう。しかし，3先生の立法への関与はこれにとどまるものではない。3先生はいずれも法制審議会の部会長として民事立法に責任を負われてきた[3]。また，解釈論に関しても3先生は指導的な立場にあり，影響力の大きな著書・論文を発表してこられた[4]。それゆえ，3先生の古稀を祝う企画に債権法改正を踏まえて解釈・立法の方法を検討する論文が含まれていることに対して，読者が違和感を感じる恐れはないと言えよう。

　それにもかかわらず本稿が，その主題と3先生の関係について言及することから始まるのは，次の理由による。3先生は，民法の解釈・立法に参与されただけでなく，そうした営みが行われる前提条件についても，それぞれの仕方で意を用いてこられたことを指摘しておきたいからである。まず，安永先生は，

---

1) 本項目では，債権法改正に関する立法資料の所在について触れることも予定されていたが，それらについては独立の項目は設けず必要に応じて注で触れる。
2) 改正の対象は民法債権編ではなく，実質的な意味での「契約法」であるが，以下においては，一般に用いられている「債権法」改正という用語を踏襲する。
3) 安永先生は電子債権法部会，鎌田先生は民法（債権関係）部会など，能見先生は信託法部会などの部会長を務められた。
4) 安永先生には『講義物権・担保物権〔第3版〕』（有斐閣，2019），鎌田先生には『物権法ノート 物権法①〔第3版〕』（日本評論社，2007），能見先生には『民法総則〔第9版〕』（弘文堂，2018），『現代信託法』（有斐閣，2004）などの著書がある。論文については省略。

長年にわたって関西のまとめ役として，学会運営に大きな貢献をされてこられた。次に，鎌田先生は，早稲田大学総長として文部行政に関与され，日本の大学全体のあり方を考えてこられた。そして，能見先生は，かねてより民法学の方法論につき，興味深い指摘をしてこられた[5]。これらの事実は広く知られているところであるが，本稿はその意味を次のように捉えたい。すなわち，3先生は解釈・立法そのものにとどまらず，その基礎づけやそれが行われる場（環境）の維持に努めてこられたが，このことは解釈・立法の方法を考えるにあたっては，これを支える研究やその存立基盤をも考慮に入れる必要があることをよく示していたのではないか，と[6]。

本稿においては，これらの側面における3先生のご業績に示唆を受けて，解釈・立法を研究やその基盤と不即不離のものとして捉えるという観点に立ちつつ，その方法を検討していく。叙述の進め方としては，まず，いくつかの前提（données 所与）を確認し（Ⅰ），その上で，具体的な指針の提示（construits 所造）を試みることとする（Ⅱ）。最後に，解釈・立法の対象となる「法」とは何か，という問題につき一言して，結びに代える（**おわりに**）。

Ⅰ 所 与

1 現状認識

(1) 家族法立法の困難

債権法改正が始まる以前に，民法に関する立法（改正）が行われていなかったわけではない。1947年の親族編相続編の全面改正は別にしても，1962年・1980年の相続法改正，1987年の養子法改正，1999年の成年後見法改正，2011年の親権法改正など家族法の領域では重要な立法〔改正〕が行われてきた。しかしながら，いくつかの中核的な改正はうまくいかず実現に至っていない。

---

5) 能見善久「民法学と隣接基礎法学との関連」法時61巻2号（1989），同「法律学・法解釈の基礎研究」星野英一先生古稀祝賀『日本民法学の形成と課題（上）』（有斐閣，1996）など。
6) このような観点から，民法研究およびその制度基盤につき検討したものとして，本書第1部第3章B，第1部第3章Aがある。本稿はこれらと三幅対をなすものとして執筆されている。

1996 年に要綱が公表された婚姻法改正と 2003 年に中間試案が公表された (生殖補助医療にかかわる) 親子法改正がそれである。

　このように，家族法立法のうちのあるものが実現し，あるものが実現しない理由については他で論じたこともあるので[7]，本稿では立ち入らない。家族の実態や家族意識の急速な変化が，家族・家族観の多様化をもたらしている局面では，立法は難しくなっていることだけを改めて指摘しておく。

　これに対する方策として，筆者はかねてより「漸進的な多元主義」「限定的な法治主義」「重層的な共和主義」（＋「自省的な制度主義)をあげてきた[8][9]。本稿において試みるのは，この考え方を具体化するとともに，「家族法」の「立法」のみならず「債権法」(の立法) にも，また (家族法・債権法の)「解釈」にも拡張するという作業である。

(2)　債権法立法の結果

　債権法改正が当初の目論見に比べるならば，少なくとも表面上は，わずかな成果をもたらすにとどまったことは広く認められている[10]。原案作成にあたった法制審議会の部会審議においては，様々な判例法理の存在そのものについては異論がない場合にも，その明文化には強い抵抗が示された。それは審議において支配的な意見になることはほとんどなかったが，全会一致による決定という慣行のため，いわば拒否権が機能することになり，中間試案までは保持され

---

7)　大村敦志『新しい日本の民法学——学術としての民法Ⅱ』(東京大学出版会，2009) 第2章第1節C「家族法と公共性」，同「家族の多様化と家族法の対応」学士会会報 918 号 (2016) などを参照。

8)　大村敦志『家族法〔第3版〕』(有斐閣，2010) 374 頁以下。なお，「自省的な制度主義」は第3版において付加されたものである。また，大村敦志『民法読解 親族編』(有斐閣，2015) 487〜488 頁においては「共和」「多元」「進化」を掲げているが，これらと本稿に言う「進化」「連結」「多元」とは重なりを持ちつつも，微妙にずれている。その異同については，本稿における「進化」「連結」「多元」の内容を明らかにした上で，「Ⅱ3　小括」において整理したい。

9)　「漸進的な多元主義」は現在の筆者が考える「進化主義」の一つの態様として位置づけられるが，これに基づく立法論を展開したものとして，大村敦志「相続法における配偶者保護——立法論における『進化主義』」仁荷法学 17 輯 3 号 (2014)〔韓国〕がある。さらに解釈論に応用したものとして，本書第2部第6章Cがある。

10)　たとえば，法案を対象としたものであるが，大村敦志＝道垣内弘人編『解説　民法 (債権法) 改正のポイント』(有斐閣，2017) では，編者のみならず執筆者の多くは異口同音にこのような評価を示している。もっとも，これはあくまでも当初の案に比べれば，ということであり，実現した改正の意義を過小に評価すべきではない。

ていた提案の多くが要綱仮案の策定にあたって採用を見送られることになった。

　立法作業が始まった当初は，判例の時代に代わって立法の時代が訪れるという予感もあったにもかかわらず，そしてその予感は民法以外の民事立法においてはおおむね現実となったわけだが，結果としては，新しい債権法は解釈論による完成を求められる立法となった[11]。そして，理由については後述するが，その解釈にあたっては，従来とはやや異なる（しかし先例がないわけではない）方法が要請されることとなった。この状況に対して，筆者は「Unbuiltの民法学」という考え方を提示しているが[12]，本稿では，この考え方をより具体的に示すことを試みたい[13]。

　なお，「Unbuiltの民法学」は解釈論における「進化主義」を標榜するものであるが，ここでいう「進化主義」は，家族法立法における「進化主義」と重なりつつも重点を異にする[14]。両者の関係を明らかにすることも本稿の課題となる。

2　出発点

　本稿における議論の出発点になる従来の議論状況も確認しておかなければなるまい。昭和期（20世紀）と平成期（21世紀）とに分けた上で，解釈・立法の方法に関する議論をごく簡単に整理しておこう。詳細は省略するが，平井宜雄の解釈・立法方法論の登場によって，二つの時期は画される。

　(1)　昭和期の議論

　「法律学基礎論覚書」に始まる平井の諸論文[15]によって批判されたのは，来

---

[11]　同様の事情が認められるものとして，労働契約法がある。同法については「小さく産んで大きく育てる」ということが言われたが（荒木尚志＝菅野和夫＝山川隆一『詳説　労働契約法〔第2版〕』〔弘文堂，2014〕はしがき i 頁は，「労働契約法は……『小ぶり』なものに収縮したが，今後の発展のための中核的部分は確保して〔いる〕」とする），そのための具体的な方法論が明示的に説かれているかについては，明らかではない。

[12]　本書第2部第6章B（2015）〔中国〕。

[13]　若干の解釈論の例解を示すが，より詳しい解釈論は別著（『広がる民法3　債権法解釈編』〔有斐閣，未刊〕で展開する予定である。

[14]　この偏差を埋めるための布石として，大村・前掲注8）『民法読解　親族編』では，進化主義を「淘汰的進化主義」「先取的進化主義」「参加的進化主義」「萌芽的進化主義」に分節化しておいた。

[15]　現在では，平井宜雄『法律学基礎論の研究』〔同・著作集第1巻〕（有斐閣，2010）にまとめ

栖三郎に端を発し，加藤一郎・星野英一によって確立された戦後の民法解釈学のメインストリームであった。とりわけ加藤・星野の「利益衡量（考量）法学」に対し，平井は「社会学主義」「直結主義」「学者中心主義」などの用語による批判を展開した。これに対しては星野から反論がなされ[16]，より若い世代の研究者も巻き込む形で論争が展開された[17][18]。いわゆる「第2次法解釈論争」である[19]。

平井自身が推奨する法学は「『議論』の法律学」と呼ばれたが，平井の用語を転用するならば，これは「テクスト主義」「論証主義」「法曹中心主義」と呼ぶことができるだろう。この批判の影響力は大きく，その後の民法学は，従来の「開放型」で「結果指向」の「市民法学」から，「完結型」で「プロセス指向」の「裁判法学」へとその重点を移すことになった。

もっとも，対立の外観にかかわらず，平井自身の研究姿勢は①比較法的研究や立法者意思に一定の配慮を払うものであり[20]，その意味では星野の主張との差はさほど大きくはなかったことに注意しなければならない。こうした基礎作業を共通の前提にしつつ，両者は，②α 体系的な構成を施すことにどの程度の重点を置くか，また，β 学者の仕事と法律家一般の仕事をどのように関連づけるか，そして，γ 解釈論において利益考量を前面に押し出すか否かなどにおいて，意見を異にした。

②αβについては後述することにして，ここでは，②γの点につき簡単に触れておく。星野は解釈の手順として，文理解釈・論理解釈→立法者意思や母法の探求→利益考量・価値判断という手順を提唱していたが，これは条文から出発した静態的な解釈方法の提示であったと言える。これに対して，平井は，一方が理由づけを伴う主張をし，それに対して他方が反論するという形で，言明

られている。
16) 星野英一「『議論』と法学教育」同『民法論集第8巻』（有斐閣，1996）所収。
17) ジュリスト編集部編『法解釈論と法学教育——平井宜雄「法律学基礎論覚書」をめぐって』（有斐閣，1990）。なお，瀬川信久「民法の解釈」『民法講座 別巻1』（有斐閣，1990）は，この時期までの議論を集大成している。
18) 星野と平井の民法学の異同については，本書第1部第3章Bを参照。
19) 第1次法解釈論争を含む戦後の論争については，さしあたり長谷川正安『法学論争史』（学陽書房，第2版，1978）を参照。
20) この点は，平井の『債権総論〔第2版〕』（弘文堂，1994，初版，1987）を見れば明らかである。

を中心とした動態的なプロセスを想定していた。

他方,立法学について言えば,この時期までに十分な蓄積があったわけではない[21]。1987年に初版が公刊された平井の『法政策学』はそうした中で登場し異彩を放った[22]。もっとも,民法学界においては,これに対する関心は「法律学基礎論」ほどには高まらなかった[23]。

また,平井が提唱したのは,政策の基本的選択肢(市場的決定か権威的決定か)や評価基準(法＝正義基準と目的＝手段基準)であり,具体的な立法の手法ではなかった。そのため,これを契機として立法方法論が展開されたわけではない。

(2) 平成期の議論

平井批判後に展開された1990年代の民法学には興味深い傾向が認められる。それは「脱歴史＝現在化」の民法学とでもいうべき動きであった[24]。具体的には,次の三つの傾向を挙げることができる。第一に,方法論のレベルでは,継受研究をめぐる二つの論争(継受研究論争と総称しておく)が展開され[25],母法研究の優越性が否定(少なくとも相対化)された。第二に,研究のレベルでも,歴史よりも体系を重視する研究が増えた[26]。第三に,教育のレベルでも,諸学説の対立を通時的に追うのではなく,実定法を一定の観点から共時的に説明する教科書が登場した[27]。

---

21) その概況については,大村敦志『法源・解釈・民法学——フランス民法総論研究』(有斐閣,1995)第2部序章「問題提起——日本における『立法学』」を参照。
22) その内容・意義については,大村・前掲注7)第3章第1節C「紛争解決の民法学から制度構想の民法学へ」を参照。
23) 法社会学界の関心を示すものとして,「特集・法社会学的法律学の可能性」ジュリ1010号(1992)がある。
24) 瀬川は,「関連づけ」の議論と呼んでいる(瀬川信久「民法解釈論の今日的位相」同編『私法学の再構築』〔北海道大学図書刊行会,1999〕13頁)。
25) 池田＝道垣内論争,森田＝潮見論争の二つ。その概略につき,大村・前掲注21)第3部E「テクスト論から見たフランス法研究」,同『法典・教育・民法学——民法総論研究』(有斐閣,1999)第2編第2章「歴史へ——民法学における『歴史』の位相」。なお,森田修「私法学における歴史認識と規範認識(1)(2)」社会科学研究47巻4号・6号(1995〜1996),山本敬三「法的思考の構造と特質——自己理解の現況と課題」岩村正彦ほか編『岩波講座 現代の法15 現代法学の思想と方法』(岩波書店,1997)も参照。
26) 筆者自身のものについて言えば,1980年代の『公序良俗と契約正義』から90年代の『典型契約と性質決定』への変化ということになる。
27) 内田貴『民法Ⅰ〜Ⅳ』(東京大学出版会,初版,1994〜2002)を嚆矢とする。なお,この点を

こうした傾向は1990年代を通じて次第に広がっていったが，2000年代に入ると，アンチテーゼとしての側面が捨象されて，とりわけ学生たちには（いまここにある）実定法の重視というメッセージとして受け止められるようになった。そしてこれは，法科大学院教育における試験中心の圧力によって増強されることとなった。「脱歴史＝現在化」は「脱社会＝実定法中心」へと変質した[28]。

これに対する反省や批判はないわけではない[29]。しかしながら，法科大学院の発足が民法学者のエネルギーのかなりの部分を教育へとシフトさせたこともあって，いまのところ法解釈の方法（さらには民法研究の方法）をめぐる論争が生じる気配はない。

立法に関して言えば，1990年代後半から「第三の法制改革期」（あるいは「大立法時代」）が始まり，2000年代の半ばには民法の全面改正も急速に現実味を帯びてきた。そのため多くの民法学者は，立法論の提言あるいはその批判に集中するようになった。内容・手続の双方につき論争が生じたため，基本法典の改正のあり方に関する議論がなされることにはなったものの，それはいわば走りながら行われている論争であり[30]，やはり落ち着いた学問的なものにはなりにくかった。また，法解釈の場合とは異なり，平井の問題意識が承継・展開されることもなかった[31]。

以上を一言でまとめるならば，解釈論・立法論の方法に関する議論は，今日では停滞状況に陥っていると言える。1990年代までとは状況が異なっているにもかかわらず，変化に対応した議論がなされているとは言いにくい。なお，以下の考察が示すように，三つは重なりあって存在しており，密接な関連を有

めぐって，平井＝内田論争が展開された。なお，滝沢聿代「法学教育と民法学——平井・内田論争を読んで」判タ1034号（2000）も参照。

28) 同様の見方を含むものとして，大村敦志＝小粥太郎『民法学を語る』（有斐閣，2015年）182頁以下〔小粥〕。

29) たとえば，吉田邦彦の一連の著作（最近のものとして，『都市居住・災害復興・戦争補償と批判的「法の支配」』〔有斐閣，2011〕など）。

30) たとえば，加藤雅信『民法（債権法）改正——民法典はどこにいくのか』（日本評論社，2011）。その後，現時点からの回顧として，同「債権法改正法の成立——債権法改正総括」名古屋学院大学論集（社会科学編）54巻2号（2017）が現れている。

31) この点につき，大村・前出注21)。

する。極端に言えば,一つの大きな潮流の三つの支流であるとも言える。

3 在庫整理

本稿においては,解釈・立法の方法論について新しい時代にふさわしい議論がなされることを期待して,筆者の試論を提示することを試みる。その際のキーワードが「進化・連結・多元」であるが,これらは筆者の創唱にかかるものではない。まずは,筆者が改めて召喚し,それに依拠しようと考えている知的遺産のあらましを提示しよう。

(1) 進化主義の法理論——サレイユと穂積陳重,田中耕太郎

最初は「進化主義」の法理論家と呼ぶことができる人々である。外国で言えば(筆者に比較的親しいフランス[32]に限られるが),R・サレイユ(1855-1912)の名が挙げられる[33]。サレイユの説いた解釈方法は「歴史的解釈(interprétation historique)」あるいは「進化的解釈(interprétation évolutive)」と呼ばれる。日本に目を転ずれば,穂積陳重や田中耕太郎の法理論の中に,「進化主義」と呼びうる考え方を見出すことができる。

サレイユについては,最近の研究者のある者は次のように述べている。「彼は歴史学派を拒絶する。というのは,この学派は法律家が法を発展させる(faire progresser)能力を持っていることを認めないからである。これは彼には受け入れがたいことである。彼が歴史的方法を借用しているとしても,その目的は法を社会に適合させることなのである。……サレイユにおいては,歴史的方法は法理解のためのダイナミックな方法であり,それは創造的な役割を有する。なぜならこの方法は,その適用によって法の発展(progrès)に寄与するからである。」[34] また,別の者は次のように言う。「この歴史的方法は,過去に対する自覚や学識にとどまらない。……それによって,法がそれぞれの時点

---

32) フランスにおける19世紀末年に関する法学史的研究は活況を呈しつつあり,以前に筆者が不振と捉えた今世紀初頭の状況とは変わりつつある(大村敦志『20世紀フランス民法学から——学術としての民法Ⅰ』〔東京大学出版会,2009〕第1編「共和国の民法学」)。

33) SALEILLES (R.), Quelques mots sur le rôle de la méthode historique dans l'enseignement du droit, Rev. int. enseignement, t. 19, 1890, p. 482 et s.; École historique et droit naturel, Rev. trim. dr. civ., 1902, p. 80 et s..

34) CHERFOUH (F.), Portrait d'un activiste: Raymond Saleilles au service de la science juridique, AUDREN (F.) et al. (dir.), Raymond Saleilles et au-delà, Dalloz, 2013, p. 45.

での適応を果たすために示す進化の過程（procédés d'évolution）を把握することができるのである。」[35]

穂積の場合には，主著『法律進化論』の存在自体が彼の思想を端的に示すが，その位置づけにつき，ある論者は次のように述べている[36]。「一，法律進化論は，〔穂積の言うところの—筆者注〕自主主義に含まれる法理論である。二，法律進化論は，法を『成る』ものとする考えから出て来たもので，しかもそれは法の起源に関して同じ立場にある歴史法学の理論より優れている。三，それは，生物進化論その他の影響を受け，スペンサーによって唱えられたものである。四，法律進化論は，法思想史の中で最も新しい理論で，将来の法律学の方向性を示すものである。」[37] さらに，「陳重は法律の世界的進化を信じていたが，また，自国法の特性もこれを尊重していた。比較法学が重要な意味を持つのもそのためであり，またその研究がきわめて慎重で，学問的なのもそのためであった」[38]と付け加えられている。

穂積の見解を進化主義と称することに（その内容をどう解するかは別にすれば）大きな異論はなかろうが，田中の場合にはやや事情が異なる。田中の世界法論は，田中が依拠する自然法の世界的顕現として理解されることもある[39]。しかしながら，田中の自然法論はいわゆる新自然法論であり，それは，「これらの諸学説〔自由法論や社会学的法学ないし法社会学等—筆者注〕による主張を然るべく摂取ないし吸収しながら，当時における新傾向の一翼としてあらわれるにいたったものといってよい」のであり，諸国家の団体，人類団体などに妥当する法を「理解ないし説明するためには，法と民族精神とを不可分のものと捉え，また，国家法のみを法とみる立場をもってしては，到底困難たるをまぬがれな

---

35) DEROUSSIN (D.), Raymond Saleilles: le droit, la méthode et la postérité, AUDREN, *supra* note 34), p. 181.
36) ほかに，青木人志『「大岡裁き」の法意識——西洋法と日本人』（光文社，2005），内田貴「日本民法学の出発点——補遺の試み」星野英一先生追悼『日本民法学の新たな時代』（有斐閣，2015）所収。
37) 古賀勝次郎『近代日本の社会科学者たち』（行人社，2001) 186頁。
38) 古賀・前出注37) 193頁。
39) たとえば，牧野英一『法律学における進化的と普遍的』（有斐閣，1937）など。もっとも，そこでは穂積と田中の見解が対比されているが，牧野自身の見解をも加えて読むと，むしろ三者の共通点が目立つとも言える。換言すれば，牧野は，田中の世界法論を普遍的自然法論に立脚するものと位置づけた上で，進化的な再解釈を施そうとするが（たとえば，82～83頁を参照），本文で略述するように，その指向性は田中の議論の中にすでに含まれているように思われるのである。

い」と考えていたものと思われる[40]。こうした状況にあって，田中は，「商法が自然的にまた人為的に統一の方向に進んでいくことの基底に『なんらかの自然法則的のものが存在する』との洞察」をもって臨み，「古くから共通法（世界法）の思想の基礎に『自然法の理念』が存在すること」を指摘した[41]。田中の世界法論・自然法論は，このように（一方では目的論に立ちつつも，他方で）自然法則的な変化を前提にしたものであったと言える。

(2) 連結主義の法理論——ジェニーと牧野英一，末弘厳太郎

次に，連結主義の法理論家と呼びうる人々である。「連結主義（connexionnisme）」とは法学の領域で用いられる語ではないが，ここでは様々な知見を連結することによって，問題解決を図ろうとする立場を指して用いている。外国で言えば，「科学的自由探究（libre recherche scientifique）」で知られるF・ジェニー（1861-1959）の名が真っ先に思い浮かぶ[42]。日本でいえば，牧野英一や末弘厳太郎など自由法論・社会法学と呼ばれる人々を挙げることができよう。

ジェニーについても，最近の研究を引いておこう。ある者は「科学的自由探究は廃れたのか？」という問いを立てた上で，ヨーロッパ人権裁判所の判例を引用して言う。「たとえば，同性婚に関する2010年6月24日の人権裁判所判決である。理由づけは科学的自由探究によっており，長大な紙幅を割いて，社会の状態，賛否双方の議論，歴史的な前提などを分析している。この時には，裁判所は国家に対して，同性婚への権利を認めることを求めなかった。国家こそが当該問題に関する社会的な必要を最もよく評価しこれに応ずることができるとしたのである。……しかし，いつまでの間だろう。というのは，1年，2年あるいはもっと後に，ほかならぬ同裁判所が，同じ理由づけによって異なる結論に至ることはありうることだからである。」[43]また，別の者は，ジェニーの法源論との関係で「規範力（force normative）」に言及しつつ，次のように言う。「類似の考え方に基づき，議論（ペレルマン…）や新しい類型論の研究は，われわれがその思い出を記念しようとしている著者を参照している。そこから

---

40) 折茂豊「世界法」鈴木竹雄編『田中耕太郎——人と業績』（有斐閣，1977）79頁。
41) 井上茂「法哲学」鈴木編・前出注40) 47頁。
42) GÉNY (F.), *Science et technique en droit privé positif*, 4 tomes, Sirey, 1914-1924.
43) GAUTIER (P. Y.), Réflexions sur François Gény: l'actualité méthodologique de *Science et technique*, CACHARD (O.) (dir.), *La pensée de François Gény*, Dalloz, 2013, p. 53.

はまた，時間性（ベルグソン）や社会学（デュルケム）に関する新たな研究も現れている。」[44]

牧野の全体像を評価するのは難しいところであるが，ある論者は牧野の特色を「先取精神」に求め，「牧野法学の大きな特色」は「時代先取精神」であるとし，「つまり来るべき法の到来をいち早く見抜いてそれを法学的に先取りすることに優れていたということである」としている。論者はさらに，牧野の自由法論につき，「自由法ないし自由法論なるものの中身は，20世紀の法律・法律学・法解釈論（刑・民法における牧野式自由解釈論）をすべて包含しうる魔法の杖の如きものである。つまり，端的にいえば20世紀の法の発達イコール自由法なのである」と述べている[45]。この論者の見方は皮肉で批判的な見方であり，「大正デモクラシー法（大正10年の借地借家法など），『自然法』，天皇制立法であれ戦時ファシズム法（国家総動員法など）であれ，すべての20世紀の立法が自由法の当然の産物・所産であると強弁するための魔法の杖となっているのである」という評が続く[46]。確かにこの評にはあたっているところもあるが，見方を変えればこれは，牧野が20世紀の時代の変化を総体として引き受ける姿勢を示していたことの帰結であるとも言える。その意味で，牧野法学は社会からの入力に対して開かれた法学であったのである。

同様の傾向は末弘法学にも見出しうるだろう[47]。末弘法学に対しては，「博士にとって，従来支配的であった法律実証主義に対抗して『真に国民生活に合致した』法学理論を創造することが，法学者としての課題になることは自然である。」そして実際には，「おそらく博士は，わがくに支配権力の冷徹な現実認識のうえに立ちながらも，なお社会の自生的発展——とくに民衆の自主的組織化を介する——を基軸とする政治的社会的構造の合理的発展と，科学的認識の立法・裁判への技術的媒介によってこの合理化過程に参与する専門家層の『善意』に期待を寄せたのであろう」と評されてきた[48]。しかし最近では，戦時期

---

44) TERRE (Fr.), Rencontre avec François Gény, CACHARD, *supra* note 43), p. 3.
45) 白羽祐三『刑法学者牧野英一の民法論』（中央大学出版部，2003）15頁，32～33頁。
46) 白羽・前出注45) 33頁。
47) 末弘の盟友・穂積重遠にも同様の傾向を見出すことができるが，ここでは立ち入らない。大村敦志『穂積重遠——社会教育と社会事業とを両翼として』（ミネルヴァ書房，2013）を参照。
48) 磯村哲『社会法学の展開と構造』（日本評論社，1975）87頁，112～113頁。

の末弘の姿勢については，次のような批判もなされている。「第一期に登場した国家に対峙するものとしての社会という視角は第二期においても維持されたが，階級社会論的視点は失せると同時に，議論の重心は明確に国家へとシフトした。……第一期において，明治の『国家万能』体制を批判して出発した末弘法学が戦時国家への依存と幻想に行き着くことになるのは，皮肉なことであった」と[49]。以上のような評価の変遷を踏まえつつ，別の論者は，末弘の多面性を指摘し，「『生ける法』『社会法』について言うと，形成すべき規範としての社会法が後退し，認識すべき現実としての社会法が前面に出てくる」とすると同時に，「1920年代末までは，人間主義と説き科学に対し距離を置いていたが，1930年代になると『科学』の語を積極的に用いるようになった」などとしている[50]。こうした変遷にかかわらず，末弘は「国家に対する多元論，国家法に対する社会法」を維持していたというのが，この論者の結論であるが[51]，そこにはより高いレベルで，末弘法学を社会に開かれた法学として捉えなおす姿勢が認められる。

(3) 多元主義の法理論——カルボニエ，デルマス＝マルティと星野英一

最後に，多元主義の法理論家である。「多元主義（pluralisme）」は法源や価値の相対性について用いられることが多いが，ここでは（解釈・立法による）法生成の担い手につき，狭義の法律家に限らずに広く一般市民やその他のアクターに着目する考え方を指すものとして受け止める。外国で言えば，J・カルボニエ（1908-2003）の「立法的多元主義（pluralisme législatif）」（さらには「非法（non-droit）」），M・デルマス＝マルティ（1941-）の「多元的普遍主義（universalisme pluriel）」の主張の中に，このような側面を見出すことができよう[52][53]。日本で言うならば，星野英一の主張がこれに相当する。

---

49) 石田眞「末弘法学の軌跡」六本佳平＝吉田豊編『末弘厳太郎と日本の法社会学』（東京大学出版会，2007）174頁，175頁。
50) 瀬川信久「末弘厳太郎の民法解釈と法理論」六本＝吉田編・前出注49) 220頁，223頁。
51) 瀬川・前出注50) 229頁。
52) CARBONNIER (J.), *Essai sur les lois*, 2ᵉ éd., LGDJ, 1995; DELMAS-MARTY (M.), *Les forces imaginantes du droit*, 4 tomes, Seuil, 2004-2011.
53) さしあたり，カルボニエにつき，大村・前出注21) 第2部第1章「家族法改革と立法学」，北村一郎「追悼ジャン・カルボニエ学長（1908-2003）」日仏法学23号（2004），デルマス＝マルティにつき，大村・前出注25) 補論B「共通の法——デルマス＝マルティ」を参照。

カルボニエやデルマス゠マルティについても、最近の研究者の発言に拠ることにしよう。カルボニエの法的多元主義につき、ある法人類学者は「『共通の世界 (monde commun)』を生み出すことは、法律家の仕事である。……しかしながら、『共通の世界』はそれが十分に柔軟でないと存続し続けることができない」とした上で、カルボニエから得られる教訓を「国家を意に介さない法──国家法を機能させる技術としての家族に関する多元主義の例」という形で、逆説的に表現している[54]。彼は続ける。「法的多元主義は存在する。それが国家によって認められないとき、マイノリティの権利は他の方法で示され、『判定者としての国家』や『回避戦略』の正当性は否定されるほかない」[55]。また、別の著者は、非法の概念は「常に法の撤退を意味する一義的なものではなく、法の圧力が弱い場合をも指しうる」として、生命の始期・終期に関する問題を論じている[56]。他方、デルマス゠マルティにおける多元性については、サンティ゠ロマーノの静的で形式的な「法秩序」観と対置する形で、次のような指摘がなされている。「彼女は法的空間の生命を、生きていて実用可能なものとして、継続的で相互影響に満ちた過程として……理解している」[57]とする。

星野英一の民法学に関する歴史的な評価は、まだ始まったばかりである[58]。しかし、星野の名とともに最初に思い浮かぶのは、その主張にかかる利益考量論とこれをめぐって展開された論争であろう。この論争につきある論者は、争点を「①進歩史観の内容と是非、②法解釈の前提となる社会像……、③同じく法解釈が前提とする裁判官・法学者・市民のあるべき関係の違い」の三つに整理し、(論争相手であった)「平井は、③の点で『法律家』を考えて裁判官と法学者の違いを捨象し(た)」のに対して、「学問研究としての法律論では、来栖・星野が論じた解釈者個人にとっての客観的な正しさの問題は残る」とした上で、

---

54) LAFRANCE (R.), Le Droit au mépris de l'État: l'exemple du pluralisme familial comme art de se jouer de la norme étatique, VERDIER (R.) (dir.), *Jean Carbonnier. L'homme et l'œuvre*, 2012, p. 360, pp. 372-373.
55) LAFRANCE, *supra* note 54, pp. 373-374.
56) DANIS-FATOME (A.), Les applications contemporaines du《non-droit》en droit des personnes, in VERDIER, *supra* note 54, p. 440.
57) CASSESE (A.), Cette bouleversante pluralité d'espaces juridiques, RUIZ FABRI (H.) et al. (dir.), *Mirelle Delmas-Marty et les années UMR*, Société de législation comparée, 2005, p. 79.
58) 「特集・星野英一先生の人と学問」論ジュリ 7 号 (2013) など。

「③は，法律実務に対し大学の法学研究と教育をどう位置づけるかという今日的な問題であろう」としている59)。さらにこの論者は，星野法学の特色を「法を人間に着目してまた法の思想によって捉える」点に求めていることも付言しておく60)。以上に見られるように，星野は法の担い手として法律実務家だけを考えるのではなく，裁判官・法学者・市民を挙げていたが，この点についてはさらに次のような指摘もなされている。「利益考量の考量する主体は一般大衆だというのは，利益考量論を提示された頃の星野先生の信念だったと思うのです。」61)「星野先生はそこからむしろ，新しい，より広い聴衆に対する教育実践をされていく中で，法律専門家の養成のためばかりでなく，むしろ普通の人にとっても，民法や法というものの日常生活に根差した理解が非常に重要なのだということを自覚され，さらにそれを通じて，ご自身の学問の中身も豊かになり，哲学，宗教なども自由に議論されるようになりました。」62)

II 所　造63)

1 解釈論・立法論そのものにおける具体例

(1) 債権法における具体例

債権法改正の後に，進化主義・連結主義・多元主義の解釈論を展開するとしたら，どのようになるか。以下，若干の例を挙げて，ありうる解釈論の方向性を探ってみたい64)。

---

59) 瀬川信久「研究から見た星野英一先生」論ジュリ・前出注58) 144頁，147頁。
60) 瀬川・前出注59) 145頁。この点に着目して（それ自体は星野自身が用いた表現だが）「人文学としての民法学」という性格づけがなされている。
61) 廣瀬久和ほか「〔座談会〕星野英一先生を偲ぶ」論ジュリ・前出注58) 134頁〔内田貴発言〕。
62) 前出注61) 134頁〔廣瀬発言〕。
63) 本稿が掲載された論文集の締切は，債権法改正法案の審議・採決に時間がかかったことによって何度か延長された。本稿の前半部分は最初の締切にあわせて執筆されていたが，後半部分の執筆は延長後の締切にあわせて2017年に入ってから行われた。そのため後半部分は，本稿と前後して2017年中に書かれた諸稿（締切順に，加藤古稀，水林古稀，瀬川＝吉田古稀，廣瀬古稀，北村古稀，平井追悼，二宮古稀。筆者はこれらの諸稿を「七つのつぶて」と総称している）と密接な関連を持つものとなった。
64) 筆者自身は大村・前出注12) でこうした検討の必要性を説いた（同稿は日本では公刊されて

ⅰ) 暴利行為・不実表示——進化主義　最初は，進化主義的な解釈方法が有効だと思われる例である。今回の債権法改正では，中間試案の段階までは維持されていた提案のうち相当部分が要綱仮案をまとめる段階で脱落した。これらについては，判例・学説の大きな流れを踏まえ，その中に法制審議会の審議過程を位置づけることによって，将来に向けた解釈論を展開することが求められる。このような観点から，暴利行為，不実表示，情報提供義務，約款・不当条項，保証，解除・損害賠償，債権譲渡，債権者代位権・詐害行為取消権，時効，契約の解釈，消費者概念の11項目につき，別途具体的な検討をすることを予定している[65]。ここではそのうち暴利行為，不実表示について，ごく簡単に議論の枠組みを示すにとどめる。なお，約款と保証については，別の観点から後述する。

　暴利行為については，部会資料12-1で「一般条項の適用の安定性や予測可能性を高める観点から，いわゆる暴利行為（伝統的には，他人の窮迫，軽率又は無経験に乗じて，過大な利益を獲得する行為）について，これまでの判例や学説の到達点を踏まえ，公序良俗違反の具体化として明文規定を設けるべきであるという考え方」が示され，中間試案では「相手方の困窮，経験の不足，知識の不足その他の相手方が法律行為をするかどうかを合理的に判断することができない事情があることを利用して，著しく過大な利益を得，又は相手方に著しく過大な不利益を与える法律行為は，無効とするものとする」という規定を90条2項とする案が本案とされた（注では，大審院判例の定式を明文化する案，規定を設けない案にも言及された）。その後，部会資料73B，78Bでは，中間試案の延長線上にある甲案と90条適用の際の考慮要素を示す乙案が併記されたが，部会資料80Bでは従来の乙案に代えて規定を置かない案が新たな乙案として示され，部会資料81-1の要綱仮案の原案では条文を置かない案が提示され，以後，この案が維持されて成案となった。この間の法制審議会での議論を総括すると，次のように言える[66]。①暴利行為＝無効という判例規範が存在するこ

　　いなかったが，本書第2部第6章Bとして収録）。立案過程を考慮に入れた実際の検討は，すでに森田修「債権法改正の文脈——新旧両規定の架橋のために」法教427号（2016）以下などで始まっている。

65)　大村・前出注13)。

とに異論はなかった。②経済界の委員と学界・弁護士会の一部委員が「甲案反対」で一致した。前者は（行為規範として）象徴効果が生じることを，後者は（裁判規範として）反対解釈がなされることをそれぞれ恐れていた。③最終段階での甲案（さらには中間試案の案）を最低限の規範とすることに大多数の委員が賛成しており，それ以上の規範を設けることを望む声も多かった。④事務当局からは，甲案では適切な要件化にはなお検討を要するために，規定の新設を断念するという説明がなされていた。こうして見ると，規定が置かれなかったのは明文化が難しかったからであり，現に存在する判例規範を出発点としてさらにその適用範囲を広げることが考えられるというのが将来へ向けての見方であったことがわかる。そうだとすれば，今後の解釈論はこの方向に沿って行われるべきだと言えるだろう。

　不実告知については，部会資料12-1で「消費者契約法の上記規定〔4条1項1号—筆者注〕を参照しつつ，消費者契約に対象を限定しない一般ルールとして，不実告知がされた場合の表意者を保護する規定を民法に設けるべきであるという考え方」が示されていたが，その後，消費者契約法の一般化が退けられたため，中間試案では「表意者の錯誤が，相手方が事実と異なることを表示したために生じたものであるとき」に錯誤取消しを認める案が本案とされた（注ではこの規定を設けない案にも言及された）。その後，部会資料66Bでは不実告知の採否が論点とされ，部会資料79Bの甲案でも採用案が示されていたが，この時の乙案では民法95条につき現状維持とする案が示された。錯誤についてはなかなか決着がつかず，部会資料82-1の要綱仮案第2次案でもペンディング扱いがされていたが，部会資料83-1要綱仮案（案）において，不実告知の部分は削除されるに至った。この間の法制審議会での議論を総括すると，次のように言える[67]。①不実表示を錯誤無効の一類型とする判例が存在するという認識ないしその妥当性については明確な反対はなかった。②経済界だけが反対したが，その反対理由には疑問が投じられていた。③削除論に対しては学者・弁護士・消費者委員から強い反対があった。④不実告知の部分が削除されても，従

---

66)　法制審議会民法（債権関係）部会第88回会議議事録による（以下，単に「第○回議事録」として引用）。
67)　第90回議事録，第96回議事録による。

来の判例法理は否定されない，また，動機の錯誤に関する新しい定式を用いて不実表示に対処できるという指摘（複数）がなされていた。ここでも，従来の判例を出発点としつつ，不実表示の効力をより積極的に否定する方向が示されていたのであり，今後の解釈論はこれに沿って展開されるべきことになろう。

ⅱ）意思能力――連結主義　次は，連結主義的な解釈方法が有効だと思われる例である。今回の債権法改正では，当該提案の意味について十分に突き詰めない形で規定が置かれたものもある。意思能力に関する規定（改正民法3条の2）がその一例であるが，この規定については，①意思能力を行為能力の前提となる一般的・標準的な能力であると解する考え方，②意思能力を個別の行為に必要な場面ごとに異なる能力であると解する考え方の二つの考え方が示されたが，ⅰ）で挙げた諸例とは異なり，必ずしも②の考え方が支配的であったというわけではない。むしろ規定だけを見ると，法案3条の2の文言は「その法律行為をすることの意味を理解する能力」（中間試案）などと比べ，①とより親和的であると言えないではない。すなわち（中間試案）という表現がその意味で，今後は②の方向で解釈すべきであると直ちに断ずることはできない。

このように，意思能力に関しては，両様に解釈可能な新設規定にどのような内容を盛り込んでいくかを考えなければならないが，その際に重要なのは，民法の「人間」観をどのようなものとして措定するかである。ここで求められるのは，当該規定の立案過程から離れて，より広く「人間」観の変遷を民法はどのように捉えてきたか，今後，捉えていくべきかを問う姿勢であろう。一般化・標準化された一定の判断力がありさえすれば，すべての契約について一律に責任を負うべきである，という「人間」観が，複雑化・高度化している現代の取引の実情や人間の認知能力・判断能力に関する現代の知見に照らして，適合的であると言えるかどうか。これらの問いに答えるには，法学の領域にとどまらない広汎な知見が必要とされる。改正民法3条の2の新設は，このような人間像の更新のための「場」が提示されたと捉えることができる。そうであるならば，この規定の新設を機に，民法のあるべき「人間」像の探究が進められるべきであると言うべきだろう。

ⅲ）定型約款・保証――多元主義　最後に，多元主義的解釈を考えるべき例を挙げておこう。具体的な例としては，定型約款と保証を挙げることがで

きる。今回の債権法改正における主たる改正点として法案の提案理由にも掲げられているのは、法定利率の変動制、消滅時効期間の統一、約款に関する規定の導入、保証人の保護の4項目であった。このうち最後の2項目は法制審議会でも最後まで争われ、また、国会でも争点となった。具体的には、定型約款に関してはその採用要件や変更の要件が、保証に関しては特に個人保証制限の適用除外に「主たる債務者が行う事業に現に従事している主たる債務者の配偶者」を含めることの可否をめぐって、激しい議論が展開された。すなわち、定型約款に関しては要綱仮案の段階でも決着がつかずここだけがペンディングとなり、一時は規定を設けるのは無理かとも思われた[68]。また、保証に関しては最終段階で示された案（部会資料78B, 80B）に対して、学者委員の多くから強い反対が表明されていた[69]。国会では、民進党・無所属クラブ提出の修正案の計5項目のうちの第4が保証、第5が定型約款に関するものであった。なお、この修正案は否決されたものの衆議院法務委員会での附帯決議には取り込まれている[70]。

　定型約款の採用要件にせよ変更の要件にせよ、また、個人保証制限の例外にせよ、今後は様々な制限解釈が試みられることになろう。それらは十分にありうる解釈であるが、ⅰ）に挙げた諸例とは異なり、立案過程における意見の一致を基礎とするものではない。むろん、立案過程の対立は政治的な対立であり、新規定の理論的正当化は難しいという批判は可能である。しかし、ここではそれとは違う根拠づけにも言及しておきたい。それは、新規定の国民による受容という視点に立った解釈の可能性である。保証についても定型約款についても附帯決議がなされたのを踏まえて、消費者団体は積極的に規定の不当性を訴えるべきである。確かに定型約款や保証につき新たな規定が置かれたことそのものは評価に値する。問題の多い法状況を改善するための手がかりが与えられるからである。そう考えるならば、未成熟な形で産み落とされた新制度に手当を施して、しかるべき内容を持つものに育て上げていくことが必要である。より

---

[68] 最終回の直前の第98回会議で残る問題として議論され、最終回の第99回会議でもさらに議論は続いた。
[69] 第89回議事録、第92回議事録を参照。
[70] 第193回国会衆議院法務委員会議事録第9号（平成29年4月12日）。

具体的に言えば，消費者団体は定型約款・保証の双方につき，あるべきプラクティスを積極的に提示し，それに従う事業者と従わない事業者とを仕分けていくべきだろう。あるいは，自治体が消費者条例において問題点を減らす方向の規定を設けていくということも考えられてよい。

保証はともかくとして，定型約款の拘束力や変更の有効性を争って消費者が訴訟を提起することは少ないだろう。だからこそ，裁判規範としての民法とは別に，行為規範としての民法を確立する必要があるのである。

(2) 家族法における具体例

債権法を離れて家族法を見ても，進化主義・連結主義・多元主義が求められているように思われる。家族法においては，1996年の婚姻法改正案が実現せず，2003年には親子法改正が中間試案段階で中断している。後見（1999年），親権（2011年）や相続（2018年）などに関しては立法がなされているものの，婚姻・親子という中核部分で立法は停滞しているのである[71]。この状況の下では，解釈論・立法論の両面が問題になる[72]。

ⅰ) 解釈論における進化主義・連結主義　立法が望まれつつ実現しない，という状況の下では，判例は，解釈によって対応することを迫られることになる。特に，家族法の領域における近時の重要判例には最高裁の苦悩と工夫が読み取れる。そこでは，社会の変化の趨勢が考慮に入れられるとともに（進化主義），様々な知見が参照されている（連結主義）。いくつかの例を挙げよう（4件中3件は憲法判断を含み，うち2件は違憲判断を下し，関連条文の改正を導いた）。

第一は，最大決平25・9・4民集67巻6号1320頁で，非嫡出子の相続分に関するものである。本決定は非嫡出子の相続分を嫡出子の相続分の2分の1とした民法900条4号ただし書前段につき，最大決平7・7・5民集49巻7号1789頁を変更して違憲判断を下したものであるが，その理由づけは次のようなものであった（下線は筆者。以下，同じ）。「法律婚主義の下においても，嫡出子と嫡出でない子の法定相続分をどのように定めるかということについては，

---

71) 家族法改正の近況・現況につき，大村・前出注7)「家族の多様化と家族法の対応」。
72) 立法については，大村・前出注8)『家族法〔第3版〕』374頁以下，解釈論については，大村敦志「最近の最高裁決定に見る法的推論」（光州弁護士会講演，2014）で取り上げた（本稿は韓国でも日本でも公刊されていないが，本書第2部第6章Cとして収録）。

前記 2 で説示した事柄を総合的に考慮して決せられるべきものであり，また，これらの事柄は時代と共に変遷するものでもあるから，その定めの合理性については，個人の尊厳と法の下の平等を定める憲法に照らして不断に検討され，吟味されなければならない」。具体的には，「〔①〕昭和 22 年民法改正時から現在に至るまでの間の社会の動向，〔②〕我が国における家族形態の多様化やこれに伴う国民の意識の変化，〔③〕諸外国の立法のすう勢及び我が国が批准した条約の内容とこれに基づき設置された委員会からの指摘，〔④〕嫡出子と嫡出でない子の区別に関わる法制等の変化，〔⑤〕更にはこれまでの当審判例における度重なる問題の指摘」等を総合的に勘案した上で，「法律婚という制度自体は我が国に定着しているとしても，上記のような認識の変化に伴い，上記制度の下で父母が婚姻関係になかったという，子にとっては自ら選択ないし修正する余地のない事柄を理由としてその子に不利益を及ぼすことは許されず，子を個人として尊重し，その権利を保障すべきであるという考えが確立されてきているものということができる」とされている。「個人の尊厳と法の下の平等」は，憲法が定め（憲法 13 条・14 条），民法がそれを踏襲する（民法 2 条）基本原則であるが，その原則の働き方は時代によって同じではない。人権のコアの部分は憲法の制定時に確立されている。しかし，人権からの要請が他の諸要請との関係でどこまで及ぶかは，歴史的な条件にかかっている。ここに現れているのは，歴史的な変遷を考慮に入れるという意味で進化主義的な解釈（interprétation évolutive-historique）である[73]。そして，相続法制・家族法制に関する諸事情の変遷を考慮に入れるにあたっては，立法（④）や判例（⑤）の状況にとどまらず，社会の動向一般（①）や家族形態，国民の意識の変化（②），あるいは，諸外国の立法，国際条約との関係（③）などの要素も考慮に入れる必要がある。言い換えれば，法システムだけでなく，これを取り囲む環境も含めて整合的な解釈が求められることになる。これは連結主義的な解釈（interprétation combinatoire）にほかならない。

　第二は，最決平 25・12・10 民集 67 巻 9 号 1847 頁で，性別変更と嫡出推定

---

[73] 反対に，ここで退けられているのは，法律婚のカップルもその他のカップルも対等であるはずだとか，すべての子は同等の相続分を有するはずだといった原理主義的（脱歴史的）な主張である。

に関するものである。本決定は，性同一性障害者特例法による性別変更者が夫である場合にも嫡出推定は及ぶとしたが，その理由は次のように述べられていた。「性別の取扱いの変更の審判を受けた者については，妻との性的関係によって子をもうけることはおよそ想定できないものの，<u>一方でそのような者に婚姻することを認めながら</u>，他方で，その主要な効果である同条による嫡出の推定についての規定の適用を，妻との性的関係の結果もうけた子であり得ないことを理由に認めないとすることは相当でないというべきである。」

ここで，法廷意見（2人の裁判官の反対意見もあった）は特例法の出現が指し示す方向にコミットしている点が注目される。制度上の不備があることは確かであるし，他の立法論がありうることも認めるが，それでも特例法が指し示す方向に進むべきではないかというわけである。同様の姿勢は第一の決定にも認められる。同決定は，「子を個人として尊重し，その権利を保障すべきであるという考えが<u>確立されてきている</u>」としている。「法律婚という制度自体は我が国に定着しているとしても」，子の個人としての尊重の方向に一歩を踏み出そうというわけである。両決定に現れているのは，これまでの変遷だけではなく，それを踏まえてこれからの変遷に棹さす方向の解釈を提示しようという姿勢であると思われる。それは単に回顧的なだけではなく，歴史を踏まえて未来を目指すという意味での進化主義的な解釈（interprétation évolutive-prospective）であると言える。

第三は，同日に下された最大決平 27・12・26 民集 69 巻 8 号 2427 頁，最大決平 27・12・26 民集 69 巻 8 号 2586 頁で，前者は再婚禁止期間に関するもの，後者は夫婦同氏に関するものである。

前者は 6 ヶ月の再婚禁止期間を定める民法旧 733 条の規定のうち 100 日を超える部分は違憲であるとしたが，その理由は次のように述べられている。「上記のような旧民法起草時における諸事情に鑑みると，再婚禁止期間を厳密に父性の推定が重複することを回避するための期間に限定せず，一定の期間の幅を設けることが父子関係をめぐる紛争を未然に防止することにつながるという考え方にも理解し得る面があり，このような考え方に基づき再婚禁止期間を 6 箇月と定めたことが不合理であったとはいい難い。このことは，再婚禁止期間の規定が旧民法から現行の民法に引き継がれた後においても同様であ〔る〕」。

「しかし，その後，医療や科学技術が発達した今日においては，上記のような各観点から，再婚禁止期間を厳密に父性の推定が重複することを回避するための期間に限定せず，一定の期間の幅を設けることを正当化することは困難になったといわざるを得ない。／加えて，昭和22年民法改正以降，我が国においては，社会状況及び経済状況の変化に伴い婚姻及び家族の実態が変化し，特に平成期に入った後においては，晩婚化が進む一方で，離婚件数及び再婚件数が増加するなど，再婚をすることについての制約をできる限り少なくするという要請が高まっている事情も認めることができる。また，かつては再婚禁止期間を定めていた諸外国が徐々にこれを廃止する立法をする傾向にあり，ドイツにおいては1998年（平成10年）施行の『親子法改革法』により，フランスにおいては2005年（平成17年）施行の『離婚に関する2004年5月26日の法律』により，いずれも再婚禁止期間の制度を廃止するに至っており，世界的には再婚禁止期間を設けない国が多くなっていることも公知の事実である」。以上の判示もまた，進化主義・連結主義に立脚するものと言えよう。

　他方で後者は，夫婦同氏を定める民法750条は違憲とは言えないとした。その理由のうち本稿の観点から興味深いのは，合憲論・違憲論に対して「もっとも」「しかし」と述べて次の指摘をしている部分である。「特に，近年，晩婚化が進み，婚姻前の氏を使用する中で社会的な地位や業績が築かれる期間が長くなっていることから，婚姻に伴い氏を改めることにより不利益を被る者が増加してきていることは容易にうかがえるところである。」「夫婦同氏制は，婚姻前の氏を通称として使用することまで許さないというものではなく，近時，婚姻前の氏を通称として使用することが社会的に広まっているところ，上記の不利益は，このような氏の通称使用が広まることにより一定程度は緩和され得るものである。」。ここでも進化主義的・連結主義的考慮がなされていることがわかる74)。

---

74)　本判決の合憲判断を支えているのは，「氏に，名とは切り離された存在として社会の構成要素である家族の呼称としての意義がある」という認識である。「社会の構成要素である家族」は「家族は社会の自然かつ基礎的な集団単位である」という命題（人権B規約）から導かれている。この部分の解釈は「夫婦の氏」が「家の氏」を引き継ぐという認識や近年の人権規範における家族像に関する認識によって揺らぐ可能性を秘めており，この点につき，本判決とは異なる進化主義的解釈を展開する余地もある。

ii) 立法論における進化主義・多元主義　立法における進化主義は多元主義と必然的に結びつく。そこにあるのは，自覚的に不完全な立法を行って，社会の選択に委ねる（多元主義）という形で法の発展を図る（進化主義）という考え方だからである。ここで「不完全な立法」というのは，立法者がすべてを考慮に入れて，必要十分で自己完結的な立法をするのではなく，とりあえず一歩を踏み出す立法を行い，必要があればさらに改正を行う（漸進的な立法），あるいは，複数の選択肢を示した上で，どれを用いるかは国民の選択に委ねる（多元的な立法）という開放的でプロセス的な視点を組み込んだ立法のことである。

　家族法の領域で言えば，漸進的な立法は児童虐待防止法や DV 防止法において用いられた手法である。これらの立法においては，ともかく合意が調達できる範囲で最低限の立法を行い，数年ごとに見直しを行うことを通じて，適用範囲や強制手段の増大が図られてきた。問題は多元的な立法である。1996 年の民法改正要綱が示した選択的夫婦別姓制度は，「選択的」という修飾語が示すように，まさに制度の将来を国民の選択に委ねるものであった。それにもかかわらず合意が調達できなかったのは，選択肢を示すこと自体が一定の家族観を前提とするのではないかという不安を持つ国民（少なくとも議員）が多かったことを示している。この疑念を払拭するには，選択肢の提示の仕方を工夫する必要があるだろう。反対派の依拠する家族観にも配慮を示した上で，選択肢を提示して将来の国民の集合的な選択に委ねるという先決問題について，コンセンサスが得られてはじめて，多元的な立法は可能になる。

　相続法改正においては，諸般の事情により，生存配偶者の貢献に応じた分配という理念の実現はほぼ放棄せざるを得なくなったが，この状況に至る過程においては選択的な立法（現行制度と新制度を選択可能なものとする）の可能性も検討された。それも困難であるとされた現段階において，なお残ったのが，わずかな橋頭堡であれ立法を行って，これを法発展の手がかりとするという漸進的な立法（持戻し免除の推定規定を設けることで配偶者への生前の財産移転を間接支援する）である[75]。

---

75) 債権法改正に関して言えば，消費者契約法の一般化・統合が断念された後に検討された「格

2 解釈論・立法論のための基礎研究における具体例

(1) 解釈論・立法論から見た基礎研究

民法の研究は、解釈論・立法論そのものの提示だけを目的とするものではない。解釈論・立法論における進化主義・連結主義・多元主義は、解釈論・立法論の基礎として法の変化、法を取り巻く環境とその担い手の状況を考慮に入れることを要請する。もちろん、こうした考慮は裁判官や立法者もある程度まではなしうるが、より立ち入った検討は学説に委ねられる。民法研究の存在意義は、解釈論・立法論の基礎を提供することのみにあるわけではなく、そもそも民法（その内容および存在意義）とはいかなるものかを明らかにすることにあるとも言えるが、それにしても、様々な基礎研究から解釈論・立法論の手がかりを得ることはこれまでも行われてきたし、これからも行われることだろう。

そして、民法の解釈において進化主義・連結主義・多元主義がこれまで以上に重視されるとするならば、これらの観点に立った基礎研究、あるいは、これらの観点から利用可能な基礎研究が求められることになろう。日本における既存の研究をこれらの観点から見直すことは有益な作業であるが、ここでは、20世紀（特に後半）を通じて支配的であった法律実証主義的な発想から離脱する傾向を見せつつあるフランスの最近の基礎研究[76]の中からいくつかのものを取り上げて、見直し作業の一例を示すとともに、日本における今後の基礎研究の

差の考慮」は、いわば橋頭堡を築くための漸進的な立法の試みでもあったが、これも実現には至らなかった。しかしながら、意思能力の規定を新たな橋頭堡とする可能性が残されていることは、前述したとおりである。

76) Ⅰで言及したジェニーやサレイユは19世紀末から20世紀初頭の民法学者であった。その後の20世紀フランス民法学は、彼らによる「科学主義革命」の影響をある程度までは受けたものの基本的には、（ある意味では19世紀の注釈学派以上に）法律実証主義的な色彩の色濃いものであった。この傾向は20世紀末年まで続いた。カルボニエやデルマス＝マルティはあくまでも例外的な存在であった。しかしながら、21世紀に入ってからは傾向が変わりつつある。老大家たち（特にマロリーやテレ）が哲学的な指向（そこには、進化・連結・多元の観点も垣間見られる）を強める一方、若い世代のテーズ（博士論文）には、人間や社会や法に対する洞察を従来よりも明瞭に示すものが増えているように思われるのである。フランスにおいても「新しい科学学派」が生まれつつあるのではないか、というのが筆者の状況認識である。この認識の当否やその背景事情については別途検討を要するが、筆者が関心を持ったテーズについては本稿も含めて折りに触れて紹介しているので（前出注63）のうち瀬川＝吉田古稀・廣瀬古稀などを参照）、そこに掲げられているものを見ることによって、ある程度までは筆者の認識の当否を検討していただけるだろう。

参考に供するにとどめる。いずれも広い意味では法源論に関するものであり，また広い意味では進化主義に与するものと位置づけることができる。

(2) 狭義の法源論における進化主義・多元主義

最初に取り上げるのは，2017 年に刊行された『民法典を通じて見た法律とその解釈（1804-1880）』[77]と題されたものである。このテーズ（博士論文）には民法史学に深い関心・学識を有するCh・ジャマン[78]が，指導教授ではないものの序文を寄せている。

このテーズは表題が示すように，19 世紀のフランスにおいて，「法律（loi）」の観念と「解釈（interprétation）」の方法との関係がどのように変化したかを検討するものであるが，著者の提示する枠組みは次のようなものである[79]。まず第一に，loi の観念には二元論と一元論の2種類のものがある。二元論とは loi を主権者の命令とローマ法・慣習法・判例・学説等の中に見出される行為規範の双方からなるものとする見方であるのに対して，一元論は後者を除き前者のみとする見方である。著者によれば，古法時代以来の二元論は革命時に一時は後退したもののその後に復活して 1840 年ぐらいまでは支配的な考え方であったのであり，一元論が優勢であったのは 1840 年～1880 年ぐらいまでにすぎない。別の言い方をすると，19 世紀末に現れる科学学派の考え方は，19 世紀前半にすでに存在していたというのである。第二に，法律の観念の違いは解釈方法の違いを導く。二元論に立脚するならば，法律の条文だけでなく「歴史的法源」や「学説」による「二重の理由づけ」が必要になる。これに対して一元論では法律の条文だけを問題にする解釈方法が採用される。第三に，著者は 19 世紀前半と 19 世紀末に二元論が有力になった理由として，政治的な説明を掲げる。すなわち 19 世紀前半においてはナポレオンと切り離した形で法典の正統性を示す必要があったこと，19 世紀末には普通選挙に基づいてなされる立法に対して危惧感が持たれていたことが挙げられている。

この研究からはいくつかの示唆を引き出すことができる。まず，法典編纂の

---

77) BLOQUET (S.), *La loi et son interprétation à travers le Code civil (1804-1880)*, LGDJ (bib. d'histoire du droit et droit romain), 2017, préf. JAMIN (Ch.).

78) 著書として，JESTAZ (Ph.) et JAMIN (Ch.), *La doctrine*, Dalloz, 2004, *La cuisine du droit. L'École de Droit de Sciences Po: une expérimentation française*, Lextenso, 2012.

79) 以下は，主としてジャマンの序文による。

直後においても法律万能の考え方は採られておらず，法律を諸法源の中に位置づけて解釈するという方法が用いられていたということ，次に，法源論・法解釈方法論は法律に対する見方に応じて変遷するが，それ自体が社会の（とりわけ政治的な）変化に対応していると見られることである。そこには変化（＝進化évolution）の視点と法律非一元論（＝多元 pluralisme）の視点を見出すことが可能であろう。

(3) 広義の法源論における連結主義・多元主義

次に取り上げるのは，2010年，11年に相次いで刊行された『市民社会と環境法——法源と妥当性の諸理論に関する考察のために』と『将来世代と私法——将来世代の法に向けて』である[80]。いずれも契約法・民事責任法を得意とするC・ゲルヒュチ＝ティビエルジュ[81]の指導によって書かれたものであり，環境法を全面的・部分的に素材としているものの，私法的な観点が維持されている。なお，後者には刑事法・国際人権法・比較法のM・デルマス＝マルティが序文を寄せている。

第一のテーズは，環境法を主たる素材としつつ，「市民社会（société civile)」が法の生成・実現において果たす役割を事実のレベルではなく法のレベルで取り込もうとしている。市民社会は単なるアクター（simple acteur）ではなく真の共創者（véritable co-créateur）であるというのである。ここで試みられているのは，法源論を機能化すること（théorie fonctionnelle des sources）と妥当性論をプロセス化すること（théorie procédurale de la validité）である。これによって形式的な法源論・静態的な妥当性論から脱却し，市民社会に法の創造者（実現者）としての役割を認めようというのである。なお，ここでの「市民社会」は環境法に現れる市民社会であり，具体的にはそれはNPO，NGO，個人，市民，より広く「関係する社会諸力」であるとされているが，著者の目論見は，

---

80) POMADE (A.), *La société civile et le droit de l'environnement. Contribution à la réflexion sur les théories des sources du droit et de la validité*, LGDJ, 2010, préf. THIBIERGE (C.), GAILLARD (E.), *Générations futures en droit privé. Vers un droit des générations futures*, LGDJ, 2011, préf. DELMAS-MARTY (M.).

81) ゲルヒュチ＝ティビエルジュ自身がJ・ゲスタンの下で書いたテーズは，GUELFUCCI-THIBIERGE (C.), *Nullité, Restitutions et Responsabilité*, LGDJ, 1992. ただし，近年は法の一般理論（フランスではこれ自体が民法の領域に属する）に関心を寄せているようであり，本文で掲げた二つのテーズもその文脈に位置づけられよう。

立法・行政・司法のほかに，このような「公事に関与する私人」を取り出して法過程の担い手としてその位置づけをはかろうという点にある[82]。そこには，専門家の独占から法を解放する視点を見出すことができる。

これに対して第二のテーゼは，「将来世代の法（droit des générations futures）」を構想するために，私法（民法・刑法）とそれ以外（環境法・人権法）の双方にその素材を求める。たとえば民法の領域からは，相続や胎児，契約の拘束力の時間的限界，時効の問題などが取り上げられている。その際に探索の指針となるのは，家族（des familles）と人類（la famille humaine），現実（＝血肉 de chairs et de sang）と象徴（figure hautement symbolique）の対比である。その上で，将来世代の法を構想するための理論的な基礎づけが試みられるが，考察は現在世代と将来世代の対比を超えて人間と人間以外に及び，主体と客体，人と物の二元論の超克の必要性が説かれ，また，相互性ではなく非対称性＝義務の観念が提示される。さらに，将来世代の法を統べる基本原則の提示がなされ，具体的には「時間的差別の否定（non discrimination temporelle）」と「将来世代の尊厳（dignité des générations futures）」が掲げられる[83]。そこでは，法領域の越境，法学から哲学への越境が果敢になされている[84]。まさにデルマ＝マルティが序文を書くのにふさわしい内容である。

3 小 括

以上に述べてきたことをまとめておこう。本稿は，債権法改正後の時代における民法の解釈論・立法論において求められる視点として進化・連結・多元の3点を挙げてきたが，このような観点が求められるのは，今日の民法が「変化する法」であるとともに「遍在する法」として捉えられるべき状況にあるという基本認識による。社会の変化に立法が十分に対応して切れていない家族法についてはもちろん，社会の変化への対応が条文上は部分的なものとならざるを得なかった債権法をも考慮に入れると，現行法を固定的なものと考えるべきで

---

[82] POMADE, *supra*, note 80, pp. 28-33.
[83] 以上は裏表紙の紹介文とデルマ＝マルティの序文による。
[84] 哲学的な考察にまとまった紙幅が割かれているほか，参考文献欄も法学・哲学の2本立てになっている。

はなく，これを変化の過程にあるものとして捉え，生成・展開しつつあるものとして解釈すること，そのためには，条文を単独に，あるいは実定法システムの中で理解するだけでなく，実定法システムを取り囲む社会状況を様々な方法により参照する進化的・連結的解釈論が求められる。また，一元的・統一的な制度を措定することが困難になっている（価値に関する多元主義を前提にすべき）家族法においてはもちろん，端緒的な諸規定の運用が社会に委ねられた形になった（萌芽的進化主義・淘汰的進化主義が妥当すべき）債権法をも考慮に入れると，現行法を固定的なものと考えるべきではなく，（担い手に関する多元主義に立ち）[85]国民に選択や改善の余地を開いたものとして捉え，社会に法は遍在することを前提に立法すること，そのためには，裁判所における判断のみを念頭に置くのではなく，社会において人々がどのような行動をとるかを織り込んだ（参加的進化主義に立脚する）進化的・多元的立法論が求められる。

　もちろん，このような事態は債権法改正後の日本民法の解釈論・立法論についてのみ生じている特異なものであるわけではない。このことは本稿の前半で見たように，進化・連結・多元を重視した議論が内外の学者によって展開されてきたことからも容易に想像される。フランスの学説の言葉を借りるならば，法律をめぐる二つの考え方――そこでは一元論・二元論と呼ばれていたが，ここでは閉鎖主義・開放主義と呼び直しておきたい――は時代に応じて消長を繰り返しているとも言える。大規模な立法がなされると以後は新法を出発点とした一元論（閉鎖主義）が支配すると思われがちであるが，実際にはそのようなことはなく，むしろ二元論（開放主義）が求められることもある[86]。少なくとも債権法改正にはそのような事情が存在するだろう。また，家族法改正が困難な時期における解釈論，実現可能な立法論を支えるのも二元論（開放主義）であろう。以上が本稿の考え方である[87]。

---

85) この点を認識のレベルだけでなく当為のレベルでも捉えたときに現われるのが，「共和主義」である。
86) 本文でも述べたように，大規模で一見すると完結的に見える立法（法典の編纂や全面改正）においても二元論がなお妥当するが，基本価値につき萌芽的・断片的な規定からなる立法がされた場合には，二元論はより強く妥当する。進化主義的解釈がなされるべきことが以前から指摘されてきた（OST (F.) et VAN DE KERCHOVE (M.), *Entre la lettre et l'esprit. Les directives d'interprétation en droit.* Bruyant, 1989）。ヨーロッパ人権条約はその典型例である。
87) ある意味では，1970年代・80年代に影響力を持った利益考量法学は開放主義の民法学であっ

おわりに——解釈としての法・制度としての法

　本稿にいう開放主義は（広義の）進化主義と言い換えることができる。では，進化の趨勢（開放された法）を捉える知的営みは，どのような性質を持つのだろうか。この点に関しては，（狭義の）進化主義として分類した論者の中には「進化」を目的論的に把握するもの（サレイユ）と自然法則的に理解するもの（穂積陳重）とがあったことを思い出す必要がある。この問題は本稿が扱う法解釈の方法を超え，法解釈の性質の領域に位置するものであるので，問題の所在のみを示して別の機会に別の観点から論じることにしたい[88]。暫定的な結論のみを述べるならば，その中間のスタンス（田中耕太郎）を支持したい。以下，「中間」ということの意味を若干敷衍して結びに代えたい。

　法解釈の性質論は法の性質論と密接な関連を有するが，前述の「別の観点」につき一言しつつ，ここでは法には2種（2層）があるというモデルを示しておきたい[89]。一つ目の法（基層の法）は人々が行動の前提，生活を支える環境として受け入れている「制度としての法」である。これは無意識的なものであり，ここにおいては法則的な認識が成り立ちうる。二つ目の法（上層の法）は人々が，あるいは法律家・法学者が，私たちはこのような法を有する（有すはずだ・有すべきだ）と理解する（しようとする）「解釈としての法」である。これは意識的なものであり，一定の方向づけ（目的の措定）が可能なものである。念のために確認しておくが，これは「ある法」と「あるべき法」に対応する分類ではない。また，「生きた法」と「制定法」という分類とも異なる。別のところでは単に「法1」「法2」と記号化して提示したが[90]，あえて言えば「即自的な法」「対自的な法」と呼ぶこともできる[91]。

　　　たと言える。しかし，1990年代に入ってから，また，2004年に法科大学院が発足してから，閉鎖主義が優越しつつあることはすでに一言したとおりである。本稿は法科大学院（失敗）後の民法学に対する考え方を示すものでもある。
88)　大村敦志「損害賠償法から制度設計へ」瀬川信久ほか編『民事責任法のフロンティア——民事責任法研究の到達点と方向性〔平井宜雄先生追悼論集〕』（有斐閣，2019）を参照。
89)　大村敦志『法教育への招待——法学から見た法教育』（商事法務，2015），特に156〜163頁。
90)　大村敦志『広がる民法1　入門編』（有斐閣，2017），特に186〜188頁。
91)　なお，法1の法2に対する規定性，法1の法2による可塑性についてはさらに論ずるべき点

もちろん，「解釈としての法」(対自的な法)においては，様々な制約要因(それはテクストであったりコンテクストであったりする)から完全に自由な解釈ができるというわけではない。ただ，諸要因によって決定されつくさない領分が残るであろうこと，また，今日の日本民法に関しては，その領分は思いのほか大きいであろうことは重ねて指摘し，さしあたり本稿を閉じることとしたい。

がある。補正を要する点があるが，さしあたり大村・前出注21) 補論D「最近のフランスにおける法学と社会学」，同・前出注7) 第3章第1節B「制度としての法——ブルデューと法・再説」を参照。

第2部　各論
研究の枠組み

第1章
体 系 へ

A　民法改正と消費者法

I　序　言

　民法典に現れる「人」は抽象的な主体を指す。それは「法人格」と呼ばれることもあるが，古典的な民法の世界における「人格」は，権利義務の帰属点にすぎず，日常用語のおいて「人格」という言葉が含むような個人の性格・属性はそこには含まれていない。

　しかし今日では，古典的な「人」の概念をそのまま維持することはできない。20世紀を通じて，「人」は抽象的な存在から具体的な存在へと変貌を遂げたからである。一方で，人格権が登場した。もはや「人格」は権利義務の帰属点であるだけでなく，身体と精神を持つものとして保護の対象となるに至ったのである[1]。他方，取引一般の主体としての「人」ではなく，労働力を売る「労働者」，消費財を買う「消費者」として注目を集めるようになった。

　当初，労働者や消費者は保護の対象としてとらえられていた。労働時間の規制や労災補償がなされるとともに，安全性や表示に関する規制がなされた。しかし次第に，労働者・消費者を契約の当事者としてとらえ，自律を認めるとともに一定の支援を与えるという考え方が有力になってきた。日本では，1970〜

---

[1]　日本の人格権法に関しては，五十嵐清『人格権法概説』（有斐閣，2003）を参照。なお，不法行為判例の展開を追いながら，人格権法の発展を概観するものとして，大村敦志『不法行為判例に学ぶ』（有斐閣，2011）第2部がある。

80年代以降にこうした傾向が目立つようになり，2000年代になると，相次いで重要な立法がなされるに至った。

もっとも，労働契約や消費者契約に関する立法は，単行法（特別法）の形で行われた。具体的には，2000年に消費者契約法が，2007年に労働契約法が制定されている[2]。今日ではこれらは，それぞれ労働法・消費者法の中核をなす重要な法律の一つと位置づけられている。

これらの立法が実現したのと前後して，民法の債権法部分（より正確には実質的な意味での契約法部分）の改正に対する関心が高まった。特に，2006年に法務省が民法改正の準備をしていることが明らかになってからは，民法学界の側からの立法提案が盛んになった。2008～09年に複数の立法案が出揃ったのを受けて，2009年秋からは法務省の審議会に部会が設置されて（法制審議会民法〔債権関係〕部会），具体的な立法案のとりまとめが始まった[3]。

こうした立法準備のプロセスの中で，労働契約・消費者契約をどのように扱うかが問題になった。一般法である民法の契約法が改正される以上，特別法である労働契約法・消費者契約法との関係が問題になるのは，ある意味では当然のことである。もっとも，問題の現れ方は労働契約と消費者契約とでは異なっていた。これは，労働契約が，主として民法典の「雇用」の部分にのみかかわるのに対して，消費者契約は，様々な契約類型にまたがる上に，契約一般（とりわけ法律行為論）とも密接な関係を持つことによる。

そのため，民法改正と消費者法，民法改正と労働法という二つの問題群をめぐる議論は，異なる経緯をたどることになる。ただ，共通の傾向も生じている。第一に，ことがらの性質上，それぞれの問題群につき消費者法・労働法の関係者（それぞれの学界や利益団体）から強い関心が寄せられることとなった[4]。第

---

2) 消費者契約法に関する解説書として，落合誠一『消費者契約法』（有斐閣，2001），労働契約法に関する解説書として，荒木尚志＝菅野和夫＝山川隆一『詳説 労働契約法〔第2版〕』（弘文堂，2014），土田道夫『労働契約法〔第2版〕』（有斐閣，2016）などがある。

3) 2013年春に，中間試案とその補足説明が公表されるに至っている。

4) たとえば，日本消費者法学会は2009年の第2回大会で「民法改正と消費者法」，日本労働法学会は2013年秋の第126回大会で「債権法改正と労働法」を，それぞれテーマにしたシンポジウムを開催している。前者については，報告原稿が現代消費者法4号（2009）に掲載されている。後者の報告原稿は日本労働法学会誌123号（2014）に掲載されているほか（筆者の報告原稿は本章Bとして収録），これとは別に，法時82巻11号で「民法（債権法）改正と労働法」という特

二に，民法改正はいまだ完了に至っていないものの現時点での趨勢を見る限り，今回の民法改正において消費者法や労働法に直接的な影響を及ぼす規定が導入される可能性は，高いとは言えない[5]。

本稿においては，民法改正と消費者法という問題群に絞り，何がどのように議論されたのかを概観した上で（Ⅱ），議論の意味につき一言したい（Ⅲ）。

Ⅱ 本 論

民法改正と消費者法という問題群には，様々な問題が含まれているが，それらは，総論的な問題と各論的な問題に分けることができる。ここで総論的な問題と言うのは，消費者契約に関する規定の配置に関するものであり（*1*），各論的な問題とは，諸制度の改正において，消費者をどのように扱うかにかかわるものである（*2*）。以下，順に見ていこう。

1 総論的な問題——消費者契約規定の位置

学界側からの各種の立法提案のうち，民法（債権法）改正検討委員会案は，消費者契約法の民事実体規定（具体的には，4～10条）を改正民法典に，二つの方法によって取り込むことを提案していた。二つの方法のうち一つは，一般法化，もう一つは統合と呼ばれた。一般法化とは，当該規定を消費者契約だけでなく契約一般に妥当する形に改めて民法典に置くこと，統合とは，消費者契約に関する特則として民法典に置くことを，それぞれ意味する。

この提案に対しては様々な議論がなされたが，消費者法学界や関係団体からは，消費者法の一体性を損なうとか，消費者契約法の迅速な改正が妨げられる，といった批判がなされた。他方，事業者団体を中心に，民法は対等な当事者の取引に適用される一般法であるべきであり，消費者に関する特則の導入は望ま

集がなされており，さらに土田道夫編『債権法改正と労働法』（商事法務，2012）も公刊されている。なお，日弁連や連合なども各種のシンポジウムを開いている。

[5] 内田貴『民法改正のいま——中間試案ガイド』（商事法務，2013）は，消費者法・労働法との関係について独立の論点とすることを避けている。

しくない，という反対論が展開された。この呉越同舟とも言うべき正反対の方向からの批判によって，消費者契約法の民事実体規定を一括して民法典に取り込むという考え方は，早い段階から実質的には棚上げされることとなった。

残ったのは，個別の問題ごとに，消費者契約法の規定を一般法化した規定を置くか否か，また，消費者に関する特則を新たに導入するかを検討する，という道であった。

2 各論的な問題

個別問題ごとになされた検討のうち，消費者と密接にかかわるのは，法律行為と約款規制とであろう。まず，これらにつき検討を加え，続いて，その他の問題について一括して触れることとする。

(1) 法律行為

法律行為に関する規定のうち，消費者と密接にかかわるものは，公序良俗違反・錯誤，そして意思能力に関する規定である。

まず中間試案は，公序良俗違反と錯誤につき，新たに次のような規定を加えることを提案している。ただし，いずれについても反対の意見があることが注記されている。

第1（法律行為総則）の2
　(2)相手方の困窮，経験の不足，知識の不足その他の相手方が法律行為をするかどうかを合理的に判断することができない事情があることを利用して，著しく過大な利益を得，又は相手方に著しく過大な不利益を与える法律行為は，無効とするものとする。
第3（意思表示）の2
　(2)目的物の性質，状態その他の意思表示の前提となる事項に錯誤があり，かつ，次のいずれかに該当する場合において，当該錯誤がなければ表意者はその意思表示をせず，かつ，通常人であってもその意思表示をしなかったであろうと認められるときは，表意者は，その意思表示を取り消すことができるものとする。
　ア（略）
　イ　表意者の錯誤が，相手方が事実と異なることを表示したために生じたものであるとき。

前者はいわゆる暴利行為に関するものであり，従来からの判例法理を明文化するものである。暴利行為は消費者契約についてのみ認められるものではないが，消費者契約が主たる適用領域の一つであると言える。後者はいわゆる不実表示に関するものであるが，消費者契約法4条1項1号が定める不実告知を一般法化したものであると言える。

次に中間試案は，意思能力につき，次の規定を新設することを提案している。

第2（意思能力）
法律行為の当事者が，法律行為の時に，その法律行為をすることの意味を理解する能力を有していなかったときは，その法律行為は，無効とするものとする。

一見するとこれは，従来，明文の規定がなかった意思能力につき，規定を設けるだけのように見える。実際には，意思能力の有無を当該法律行為ごとに判断するという考え方に立つものであり，従来の考え方とは大きく異なる規定であると言える。この規定が活用されるならば，消費者契約が無効とされる場合が格段に増えることが予想されるが，その影響の大きさは必ずしも十分に理解されていない。

以上の諸規定には「消費者」とか「消費者契約」という概念は用いられていない。しかし，いずれの規定においても，契約当事者の属性や立場を考慮に入れることが想定されている。そこでは契約当事者はもはや抽象的な「人」ではなくなっている。

(2) 約款規制

約款については，中間試案第30において，定義・組入要件・不意打ち条項・約款の変更・不当条項規制などにつき規定を設けることが提案されている。ここではその詳細には立ち入らないが，約款に関する規定の採否は，なお残る中心的な争点の一つである。

事業者団体は，約款に関する規定の導入に対して，強い抵抗感を示している。不当条項規制については，いわゆるリスト規制は断念されており，一般条項が残っているだけである。すでに消費者契約法8〜10条が存在することを考えるならば，約款に関する不当条項規制にそれほどの意味があるわけではない。問

題とされているのは組入要件である。もし，この規定が採用されるならば，消費者契約における約款中の規定は，その内容の不当性を問題にする前に，組入要件を満たさないという理由で排除されることになるからである[6]。

ここでも「消費者」とか「消費者契約」という概念は用いられていないが，契約当事者の属性や立場は定型的に考慮に入れられている。そうだとすると，その影響は，法律行為に関する諸規定以上に大きいとも言える。

(3) その他の規定――時効，保証，基本原則

消費者に関する新たな特則として，中間試案でもなお維持されているものはごくわずかである。

個別規定につき，明確に消費者に関する特則が提案されている例はもはや残っていない。ただ，消滅時効の時効期間と起算点に関する規定につき，次のような注記がされているのみである。

第7（消滅時効）の2
【甲案】「権利を行使することができる時」（民法第166条第1項）という起算点を維持した上で，10年間（同法第167条第1項）という時効期間を5年間に改めるものとする。
【乙案】（略）
（注）【甲案】と同様に「権利を行使することができる時」（民法第166条第1項）という起算点を維持するとともに，10年間（同法第167条第1項）という時効期間も維持した上で，事業者間の契約に基づく債権については5年間，消費者契約に基づく事業者の消費者に対する債権については3年間の時効期間を新たに設けるという考え方がある。

しかし，そのほかに，「個人」について適用される規定がいくつか用意されている。一つは，生命・身体の侵害による損害賠償請求権の消滅時効につき特則を定める中間試案の第7の5である。「個人」の語は用いられていないが，ことがらの性質上，個人についてのみ問題になる。もう一つは，個人保証につき保証人保護を拡充する第17の6である。厳密には，これらは「個人」を保護するものであり「消費者」を保護するものではない。しかし，人の具体的な

---

6) どの程度厳格な組入要件を課すかについては，なお意見が対立している。

属性に着目する点で同じ方向性を有すると評することができる。

最後に，契約の基本原則の一つとして，信義則等の適用にあたっての考慮要素を定める第26の4に触れておく必要がある。

> 第26（契約に関する基本原則等）の4
> 　消費者と事業者との間で締結される契約（消費者契約）のほか，情報の質及び量並びに交渉力の格差がある当事者間で締結される契約に関しては，民法第1条第2項及び第3項その他の規定の適用に当たって，その格差の存在を考慮しなければならないものとする。
> （注）このような規定を設けないという考え方がある。また，「消費者と事業者との間で締結される契約（消費者契約）のほか，」という例示を設けないという考え方がある。

この規定は，いわば民法の解釈原則の一つとして，契約当事者の情報・交渉力の格差を考慮に入れるべきことを定めるものである。これは現在の判例が暗黙裡に依って立つ考え方であるとも言える。しかし，仮に，このような明文化が実現するとすれば，今回の民法改正は基本原則のレベルで大きな方向転換を示したことになる。それは，1947年の民法改正の際に，「個人の尊厳と両性の本質的平等」（現行2条）が挿入されたのに匹敵する改正であるということになろう。

III　結　語

繰り返しになるが，今回の民法改正は途中の段階にあるので，最終的にどのような規定が置かれるかは，まだ定まっていない。しかし，これまでの経緯に鑑みるならば，新しい民法典に「消費者」や「消費者契約」に関する規定が残ることは考えにくい。最後に述べた格差契約に関する規定が残ることがあるとしても，事業者団体は「消費者契約」を例示することに抵抗するであろう。

結局のところ，民法改正と消費者法という問題群は消えてなくなったというこ

とになるのだろうか。おそらくそうではなかろう。一連の議論が有する意味につき，次の２点を指摘して結びに代えよう[7]。

一つは，民法典の領域画定にかかわる。日本の今回の民法改正は，事業者・消費者に関する特則を極力排除したものとなるだろう。これらの特則を含まない民法が，現代社会においてどれほどの役割を果たせるかは疑問である。しかし，民商統一のみがはかられ消費者法が特別法のままとどまるという片面的な形での領域画定が（ほぼ）回避されたことの意味は小さくない。

もう一つは，民法の人間像にかかわる。民法典は「人」の概念を固守することになるだろう。しかし，そこでの「人」はもはや抽象的な「人」ではなくなっている。逆説的なことに，「消費者」を拒絶するために，「人」の具体化がより明確に意識されることとなったという面がある。換言すれば，日本民法典は，消費者の実像を消し去ることを通じて，そのイメージを内面化することになった，少なくとも，その契機を宿したと言えるだろう。

もちろんこれは，日本という一つの国の経験にすぎない。民法改正と消費者法という問題群には，別の解も存在する。中国がどのような選択をするのか，私たちは多大な関心を持って，その帰趨を見守ることになろう。

---

[7] なお，消費者立法は民法ではなく特別法で，という発想には「市民社会」の軽視という大きな問題点が含まれているが，この点については，大村敦志『民法改正を考える』（岩波書店，2011）を参照。

B 債権法改正と労働法

I 議論の現況

1 中間試案までの経緯と今後の見通し

　民法の債権関係部分（実質的な意味での契約法部分）については，2006年ごろから本格的な検討が始まったが，2008年から09年にかけて，複数の研究グループから立法提案がなされた。なかでも，民法（債権法）改正検討委員会がまとめた「債権法改正の基本方針」は引用・検討されることが多い。しかしこれは，あくまでも複数の案の一つにすぎない。

　その後，2009年秋に法制審議会に民法（債権関係）部会が設置され，審議が行われてきた。いわゆる論点整理を経て，今年の春には中間試案が取りまとめられた。このあと半年から1年ぐらいで要綱案のとりまとめに至るのが一般的な民法改正のプロセスだが，今回は対象範囲も広いので，通常の改正よりは少し長い時間を要することになりそうである。具体的には，途中で要綱仮案が作成されることが予定されている。

　このように，改正作業はまだ終わったわけではない。それにしても，審議はすでに4年にわたっており，法制審が始まった時に比べると，かなりの程度まで内容は固まってきたといえる。労働法学会では2009年のシンポジウムで山本敬三による「民法の現代化と労働法」という報告がなされているが，その時に比べると，より具体的な議論ができるようになってきている。ただし，審議の現状を見ると，要綱仮案に向けての作業中に，通常の改正に比べるとより大きな修正がなされる可能性が残されているように思われる。

2 対応の仕方——「黒船」の到来？

　この間，「債権法改正と労働法」という問題は，どのように議論されてきた

のだろうか。労働法学界では，債権法改正の議論は「黒船」のようなものだと言われていると聞くが，この4年間の議論を経て，「黒船」の実像は明らかになりつつあるように思う。

　まず，民法学界の側から見ると，確かに船は出航した。そして，商取引法や消費者契約法に対しては，ある意味では「開国」を迫ったと言えるかもしれない。しかし，労働法に関しては，少なくとも主観的には，積極的にはこれに干渉しないという姿勢がとられていたと思われる。

　もちろん，雇用契約は重要な契約類型なので，少なくともその一部を民法典に取り込むということは十分に考えられる。しかし，そのように考えていくと，借地借家法や利息制限法は取り込まなくてもよいのか，というやっかいな問題に遭遇することになる。こうした問題も睨みつつ，契約各則のレベルでの特別法を無理に取り込むことはしない，というのが暗黙の了解だったように思う。

　とはいえ，意識するとせざるとにかかわらず，債権法改正が労働法と無関係なわけではないことは言うまでもない。雇用の規定そのものに関する修正もさることながら，契約の成立，約款規制，危険負担など契約総則レベルの規律，あるいは，継続的契約，役務提供契約など，総則・各則の中間のレベル（「中二階的」と呼ばれた）の規律が，労働法に有形無形の影響を及ぼしうるからである。この点は，野田進教授が報告の冒頭で指摘され，その後に各報告者がそれぞれに言及された通りである。

　もっとも実際には，その影響は，当初，労働界や労働法学界が心配したほど大きくはなかった。あるいは，懸念が表明されたから，影響が及ばないような対策が講じられたと言った方がよいかもしれない。たとえば，約款規制に関しては，不意打ち条項規制や内容規制が及ぶ「約款」の範囲を限定する文言が置かれており，これらの規律は，就業規則に直接には及ばないという考え方が示唆されている。また，鳴り物入りで登場した役務提供契約も，結局は，準委任という類型に若干の手直しを加える，という最も穏当な改正がなされるにとどまりそうである。

　改正作業はまだ終わってはいないが，細部は別にして大きく見れば，多くの労働法学者の方々は，「泰山鳴動」という印象を持たれているかもしれない。その上で，なお，残された課題があるのではないか，というのが，本日のシン

ポジウムを通底する一つの視点であると受け止めている。

Ⅱ 本日の報告の感想

1 全体の印象

「債権法改正と労働法」という観点からの検討は，前述の学会シンポジウムのほかにも，いくつかの形ですでに試みられている。たとえば，和田肇教授ほか7人の論文を収めた『法律時報』の2010年10号の「特集・民法（債権法）改正と労働法」や，土田道夫教授編で2012年8月に刊行された『債権法改正と労働法』（商事法務）などがその代表例であろう。そこには，具体的な問題に関する関心と，より総論的・方法的な関心とが含まれていることが看取される。この点は，今回のシンポジウムについても同様である。

しかし，今回は，いわば「泰山鳴動」の後で，ということで，総論的・方法的な関心がやや強まっているように感じられた。これは，総論を担当した野田報告やいわば中二階的な位置に立つ野川報告だけでなく，各論から出発している新屋敷・武川・根本の各報告についても当てはまることであろう。

そこで，以下の私のコメントにおいても，個別の問題——約款規制あるいは危険負担や雇用契約の終了に関するルールそのもの——には立ち入らず，五つの報告から立ち現れる「債権法改正と労働法」の「と」の部分についての認識・観点，言い変えれば「と」の部分の議論の仕方に注目することとしたい。換言すれば，債権法（民法）と労働法との接続面における解釈・研究のあり方に重点を置くことになる。具体的な話の運びとしては，まず「個別問題からのアプローチ」として，各論の四つの報告，すなわち武井報告・根本報告・野川報告・新屋敷報告を二つの観点で対比しつつ，これらの報告に簡単にコメントし（*2*），続いて，「全体構造からのアプローチ」ということで，総論の野田報告と「中二階」にあたる野川報告にコメントする（*3*）。最後に，民法学者としての私が五つの報告をどう受け止めたかについて一言する（*4*）。

2 個別問題からのアプローチ

(1) 谷間と落差，または欠缺と重複

四つの各論報告のうち，根本報告・新屋敷報告は，債権法と労働法の谷間（あるいは両者の間の欠缺部分）にかかわる。

まず，根本到報告は，労働契約にはあたらないが，労働契約に準ずる規律を要する契約をどう扱うかという問題につき，中間試案の準委任構成の適否を検討する。そこには，この欠缺部分を民法が埋めることになるだろうという前提があるように思われる。しかし，それとは異なる議論（準委任契約にあたる契約で労働契約に準ずるものについては，その規律は別途考えるという議論）も，不可能ではなかろう。この点は野川報告の提示する見方ともかかわる。

次に，新屋敷恵美子報告は，労働契約の成立に関しては，申込みと承諾の合致に尽きない問題があるという認識から出発する。その際に，同様の問題が民法においてすでに意識されており，今回の改正にあたって規定の増補が試みられたが実現しなかったことが指摘されている。もっとも，明文の規定が置かれなくとも，指摘されるような議論は確かに存在している。それは，過去20〜30年，民法学では盛んに議論がなされてきた問題の一つである。

他方，武井報告・野川報告は，債権法と労働法の落差（あるいは両者間の重複）にかかわる。武井寛報告は，継続的契約による解除制限のルールと労働法上の解除制限ルールとを対比し，場合によっては前者が労働者にとってより有利になりうることを指摘する。野川忍報告もまた，約款の変更と就業規則の変更とを比べて，前者の規律が労働者にとって有利になりうることを示す。武井報告も野川報告も，民法上の一般ルールが労働法上の特別ルールを排除するとは考えていないが，野川報告はその先のことを考えようとしている。

(2) アウェイとホーム，または他領域と自領域

別の観点から，四つの報告を見ると，今度は，武井報告と根本報告，野川報告・新屋敷報告がセットになる。武井報告・根本報告は，民法の規定そのものに着眼して，その内容を検討しているのに対して，野川報告・新屋敷報告は，民法の規律を参照しつつも，労働法の解釈がどうなるかを考えているからである。

後者の議論は労働法学者にとってはホームの議論であり，アウェイの民法学

者としては容喙しにくい。そうした問題は労働法学者の議論に委ねればよいという気分にもなる。これに対して，前者の議論は，労働法学者にとってはアウェイの議論になるが，民法学者にとってはホームでの議論なので，より真剣にならざるをえない。たとえば，武井報告が指摘する落差は，継続的契約に関するルールが賃貸借のルールを出発点に構想されていることによると思われるので，役務型の契約にそのまま妥当するかは気になるところである。また，根本報告の言及する「従属性」への考慮を，総則レベルならば格別——やや文脈は異なるが，「格差契約」につき信義則を一般化する規定の可否が論じられている——，各則レベルで考慮に入れられるかが焦点となろう。

3 全体構造からのアプローチ

(1) 一般原則の構成

各論の検討の中でも示唆したように，一方に，直接には民法が適用されない問題についても，民法が示唆する法理を労働法の中で展開すべきではないかという問題がある。他方，仮に，労働契約類似の契約に民法が適用されうるとして，労働法に特有の考慮が必要なことがあるのではないかという問題もある。野川報告が提示しているのは，まさにこの問題であろう。

二つのうちの第一の問題は，野川報告で言えば，チャートの右側の流れに対応する。民法は適用されず労働法の明文の規定が適用されるとした場合に，「民法上の基本原則」（野田報告の用語でいえば，一般法理 principe général）を参照するか否かという問題になろう。第二の問題については，野川チャートで言えば，左側の流れの中で，特別な配慮をする立場が，明文の規定がなくとも民法の規定ではなく「労働法の基本原則」による立場であることになろう。

こうして見ると，「基本原則」と呼ばれる規範は，確かに，一般法の適用を排除して当該法領域に固有の規範を構築する働きをする。しかし同時に，一般法における原則を導入するという形で，当該法領域における規範を構築する働きをも果たすことが理解される。

なお，野田報告が提示した法解釈に関するモデル（civiliste=non prolabor 対 travailliste=prolabor から civiliste=théoricien 対 travailliste=pragmatique への変遷を示す通時的モデル）も，実はこの点にかかわるようにも思われる。労働法固有の

事情を勘案した基本原則が pragmatique と感じられるのに対して，一般法で生成し，必ずしも労働法を視野に入れていない基本原則は théoricien と感じられるのではないか。

このあたりのこと，すなわち，基本原則の利用における二つの側面，あるいは，民法と労働法の基本原則の性質の異同については，野川教授のお考えを伺えればと思う。

(2) 法典の線引き

最後に残っているのは，野田報告が提示するもう一つのモデル，すなわち法律編成上のモデル（同一説か峻別説か，統合説か分離規定説かをクロスさせた4類型を示す共時的モデル）である。このモデルはそれ自体が示唆に富んでいるが，これを参照しつつ，ここまでの議論を振り返ると，次のことが言えようか。

第一に，同一説か峻別説かは，労働契約と雇用契約との関係に関する見解の対立であろうが，本日の各論報告で問題にされていたのは，主として，労働契約と労働契約類似の契約との関係であった。そして，少なくとも労働契約類似というとらえ方をする以上，労働契約に準じた処遇が必要であるという基本的な方向性については大きな意味での合意があるように思われる。

そうであるとすると，規定をどこに置くにせよ，両者は労働法的な考え方によって規律されるべきことになる。仮に，民法典に規定が置かれるとしても，それは，労働法的な考え方を含んだ一般ルールであるか，労働法的な特殊性に配慮した特則でなければならず，そうでない場合には，労働法の基本原則による修正が必要になろう。

第二に，そうだとすると，統合説を採るか分離規定説を採るかは法典間の線引きの問題にすぎないことにもなりそうである。しかし，ここにはそれ以上の問題もある。民法と労働法とを関連付けておくことが望ましいのか，分離するのが望ましいのかという問題である。これは社会のあり方の根幹にかかわる。

この問題は難問である。類似の問題である民法と消費者法の関連については，私個人は，両者を関連付けることが望ましいと考えている。現代の消費が契約からスタートする以上，消費者契約を捨象して契約を考えることはできないからである。これに対して，労働契約は重要な契約には違いないが，これを切り離したからと言って，民法の契約理論が成り立たないわけではない。他方，民

法が社会の構成原理たろうとするならば,「労働」を視野の外に置くのは適当ではないこともまた確かである。

労働に関するルールが労働法典にまとまっていることと民法典にも手がかりが置かれることの得失については,野田教授のお考えを伺いたいが,私自身は,ここでは最終的な答えは留保し,項を改めて,この問題を考える上での前提問題につき考えてみたい(Ⅲ)。

4 民法学への示唆

(1) 民法学の盲点

日本の民法学者(少なくとも私自身)は,労働法に対して十分な理解と関心を持っているとは言えない。契約法上の一般的な問題を考えるにあたっては,労働契約は暗黙のうちに捨象していることが多い。労働法は特別だから(特別ならば)特別な扱いをすればよい。どこかでそう思っている。しかし,債権法改正が始まってから本日のシンポジウムに至るまでの議論を振り返ってみると,主観的には抑制的な態度がとられているとしても,債権法改正が労働法に対して有形無形の影響を及ぼすことが,様々な形で指摘されてきた。「債権法改正と労働法」という問題が立てられることによって,(私を含む)多くの民法学者が,問題の所在に気づいたことの意味は小さくない。

(2) 労働法学の民法像

他方,一連の議論は,民法学者に対して「労働法学の民法像」とでもいうべきものを示したように思う。民法は,「自由」を志向し「規制」を極力排除しようとしている法であるとされることが多かった。確かに民法には指摘されるような面があるし,そのような傾向を色濃く帯びた見解もある。

しかし,80年代以降,日本の民法・民法学(特に契約法学)はずいぶん変化を見せてきた。一つの例をあげれば,民法90条の定める公序良俗違反は契約自由の原則の例外ではあるが,今日では,かなり広い範囲で認められるようになってきている。こうした最近の契約法理論は,労働契約にとっても有益なものを含むのではなかろうか。民法学の側としては,一般法のレベルでの契約理論の変革が,他の領域に伝わっていないことをどう考えるかを問われたことになる。

III 今後の展望

すでに感想めいたことを述べているが，最後により一般的な形で感想を述べておきたい。

1 インターフェイスの必要性——研究教育上・立法上の連携へ

民法学が労働契約について及び腰である原因の一つは，研究教育上，民法学者が労働契約に触れることが少ないことに求められよう。この点は，消費者契約の場合と対照的である。もっとも，今後，消費者法の独立性が高まるならば，消費者契約についても同様の現象が生じるかもしれない。実際，講義の中で，消費者契約法に言及する民法学者は多いと思われるが，割賦販売法や特定商取引法に対する言及は次第に減りつつある。しかし，労働契約や消費者契約が契約法の一般理論にもたらすものは少なくないはずである。

他方，日常生活に即して言えば，現代社会において，労働契約が大きな意味を持っていることは言うまでもない。労働契約に関する立法が民法の外で行われるとしても，民法と労働契約法の連携をはかっておくことは，民法学・労働法学の相互関心を確保するだけでなく，一般市民にとっても重要なことであるように思われる。労働法は専門化された法領域であるとともに，市民社会の重要な一部をなすという認識が不可欠だと考えるからである。

2 国際から学際へ——内部での進化とより大きな進化

今回の債権法改正は，世界的な趨勢の影響を受けていると言われることがある。確かにそうした側面はないわけではない。しかし，「債権法改正と労働法」という問題設定からは，国際性ではなく学際性がクローズアップされることになる。具体的には，次のようなことが考えられる。

第一に，現代における立法の共通の特徴を認識する必要がある。労働契約法については，当初の案の一部のみしか実現されなかったことにつき，遺憾の意が表明されることがある。おそらくは，改正債権法についても，同様の事態が生じるであろう。様々な理由により，現代においては大胆な法改正は難しくな

っているのである。そうだとすると，立法過程において示された改正案のうち時期尚早とされたものを，解釈によって育てていくことが重要になる。民法学と労働法学は協力して，そのための解釈方法論を展開する必要がある。

　第二に，民法と労働法の間に存するギャップないし時差を認識する必要がある。一方が，他方の領域で展開されている法理を参照することによって，発展を遂げられる場合があるはずである。

第 2 章
歴 史 へ

A　明治期日本における民法の受容

はじめに

　日本の一民法学者にすぎない私が，法制史学会が開催する「西洋法の東アジアへの移転」をテーマとする国際シンポジウムに招かれたのは，日本の民法学者たちは法典の継受，学説の継受を語ることが多い，という理由によるのであろう。
　確かに，民法の継受に関する研究は盛んに行われてきた。その中には，大別して二つの傾向があると言える。第一は，いわば各論的なアプローチをとるものである[1]。損害賠償，連帯債務，債権譲渡，法人といった諸制度はどのようにして形成されたのか。民法典の立法過程を検討しつつ，諸外国の影響を検出するという作業が行われてきた[2]。私自身も，公序良俗違反という制度をとりあげて，同様の作業を行ったことがある。また，最近になって，フランス民法に限ってではあるが，日本の民法学者たちが行ってきた同種の作業を総覧することも試みた[3]。第二に，数は少ないが，総論的なアプローチをとるものもあ

---

1)　第二次大戦前から研究例があったが，この方法が盛んに用いられるようになったのは，1960年代の後半に星野英一「日本民法典に与えたフランス民法の影響」同・民法論集第 1 巻（有斐閣，1970）や北川善太郎『日本法学の歴史と理論』（日本評論社，1968）が現れてからである。この点につき，大村敦志『民法総論』（岩波書店，2001）19 頁以下を参照。
2)　大村敦志『公序良俗と契約正義』（有斐閣，1995，初出，1987）。
3)　大村敦志『フランス民法——日本における研究状況』（信山社，2010）。

る。民法典継受の過程やいわゆる民法典論争の意味を明らかにしようというものである。前者についてはかなりの程度まで研究は進んできたが[4]，後者に関しては言えば，少なくとも民法学界での議論は活発とは言えない[5]。私自身もささやかながら民法典論争の読み直しを試みたことがあるが[6]，大きな反響があったわけではない。

　こうした状況をふまえて，私がいま必要だと考えるのは，より広い意味での民法の受容について検討するということである。ここで「より広い」というのは，二つの方向への展開を意味する。一つは対象にかかわる。これまで主として問われてきたのは，継受された民法の内容であった。しかし，「民法」という観念そのものやその存在意義についても問われなければならない[7]。もう一つは主体にかかわる。これまでの研究においては，法律家による受容に焦点が合わせられており，法律家ではない人々，すなわち一般市民が民法典をどのように受けとめたのかは明らかになっていない。この空白を埋める必要があろう[8]。

　ではこのように，より「広い」意味での受容につき検討をすることには，どのような意味があるのだろうか。以下の報告においては，まず，この点を明らかにしたい（Ⅰ）。続いて，今回，私が参照したわずかな資料を紹介しつつ[9]，

---

4) 星野英一・大久保泰甫両教授を中心とするグループによる『ボワソナード民法典資料集成』（雄松堂，1998〜2006），広中俊雄教授を中心とするグループによる『日本民法典資料集成』（信山社，2005）などの資料整備のほかに，最近では，現在進行中の債権法改正作業との関係で，典調査会での議論の再評価がなされている。金山直樹ほか「法典調査会に学ぶ——債権法改正によせて（1）（2・完）」ジュリ1331，1333号（2007），七戸克彦「現行民法典を創った人々」法セミ54巻5号（2009）以下など。なお，全体を概観するものとして，小柳春一郎「民法典の誕生」広中＝星野編『民法典の百年Ⅰ 全般的考察』（有斐閣，1998）を参照。

5) この分野での古典的な研究として，星野通『日本民法編纂史研究』（ダイヤモンド社，1943，復刻版，1994），中村菊男『近代日本の法的形成——条約改正と法典編纂』（新版，1963，初版，1956）などがある。

6) 大村敦志「民法と民法典と考える」同『法典・教育・民法学』（有斐閣，1999，初出，1996）。

7) もちろん，民法典論争に関する研究においては，西洋式の「法典」の継受が法律家たちによって，どのように受けとめられたのかが検討されてきた。しかし，「民法」という考え方がどのように受けとめられたかという観点からの検討は十分とは言えない。

8) もっとも，どのような資料を用いるのかなど問題は多い。私自身はかつて試みに雑誌『太陽』（博文館，1895〜1927）に現れた民法関係の記事を調査したことがあるが，思ったよりも多くの記事を見出すことができた。

9) その多くは，国立国会図書館デジタルコレクション（http://dl.ndl.go.jp/）に収録されたものである。「民法」というキーワードで検索をかけると，1065件がヒットするが，そのうち明治期

民法の「観念」と民法典の「反響」につき，若干の検討を行う（Ⅱ）。最後に，現在進行中の民法改正作業との関係につき一言して結びに代えたい（**おわりに**）。

Ⅰ 前提の説明——議論状況

1 法学の内外で
(1) 小さな民法か大きな民法か

　法制史家の水林彪教授は，最近になって，フランス民法典についての興味深い研究を発表している[10]。その見解は一言で言えば，民法は「政治社会の法」であり「全法体系の根本法」であるというものである。同教授はこのことを示すために Code civil を「民法典」ではなく「国法典」と訳すべきであると主張するとともに，現代において Code civil は，商法化と行政的法典化によってその「魂」を失いつつあるとしている。その議論の詳細についてはここでは立ち入らないが，民法は「資本主義経済＝社会の法」（川島武宜）であると同時に，「政治社会の法」であるという点において，私は水林教授と基本的に同じ認識に立っている[11]。また，少なくともフランスにおいては，民法が「全法体系の根本法」であると解する点も同様である。

　後者の点に関しては，民法典の起草者たちも関心を持ち，実際に議論を戦わせていた。民法典の第１編第１章第１節の表題（現在は「権利能力」に改められている）や冒頭の１条（現３条１項）に現れる「私権」の訳語をめぐる論争がそれである。droits civils の訳語を「私権」とするか「権利」とするか議論は二

　　のものは 509 件（明治 10 年まで 21 件，11 年から 20 年まで 62 件，21 年から 30 年まで 199 件，31 年以降 227 件）ある。ちなみに，明治 20 年までのものには圧倒的に外国法律書（特にフランスのもの）の翻訳が多い。この点については，大村・前出注 3）127 頁を参照。

10) 水林彪「近代民法の本源的性格——全法体系の根本法としての Code civil」民法研究 5 号（2008），同「1791 年の Code de lois civiles 構想について」新世代法政策研究 7 号（2010）など。なお，それ以前のものとして，同「ナポレオン法典における civil と commercial」飯島紀昭ほか編集代表『市民法学の課題と展望』（日本評論社，2000）も参照。

11) 大村・前出注 6）を参照。もっとも，「国法典」という大胆な訳語の採否はひとまず措くとしても，「政治社会」の意味や「商法化・行政的法典化」との関係については，必ずしも同じ評価をするものではない。

転三転したが，最終的には「私権」に落ち着いた。その過程で，本条を担当した穂積陳重は「人ハ生レ乍ラニシテ権利ヲ有スル」という誤解を避けるために「私権」とすべきことを説いた。また，「或ル国デハ民法ヲ国法ノ根本即チ基本法典ト見テ居リ又他ノ国デハ憲法ガ有リ民法ハ小サイモノト見テ居ル国モアリマス」と指摘していた[12]。

こうして「私権」が採用されたが，これで問題が解決したわけではない。というのは，もう一人の起草者・梅謙次郎は「私権」を広く解して，「国民カ施政機関ノ運転ニ参与スル権ヲ除キ各自ノ安寧，福康ヲ自衛スルニ要スル一切ノ権利」と捉えていたからである。これはフランス法の考え方と同じであるが，これによれば，財産権のほかに「市民的諸自由 libertés civiles」が「私権」に含まれることになる[13]。

このように，明治日本において小さな民法が採用されたのか，狭い私権が採用されたのかは必ずしも明らかではなく，さらなる検討がなされなければならない。

(2) 明治30年代研究

明治期における民法典の編纂は，法学以外の学問分野からも関心を寄せられている。文学研究・文化研究の領域で展開されている「明治30年代研究」がそれである[14]。そこでは，テクストの歴史性が再び問題とされ，明治30年代における諸テクストと「国民国家の成立」との「共犯関係」が指摘されている。具体的には，こうした方法的な前提の下で，当時の文学テクストを民法典の成立と関連づける形で論ずる研究が散見される[15]。

これらの議論の中には，民法学の観点からは疑問を提示せざるをえないもの

---

[12] 順に，穂積発言・民法主査会議事速記録『近代日本立法資料叢書13』（商事法務研究会，1988）105頁，185頁。

[13] 私自身は梅の見解を承継し，民法を「市民的権利の法」として捉え直すべきだと考えている（大村敦志『民法読解 総則編』〔有斐閣，2009〕35頁以下，同『新しい日本の民法学へ』〔東京大学出版会，2009，初出，2006，2008〕480頁以下，505頁以下）。

[14] 小森陽一ほか編『メディア・表象・イデオロギー――明治30年代の文化研究』（小沢書店，1997）など。

[15] 金子明雄「『家庭小説』と読むことの帝国――『己が罪』という問題領域」小森ほか編・前出注14) 所収，あるいは，雑誌『漱石研究』所収の一連の論文，特に，丸尾実子「民法制定下の道草」漱石研究9号（1997），北田幸恵「男の法，女の法――『虞美人草』における相続と恋愛」漱石研究16号（2003）など。

も少なくない。たとえば、旧民法以前の草案には近代的な内容が盛り込まれていたのに「この後の旧民法では、……後退した内容となったが、日本の現実にあわないとされ、……延期のまま葬られ、1898年の家父長的明治民法施行となる」とする見方16)、すなわち、法典以前→旧民法典→明治民法典、と進むに連れて次第に家族に対する規制が厳しくなるという図式は、正確な制度理解に立ってテクストを細かく比較すれば、簡単には成り立たないことがわかる17)。

それにもかかわらず、文学作品に民法が影響を与えている、という観点は貴重なものである。特に複数の論文が、異なる小説に言及しつつ、親の婚姻許可権に関する規定との関係を問題にしているのは興味深い。この点こそが、明治期から戦後改革に至るまでの家族法の主要問題の一つだったからである18)。

そこでは、国民が一定の関心を持って民法典を迎え入れたことが前提とされている。確かに、諸研究が言及する小説が民法典を意識しているということは、一つの証左ではある。しかし、民法典制定の反響がどのようなものであったのかは、なお十分には解明されていない。

2 民法学の文脈で

(1) フランス法の研究

以上のような研究状況は、民法学にどのように接合しうるのだろうか。この点について論ずるためには、日本民法学におけるフランス法研究の状況に触れておく必要がある。

別のところで触れたように19)、日本民法学におけるフランス法研究はまず大きく二つの傾向に分けることができる。一つは、フランス法と日本法との特別

---

16) 北田・前出注15) 67頁。
17) たとえば、上記の見解は、初期の民法草案において遺産相続が均分であったことをもって、「近代的な家族関係を理念としている」と評しているが、これなどは家督相続と遺産相続の関係を十分に理解せずに、「均分」という点にとらわれたものと言わざるをえない。
18) 大正期の民法改正論議においても、中心的な争点であった（穂積重遠『民法の由来と将来』〔海軍経理学校、1928〕39頁以下）。ちなみに、明治民法は30歳未満の男子、25歳未満の女子は親の婚姻許可を要するとしていたが（明民772条1項）、それ以前の旧民法では年齢にかかわらず婚姻許可が必要とされていた（旧民人38条1項）。この点に関する限り、本文に述べたような図式に反して、明治民法では自由化が進んだことになる。
19) 大村・前出注3) 9～10頁。

な関連性に着目するものであり，もう一つは，このような関連性には依拠しないものである。ここで取り上げたいのは前者の方であるが，これはさらに二つの傾向に分けられる。

　第一は，現行の日本民法典はボワソナードの手になる旧民法典を改正したものであり，その内容においてフランス民法典の影響を強く受けていることを重視するものである。1920年代以降になるとドイツ民法学の影響が強くなりドイツ式の解釈論が支配的になったが，それは制度本来の趣旨をゆがめるものであるので，制度本来の姿を再発見しそれに適合的な解釈論を展開すべきである。「フランス民法のルネサンス」とも言うべきこの研究プログラムが多くの成果を生み出したことは，すでに触れた通りである。

　しかし，この考え方に対しては，根強い批判も見られる。ドイツ式の解釈論であれフランス式の解釈論であれ，現実をよく規律する解釈論がよい解釈論であるという批判である。1990年代以降におけるフランス法研究は，こうした批判を考慮に入れて，個別制度のレベルでの沿革的な関連性をあまり強調しないようになってきている。

　他方で，第二の傾向として，「民法」あるいは「民法典」というものをフランスから導入したことの意味を再評価すべきだという考え方が現れている。これは個別制度の技術的な改善にフランス法を利用するのではなく，法体系の原理的な理解のためにフランス法を援用しようというものであると言える。1990年代を通じて，星野教授や私自身が行ってきた研究は，このようなものとして位置づけることが可能である。

(2) 「民法」の可能性

　もちろん，これに対しては，フランス式の「民法」思想は明治民法の起草者たちによって拒絶された，と解することもできる。また，少なくとも現時点ではフランス式に考える必要はないという議論もありうるであろう。しかし，前述のように起草者たちの考え方は必ずしも明らかではなく，フランス式の考え方は明確に否定されたとは言えない。そもそも「民法典 Code civil」という言葉自体が，意識しているか否かは別にして，これを全法体系の基礎とする観念を内在させていると見ることもできる。

　あるいは，「フランス国民の民法典 Code civil des Français」とか「フラン

スの民事憲法〔構成原理〕constitution civile de la société française」と呼びうるような社会的な基盤が日本には欠けているという批判もありうるだろう。しかし，これに対しては，日本においても民法典の編纂は国民の関心事であったと応ずることができないわけではない。

では，明治期日本において民法はどのようなものとして観念され，民法典の制定は国民の間にどのような反響を巻き起こしたのか。これらの点を明らかにしただけでは，日本における「民法」の今後のあり方が定まるわけではない。しかし，これらの点を明らかにすることは，将来に向けて「民法」の可能性を問うための基礎作業として不可避のものである。

II 展開のための試論——資料の提示

1 民法の観念

「小さい民法か大きい民法か」は別にして，今日では私たちは，ある種の「民法」の観念を持つに至っている。しかし，このような観念はどのようにして定着したのだろうか。この問題を考えるために，二つの素材を取り上げてみたい。

(1) 明治初年の解説書

まず最初に，明治初年の解説書を見てみよう。具体的には，『民法大意』（明治7〔1874〕年，黒田行元著，上22丁，下20丁），『法令彙纂民法之部』（明治8〔1875〕年，太政官），『民法撮要』（明治8〔1875〕年，東京裁判所，1226頁），『民法告達概略鈔』（明治9〔1876〕年，渥美参平編，274頁）の4冊がある[20]。このうちの『民法大意』以外の3冊は法令集であるが，その編成は『法令彙纂』と他の2冊とではかなり異なっている。

『法令彙纂』は一言で言えば，当時の現行法をフランス式の法典編成に従って配列したものであると言える[21]。これに対して，『民法撮要』と『民法告達

---

20) 国立国会図書館デジタルコレクション所収。明治10年までの出版物のうち日本人の手になるものはこの4点に限られる。
21) 「契約」と「貸借」が別立てにされていること，「抵当権」が「貸借」に含まれていること，

概略鈔』では，精粗・広狭の差はあるものの，基本的には取引類型ごとに訴訟規則を掲げるという体裁を取っている。そこでは実体法と手続法とは未分化であり，人事・財産に関する基本的な規定は含まれていないように見える。

　これら 2 種の異なる編成を対比すると，政府部内（太政官）と部外とで「民法」につき，異なる考え方が採られていたとの推測が可能になる。同時に，フランス式の編成に至らないとしても，「民法」という観念によって法令を編成するという考え方は政府部外にも及んでいたことがわかる。

　では，「民法」はどのようなものとして理解されていたのか。『民法大意』はこのことを直接に語る。『民法大意』はいわば民法の総論（あるいは入門）にあたる書物である[22]。同書で著者は，「法学」を「国家国民ノ権利国法民法ノ定則等ヲ細論スル者」とした上で，「民法」につき，「字面ノ如クニテハ解シ難シ」としている。その理由として，「民」は「下賤ノ者」を指すように，「法」は「民ヲ裁ク法ノ如ク聞ユル」が，全くそうではないとする。ここでいう「民」は「都人士」を指し，「民法」は「自主独立ノ民ノ法」を指すとしている。

　続けて著者は次のようにも言う。「古今文明ノ諸国ハ全国ノ民 悉ク自主独立ノ権ヲ有スルヲ以テ，国ヲ挙テ都人士ニシテ，復区別アラス。民法ノ本義タルヤ，国人交会往来ノ際ニ起ル可凡百日用ノ事件ニ関係スル一切ノ権利義務ヲ条理シテ，国民ヲシテ法則ヲ取ラシムル者ナリ。国家ニ対スル国民ノ義ト別ニシテ，其法タル唯平人上ニ止マルヲ以テ，民法ニ一ニ私法ト名ク」[23]。

　ここでは前述の「小さな民法」の観念が示されているが，同時に，「都府ノ人ハ郷民ヨリ礼節アリ知識アリシユエ，往事ハ都人士相議シテ法ヲ立テルコトモ為シタル為リ」とも言われている。

(2) 思想家たちの見解

　次に，思想家たちの民法観に移ろう。取り上げるのは，福沢諭吉（1835-1901），小野梓（1852-1886），植木枝盛（1857-1892）の 3 人だが，福沢は啓蒙思想家・教育家，小野は法律家・政治運動家，植木は民権運動の理論的指導者で

　　「時効」が見当たらないことなどがやや異なる。なお，「財産ノ義務」は地役権などの規定を含む。
　22）　著者の黒田行元（1827-1892）は膳所藩の蘭学者。ロビンソン・クルーソーを紹介。黒田に関する研究として，平田守衛編著『黒田麹廬と「漂荒紀事」（全 2 巻）』（京都大学学術出版会，1990）がある。
　23）　『民法大意』上，5 丁裏～7 丁裏。

ある[24]。それぞれ，「民法編成の問答」(明治14〔1881〕年)[25]，『民法之骨』(明治19〔1886〕年)[26]，「如何なる民法を制定す可き耶」(明治22〔1889〕年)[27]を見てみよう。いずれも狭義の民法典論争が活況を呈する以前のものであり，この時期から民法に対して強い関心が寄せられていたことが窺われる。

順序は逆になるが，まずは小野から見ていくことにしたい。というのは小野には，前述の黒田と共通の指摘が見られるからである。小野は次のように言う。亜細亜では「泰西人ノ所謂ル民法ナルモノノ如キハ……之ヲ刑憲令格ノ中ニ遇スルニ過キサルノミ」，そのため漢語や邦語において「民法ナル意想ヲ写スヘキモノヲ求ムルニ又復之ヲ得ルニ由ナキナリ」[28]。漢語・邦語で「民法」と言えば，「衆民一般ノ法」ということになるが，それでは刑法も訴訟法も含まれてしまうというのである。また，小野は jus privatum や loi privée の訳語としての「私法」も適切ではないと言う。その理由は明示されていないが，おそらくそれは「人類ノ国ニ望ム所ノモノハ独唯リ其ノ結合ノ勢力ニ頼テ所謂ル人生ノ三大要事（生存・富周・平等—大村注）ヲ保固シ漸ク其恐怖心ヲ減殺シ終ニ之ヲ絶無ニ帰サシメント欲スルニ在ルノミ」「万法制定ノ趣旨，亦実ニ之ヲ全フスルニ在リ」という国家観・立法観に求められるのだろう[29]。こうした観点からは，民法もまた「私」の「法」ではありえない[30]。

次に，福沢である。福沢はまず民法の重要性を強調する。「法律ノ人民ニ於ケル関係ノ重大ナル憲法ノ右ニ出ルモノナシト謂トモ，其利害ノ密接ナル適用ノ必須ナル民法ニ如クモノアラサルナリ」。ただ，立法に関しては，「未タ成文

---

24) 福沢は慶應義塾（現・慶應義塾大学）の創設者，小野は東京専門学校（現・早稲田大学）創立の事実上の中心人物でもある。
25) 交詢雑誌41号。引用は中村菊男「法典争議と福沢の立場――明治法史における福沢諭吉(1)」法学研究23巻8号 (1950) 36～37頁による。
26) 国立国会図書館デジタルコレクションによる。
27) 国民之友60号，61号。引用は家永三郎編『植木枝盛選集』(岩波文庫，1974) 189頁以下による。
28) 『民法之骨』21～22頁。
29) 『民法之骨』11～12頁。
30) 奥島孝康「小野梓と早稲田法学」梓5号 (2010) 3頁は，「小野先生は『民法』と書きましたが，民法は私事ではなくて公事だという捉え方をおそらくなさっていた。一種の憲法的な捉え方をなさっている。『民法の骨』という本は後の『国権汎論』の中に，解体されてほとんど入ってきているんです。つまり小野先生の考え方では，民法は憲法だったんですね。そのあたりにベンタム流の考え方が出てくる。」としている。

法典ノ設ケナキモ，人民苟モ社会ノ形態ヲナスニ及ンテハ，風俗慣習自ラ各人交際往来ノ道ヲ生〔ズ〕」として，「起草ヲ一ノ外人ニ託シ審閲ヲ数名管理ニ委シ，一朝ノ間完全無欠ノ良法ヲ編成セント欲スルカ如キ」は無謀な企てであるとし，不具合なところを順次直せばよいとしている。

　もっとも，植木はこれと意見を異にする。「吾輩はまさにいわんと欲すいかに民法は民事を規する者にして多く民間の習俗にこれ従うべき約束なりとするも，我が日本の如きについてはよほどに勇断して旧を捨て新を取るの策に出でざるべからずと。何のためにしてかくの如きに極言するや，我が日本の風俗習慣には実に嫌忌すべきの甚しきもの夥しければなり」[31]。

　植木において興味深いのは，民法は「民事」を規律するとしつつ，社会の編成原理が問題とされている点である。植木は言う。「その民法を制定するには一民一民を以て社会を編成する者なりや，一家一家を以て社会を編成する者となすやを一定せざるべからず」[32]。植木の解答は明確である。「吾輩は連民成国を取らんと欲す。連民成国は文明の曙光と共に相映じてその美を放たんと欲するものなり，またその自主の精神，独立の気象と共に相和してその益を偉おいにせんと欲するものなり」。そうすることが人々を「直接に社会の事務に関与せしめ，敏速に天下公共のために戚愉(せきゆ)をなすの人間とならしめ，吾もまた社会の一人なり，国家の一株主なり，吾もまたその邦の盛衰興亡に関する貴重の一元素なりと自思せしめ，それをしてなるべく自ら重んぜしめ自ら尊ばしめ，それをしてなるべく国を愛し公共のために尽さむの正道なればなり」[33]というのである。

　このように，植木は政治に連なる「大きな民法」，共和主義的な民法観に立っていたと見ることができそうである[34]。

　以上に見てきたように，明治初年の民法観には幅がある。「小さな民法」も

---

31) 『植木枝盛選集』190頁。
32) 『植木枝盛選集』191頁。
33) 『植木枝盛選集』193頁。
34) 家永三郎は，『植木枝盛選集』の解説（218頁）において，植木の民法論につき，「民主主義的な憲法制定運動では敗北したが，近代的家族制度の建設で失地回復をはかり，政治的次元での失敗をより深層の社会的次元で補填しようとする意図と解する余地もないではない」と評している。しかし，植木においては，憲法・民法は表裏一体であったと見るべきかもしれない。

「大きな民法」もその意義をかなりの程度まで理解する人々がいたことは確かであろう。

2 民法の反響

民法典の制定は一般国民にどのように受けとめられたのか。この点については，ごく簡単にいくつかの素材を示すにとどめる。

(1) 講義録などの出版

まずは，各種の講義録の刊行について。

すでに指摘されているように[35]，民法典の公布・施行の前後には各種の解説書・法令集が出版されている。それにも増して注目されるのは，あちこちの法律学校（東京法学院・東京専門学校・和仏法律学校・明治法律学校など）から出版されている講義録が多数あることである[36]。この当時の法律学校にとって，講義録を用いた通信教育で学ぶ校外生は数の上でも校内生を大きく上回っており，経営面でも重要な存在であった[37]。なお，これとは別に，学校教師を対象とする各県の教育会でも，民法を取り上げている例がいくつかある。

全国の法学学習者はもちろん，教育界においても民法に対する関心が寄せられていたことがわかる。

(2) 通俗化の一例

次に，一層進んだ通俗化の例について。

一方で，「通俗」を冠する出版物も現れているが，ここでは『万民必読民法早わかり』[38]という書物を紹介したい。榎本松之助という人物が民法施行直後（明治31年7月）に刊行したものである。これは民法親族編相続編の一部を口語（俗語）にしたものである。たとえば，巻頭近くに置かれた766条は次のように説明されている（総ルビ付き）。「第766条　配偶者アル者ハ重ネテ婚姻ヲ

---

35) 丸尾・前出注15) 68~69頁は，民法施行後2ヶ月間に『東京朝日新聞』に現れた民法・戸籍法関係の書籍広告を集め，当時の国民の関心が高かったことを示そうとしている。
36) 国立国会図書館デジタルコレクション所収。なお，天野郁夫『大学の誕生（上）』（中公新書，2009）330頁によると，国会図書館の蔵書目録には，東京法学院302点，東京専門学校274点，明治法律学校188点，和仏法律学校160点，日本法律学校122点，専修学校36点が見出されるという。
37) 天野・前出注36) 330~332頁。
38) 国立国会図書館デジタルコレクション所収。

為スヲ得ス（配偶者とは連合といふ事なり女房のある男や亭主のある女は外の男女と結婚することはならぬ）」。

　他方，「民法小説」と題する小説がいくつか書かれている。二系統のシリーズがあるようだが，ここではそのうちの一つ，川原閑舟（川原梶三郎）の『民法小説　親子の訴訟』の冒頭の一部を紹介しよう（総ルビ付き・挿絵入り）[39]。久兵衛・作助・萬吉が夕涼みをするところに物売りの少年が現れる。「エー出ました出ました，大新版……。是は此度御発布に相成りました，日本帝国新法典中に於て，最も我々人民に日常必需の民法を，嬢ちゃん坊ちゃん乳母（おうば）さん，何方（どなた）に限らず面白く可笑しくお臍で茶々がわく。煮へた煮花の色艶を，沢山添（どっさり）えて小説体に脚色（とりしぐ）み。読み以て行けば知らない間に，七六ヶ敷い角張ッた，法語条項（ほうりつたじ）も芋懸蕎麦を喰るがやうに。スルスルヌルッ，ツルツルツルッと呑み込める……」[40]。

　内容はともかくとして，以上のような「はやわかり」や「小説」が複数書かれたという事実は，その読者層を想定するならば，特筆に値すると言えるだろう。

おわりに

　現在，日本では民法（債権法）の改正作業が進められている。そこでは，グローバリゼーションとの関係や一部学者の専横，立案の拙速など，明治期と同様の議論が現れている。しかし，民法の観念が改めて問われることは少ない。また，国民の関心も非常に高いとは言い難い。同様の現象は，やはり民法改正を進めているアジアの国々にも認められるのではないか。

　これはなぜなのか。もはや民法の観念は問われるまでもない自明のことなのか。もはや民法典の改正は人々の生活や社会のあり方にさしたる影響を及ぼさ

---

39) 中村鐘美堂のもの（第1集『親子の訴訟』明治31〔1898〕年，第2集『相続訴訟』明治32〔1899〕年）と，駸々堂のもの（第1編『離婚の訴訟』，第2編『後見の争』，第3編『小作の争』，第4編『親子の争』。いずれも大淵渉著，明治32〔1899〕年）がある。国立国会図書館デジタルコレクション所収。

40)『民法小説　親子の訴訟』7頁。

ないのか。百年を隔てて行われている改正論議の異同を，その原因に遡って探究することは，あれこれの改正提案の当否を論ずることと並んで（あるいはそれ以上に），現代の民法学が関心を寄せてしかるべきことのように思われる。

　以上の問いは，初歩的でかつ説明不足なものに止まっている。法制史家の方々には，歴史認識を欠く素人の発言と受けとめられるかもしれない。また，隣国の同僚の方々には，どのような問題意識に立つのかがわかりにくいと思われるかもしれない[41]。今世紀の来るべき民法典論争をより実りあるものにしていくために，様々な異なるご意見を伺えればと思う。

---

[41] なお，私自身は，現在，東アジア（中国・台湾・韓国・日本）で見られる民法改正論議は，グローバリゼーションだけでなく，1980年代の後半から生じた民主化の新たな波との関係で評価されるべきだろうと考えている。

B　民法典の継受とボワソナード自然法論

はじめに

　日本における「民法」の継受に関しては[42]，様々な研究がなされてきた。従来の研究のうち代表的なものであり，大きな影響力を持ったのは，星野英一と北川善太郎のものであった[43]。星野の研究は現行民法典に対する旧民法典の影響を解明することによって，北川の研究は「学説継受」という現象を検出することによって，それぞれ継受研究の幅を広げることとなった。星野や北川の研究が現れたのは半世紀前のことであるが，その後，継受研究はいくつかの方向に展開した。たとえば，①旧民法典の起草者であったボワソナードの研究，②現行民法典の起草者（特に富井政章・梅謙次郎）の研究のほか，最近では③明治初期の状況についての研究も進みつつある。また，④学説継受にも新たな光が当てられた[44]。

　しかし，今後の継受研究には，次のような二つの視点も必要だろう。一つは，社会現象として日本民法典の継受を捉えるという視点である[45]。もう一つは，

---

42)　「民法」(droit civil/ bürgerliches Recht) とは何かは，それ自体，検討を要する問題であるが，ここではさしあたりフランスやドイツの民法典・民法学を指すものとしておく。

43)　星野英一「日本民法典に与えたフランス民法の影響」同『民法論集 第1巻』(有斐閣，1970)，北川善太郎『日本法学の歴史と理論』(1968)。

44)　①につき，大久保泰甫『日本近代法の父ボアソナアド』(岩波書店，1977)，星野英一「日本民法典及び日本民法学説におけるG・ボアソナードの遺産」同『民法論集 第8巻』(有斐閣，1996)，大久保泰甫＝高橋良彰『ボワソナード民法典の編纂』(雄松堂出版，1999)，池田真朗『ボワソナードとその民法』(慶應義塾大学出版会，2011) など，②につき，星野英一「日本民法学の出発点——民法典の起草者たち」同『民法論集 第5巻』(有斐閣，1986)，瀬川信久「梅・富井の民法解釈論と法思想」北大法学論集41巻5=6号 (1991)，岡孝「明治民法と梅謙次郎」法学志林88巻4号 (1991)，①②にまたがるものとして，吉田克己「二人の自然法学者——ボワソナードと梅謙次郎」法時71巻3号 (1999) など，③につき，岩谷十郎『明治日本の法解釈と法律家』(慶應義塾大学出版会，2012) など，④につき，海老原明夫「ドイツ法学継受史余滴」ジュリ927〜999号 (1989〜92) など。

日本における法典継受を段階的に捉えるという視点である。具体的には，次のような区分が有用であろう。

　　A　法典借用段階（＝司法のための継受）
　　B　法典編纂段階（＝立法のための継受）
　　　B1　旧民法典の編纂（＝在来法の変更）
　　　B2　現行民法典の編纂（＝旧民法典の変更）

　前者の視点についてはいずれ別の形で議論を展開することとして，本報告においては後者の視点に立ちたい。特に，従来は相対的に関心の乏しかったAとB1とに着目しようと思う。その際にB1については，B2の前段階として位置づけるのではなく，在来法の変更としての側面を重視する。
　具体的には，ボワソナードの自然法講義（Ⅰ）と彼の手になる旧民法の「草案解説」「理由説明」（Ⅱ）を素材として，それらを通じて，何が継受されたのか（されなかったのか）を明らかにすることを試みたい。このような作業を通じて，日本における民法典の継受の特色を示すとともに，民法典の継受というより普遍的な現象の特色について若干の指摘を行う。これが本報告の目的である。

Ⅰ　ボワソナード自然法講義を通じての民法典継受

1　ボワソナード自然法講義の内容
(1)　法典編纂と法律家の育成

　1873年に来日したボワソナードは，治罪法典・刑法典の編纂のかたわら，法学教育にあたった。司法省の管轄下にあった明法寮や法学校で教えただけでなく，フランス法系の私立法律学校，具体的には，和仏法律学校（法政大学の前身）や明治法律学校（明治大学の前身）などでも教えたことは広く知られてい

---

45)　少し前のシンポジウムで，私は「民法小説」と題された一群の小説の存在に注目すべきことを説いたが（本章A），最近では，民法制定の際に，いくつかの新聞（朝日新聞・新潟新聞など）が別冊を作成してこれを報じたことに気づいた。

る。

　この点については，ボワソナード自身が早い時期に次のように述べていた。すなわち，日本では弁護士はまだ十分に発達していないが，「固より司法の官あり行政の官あり。豈に法律を講せさるへけんや。惜しむへし未た法律を教える官校なし。法学校の設立に付ては同僚のブスケ君既に之を司法省に請ふて其の許可を得たり。而して余も亦た茲に至りしより以来屢は之を同省に建議せり」と述べている[46]。

　しかし，法典編纂完了以前に，いったい何を教えるというのか。ボワソナードは法学教育の目的を二段階に分けて述べている。彼はまず次のように言う。「新法の制定は必然の事なり」。それゆえ「後来の為めに此の新法の教を立て其の教官を作らさる可からす。而して諸君は能く立教の旨趣を解し必す之を拡張せらるへし」と[47]。つまり将来の法典制定に備えて，新法を予め学び，これを広める準備をせよというのである。

　確かに新法草案が完成した後は，ボワソナードは草案の内容を教えるようになる[48]。しかし，これはいわば法典編纂前の法学教育としては，第2段階のものである。では，それ以前には，何を教えようとしたのだろうか。第1段階の法学教育はいかなるものであり，何のためのものであったのだろうか。この点につき，ボワソナードは次のように述べている。「諸君何んぞ之を異しむに足らん。蓋し法文の外にして其の未た成らさるの前既に成るの法あり。而して立法官も亦た自ら之を以て其の法典と成せり。所謂 性法(ドロワナチュレル) なる者即ち是れなり」と[49]。すなわちボワソナードは，「人為法」（実定法）ではなく「性法」（自然法）を教えればよい，としているのである。

---

46) ボワソナード講述，井上操筆記『司法省版 性法講義』（明治10年6月刊，復刻版，有斐閣，1986）2頁。

47) ボワソナード・注46) 4頁，5頁。引用文中の句読点やふりがなは大村による。なお，原文はカタカナ書きであるが，ひらがな書きに改めた。以下の文献引用・条文引用においても，同様である。

48) 法政大学のウェブサイト「法政大学の歴史」中の「ボワソナード・梅謙次郎没後100年記念企画　法政大学草創期とボワソナード・梅謙次郎展　第2章　日本近代法の礎・ボワソナード」を参照（http://www.hosei.ac.jp/gaiyo/daigaku_shi/bu100/exhibition/chapter_2.html#toc01　2015年6月閲覧）。

49) ボワソナード・注46) 8頁。引用文中の「ドロワナチュレル」はボワソナード自身によるもの。

(2) 複数の講義の存在とその題目・内容

　それでは，ボワソナードが言う「性法（自然法）」の講義とはいかなるものか。この点を明らかにするために，ボワソナードの講義録として残されているものを一瞥してみよう。幸いなことに，しばらく前に一連の講義録が復刻されているので，それらを利用することにする。私の手元にあるのは，「ボワソナード文献叢書⑩〜⑯」として復刻された7冊の書物である。その表題，講義場所，筆記者，刊行年等は以下の通りである（復刻版の奥付による）。便宜上，叢書とは異なるが，①〜④の番号を付しておく[50]。

①a　自然法講義序説（仏文），明法寮，本人原稿，明治7（1874）年4月9日
①b　自然法講義筆記ノート（仏文），明法寮，関口豊筆記，明治7（1874）年4月9日
①c　司法省版・性法講義，明法寮，井上操筆記，明治10（1877）年6月刊
①d　校訂増補性法講義，司法省法学校，井上操筆記，明治14（1881）年3月刊
②　司法省版・法律大意講義完，司法省法学校，加太邦憲筆記，明治13（1880）年6月刊
③　法律大意第2回講義，司法省法学校，市瀬勇三郎・市川亮功訳，明治16（1883）年12月刊
④　性法講義完，明治法律学校，磯部四郎通訳，明治25（1892）年？

　以上四つの講義のうち二つは「性法（自然法）講義」と題されており，残りの二つは「法律大意講義」と題されている。表題の印象に反して，前者は民法講義，後者は法学入門とも言うべき内容のものであるが，後者においては「フランス法」の講義がこれに続くことが想定されており，それは「性法」の講義と同視されている[51]。また，前者の内容を見ても，「性法」は「フランス法」

---

50)　①a〜dは同一の講義に関するものである。すなわち，①aは同講義の序論部分をボワソナード自身がフランスの法律雑誌に発表したもの，①cは井上による部分的なノートであり，①b, dは関口と井上による講義録である。なお，①bと①dとでは訳語などが改められている。

51)　ローマ法が欧州各国にとって「書かれた理性」であったが，フランス法は日本などにとって同じ役割を果たすとされている（ボワソナード・③6頁）。

に体現されているという前提がとられている[52]。こうした扱いがなされているのはなぜか。項を改めて検討しよう。

2 ボワソナード自然法講義の意義

(1) フランス法＝自然法の意義

ボワソナードが以上のように，フランス法と自然法をほぼ同視しているのはなぜか。この点を明らかにするには，上記の諸講義において説かれているボワソナードの自然法論がいかなるものであるかを見ていく必要がある[53]。

ボワソナードは自然法を次のように説明している。「自然法とは自然の形状にて生活する人……の法と云ふ義に非す。蓋し人は其の同類と共に生活すへき者なるか故に必す社会を結ひ衆人相集りて互いに交通せり」(①c14頁)。つまりここでの「自然法」とは「社会に生活する人の自然法」である，「社会の形状にて生活する」ことは「人の性に悖(もと)るもの」(①c16頁)ではないというのである。別の言い方をすると，「法律即ち遵守すべき行状の規則（レーグルコンジュピット——règle de conduite＝行動準則・行為規範〔大村注〕）の必要なることを知る者は独り社会に生活する人のみなり」(①c16頁) ということになる。

ボワソナードは，自然法は「時と所を論せす。不朽不偏の者なるか故に往古の性法現今の性法日本の性法フランスの性法皆一なり」(②54頁)とする。これは古典的な自然法観であろう。しかし同時に，「性法は素(もと)より時と場所とに因て変更なしと雖も然れとも亦道徳と均しく各国各時同一の方法を以て之を遵守せさるか故に二国あれは必す異なりたる二法律あり又同一国と雖も古今相異なりたる二法律あり。蓋し理の然らしむる所なり」(②36頁)としている。このように，性法の現れ方は国や時代によって同じではないという考え方は，各国・各時代の法を超越的に処断しないという態度を産むと同時に，同時代にお

---

52) ①では「余は仏朗西（フランス）法を多く引用せんことを欲せり。而して余屢は法朗西法を称誉することありと雖（いえど）も又た時としては之を非議することなきにあらす」とされている（司法省版・性法講義22頁）。また，②では，「仏国法と其他の法律とを問はす苟（いやしく）も其中に存する条文にして無形の条理に適合するものあれは其条文を無形の条理其ものと看做し之を実際に施すことを得るや否や」を研究することが第一の眼目であるとされている（ボワソナード・④32頁）。

53) 以下，本節では，①cと②から引用するが，引用にあたっては，本文中に括弧書きで（①c〇〇頁），（②〇〇頁）のように記載する。

いてよりよい自然法がありうるという考え方を導く。当時のフランス法に一定の批判を向けつつ、これを自然法として（正確には自然法により近いものとして）教えるというボワソナードの態度は、このような自然法観によると言えるだろう。フランス法がモデルとされているということは、フランス法は決して絶対のものではないことを内包しているのである。

(2) ボワソナード自然法論の二つの側面

ボワソナードの自然法論に対しては、これまでいくつかのアプローチがなされてきた。そのうち代表的なものの一つは星野英一のものであり、重要なもう一つは池田真朗のものであろう。ここでは詳しい紹介は省略せざるをえないが、一言で言えば、星野が試みたのは、ボワソナード自然法論から実定法を批判する道徳的な観点を引き出そうとするものであったと言える[54]。また、池田の試みはボワソナード自然法論から宗教色を除き、民法の基本原理を説くものとして位置づけ直し、これを解釈論的な裏づけとしようというものであったと言えるだろう[55]。

これらのアプローチはありうるアプローチではあるが、ボワソナード自然法論には、そうしたミクロレベル（個別問題の解釈論レベル）での意義とは別の意義があったことに着目すべきではないか。これも一言で言ってしまえば、マクロレベルでの意義、すなわち、そこには、総体としての法システムに対する一つの見方が示されていたのではないか、ということになる。より具体的には、次の3点を指摘することができる。

ⅰ) 道徳との関係　ボワソナードは、「性法と道学とは之を中心を同ふして其周囲を異にする二環に喩ふ。道学の環は性法の環を包容して而して之を超過す」（①c17頁）としている。すなわち法と道徳は同一次元にあるが前者は後者に包摂されるとした上で、両者の区別につき次のように述べている。「性法は社会を保存し開達するを以て其の主旨となし而して道学は尚ほ此の外に至善の地位に向ふて 各人自己 の身を保存し開達するを以て其の旨趣となす」
　　　　　　　　　　　　ペルソナリテーインジビシュエル
と（①c17頁）。これは、社会規範として法（性法）と道徳を同次元でとらえる

---

54) 星野英一「時効に関する覚書」同『民法論集　第4巻』（有斐閣，1978）所収がその典型例。
55) 池田・前出注44）第1章「自然法学者ボワソナード」・第2章「ボワソナード『自然法講義（性法講義）』の再検討」を参照。

立場であるが，換言すれば，法（性法）を自生的な社会規範であるとする見方でもある[56]。

ⅱ）**自然法の根本内容**　それでは，性法の根本をなす内容は何かと言えば，ボワソナードは，ウルピアヌスを参照しつつ「人を害するなし」と総括している（①c 27頁）。その上で，これを具体化して，「他人の所有権を尊重せさる可からす」「他人の身体其栄誉或は其貨財に損害を為せしときは之を償はさる可からす」「借りし物は之を其の主に返ささる可からす。相当の利息を払はさる可らす。自由に且つ法に適して為せし許諾（プロメッス）は之を遂げさる可からす」（①c 27-28頁）としている。これは今日風に言えば，所有権・人格権の尊重（及び不法行為責任）と契約の拘束力ということになる。その内容自体に新奇なものは含まれておらず，これに対する批判もある[57]。しかし，これらの原則が「性法」，すなわち「社会に生活する人の自然法」から導かれている点に注目する必要がある。

ⅲ）**自然法と実定法・裁判の関係**　このような内容の自然法は実定法とどのような関係に立つのか。この点につきボワソナードは，二つのことを述べている。第一に，「人為法は性法を公言せし者にして即ち人民の間に起る諸利益上の争論を規定せし公正の格式とも云ふを得へし。故に性法は公法と私法とを問はす都（すべ）て一国の法律の本原なり」（①c 18頁）。実定法は自然法を体現するべきものとされているのである。第二に，フランス民法4条を引きつつ，「立法家に於て諸般の事を法律に規定する能はさる」ため，「性法に因り裁判を施さしめん」ことが必要になるとしている（②37頁）。また，「総て人定法なき国に於ては裁判官に全権を付与せさるを得す」（②61頁）としている。実定法が欠けている場合には自然法は裁判の基準になるというのである[58]。

---

56) 星野は，「法律」と「法」とを区別し「法」を広く捉えるが，そこでの「法」はボワソナードのいう「性法」を念頭に置いている（星野英一「『法』と『法律』の区別について」同『民法論集 第7巻』〔有斐閣，1989〕）。

57) ボワソナード自然法論はレッセ・フェールの思想にすぎないとするマルクス主義法学の立場からの批判があるが，池田はこの批判を半ばは容れつつも，ボワソナードの議論の原理性に注目している（池田・前出注44）48頁以下）。

58) この点に着目して，明治8年太政官布告103号裁判事務心得の第3条「民事ノ裁判ニ成文ノ法律ナキモノハ習慣ニ依リ習慣ナキモノハ条理ヲ推考シテ裁判スヘシ」にいう「条理」とは「自然法」のことを指すとの見解もある。野田良之「明治初年におけるフランス法研究」日仏法学1

以上のようにボワソナードは，その自然法論を通じて，道徳に支えられた社会規範として法（性法）を位置づけ，その内容として民法の基本原理を措定し，この原理を体現とする〔べき〕ものとして実定法を位置づけるとともに，この原理を実定法の定立・適用の指針とするという法システムを提示している。これこそがボワソナードが民法典とともに明治日本に導入しようとしたものであったが，同時にそれは，民法典の制定以前にも導入可能なものであると認識されていたのである。そして，このようなマクロレベルでの自然法論は，民法典の起草そのものにも影響を及ぼすことになる。

II　ボワソナード旧民法起草を通じての民法典継受

1　ボワソナード旧民法起草の特徴

(1)　総論の不在

池田教授が指摘するように，ボワソナードの自然法講義（特に法律大意講義）には「法学（民法）入門」的な色彩が濃かった[59]。ところが，旧民法の「草案解説」や「理由説明」には，このような記述は含まれていない[60]。民法草案の「解説」や「説明」である以上，「法学（民法）入門」的な記述が含まれないのは，当然のことのように思われる。

ただ，19世紀フランスの民法注釈書を概観すると，19世紀末に成立し今日に至る「法学入門」は未だ存在しないものの，巻頭には，ある程度の「法学入門」的記述を見出すことができる。その理由は，フランス民法典が前加編を有

号（1961）57頁以下。
59)　池田・前出注44) 37頁以下。ただし当時は，今日のような法学（民法）入門は未だ成立していない。その意味では，ボワソナードの講義は先駆的なものであると言える。また，「性法講義」の内容は法学入門というよりは民法概論の色彩が色彩が濃いが，この点は「法学（民法）入門」論にわたるので詳説しない。
60)　ここで「草案解説」とは，Projet de code civil pour l'Empire du Japon のことを，「理由説明」とは Code civil de l'Empire du Japon, accompagné d'un exposé des motifs を指す。両者の日本語訳として『註釈民法草案』『民法理由書』がある。これらの資料はいずれも名古屋大学のウェブサイト「明治期の民法の立法沿革に関する研究資料の再構築」（http://www.law.nagoya-u.ac.jp/jalii/meiji/civil/　2015年6月閲覧）で公開されている。

するところに求められるだろう。すなわち，1条から6条までに法源や裁判官の権限に関する規定が置かれているので，これらに対する説明が「注釈」として説明になるため，そこに「法学入門」で説かれるような議論が展開される場が確保されるわけである。

ところが，旧民法典には前加編が存在せず，この部分は「法例」として独立の法律にされていた。このためボワソナードは，自然法講義で行ったような説明を行う場を得ることができなかったのである。このことは，前述したボワソナード自然法論のマクロレベルでの受容にとっては，大きな障害となった。

(2) 各論への伏在

しかしながら，ボワソナード自然法論のマクロレベルでの特色は，各論的な叙述の中に全く見出せないというわけではない。たとえば，ボワソナード草案は，法律上の義務の他に自然債務を認め，これに関する規定が置かれていたことはよく知られている[61]。この点を捉えて，ボワソナードの自然法論の現れであるとされることがある[62]。以下では，あまり知られていない別の点を2点指摘しておく[63]。

ⅰ) 法律以前の義務と法律による義務　　旧民法財産編の第2部第1章「義務の原因」の冒頭に置かれた295条は，「義務の原因」として，合意，不当の利得，不正の損害，法律の規定の四つを掲げる。このうち法律の規定に関しては，財産編380条1ヶ条が置かれているが，そこでは，扶養・後見・共有・相隣関係の各規定への参照がなされているだけである。

興味深いのは，本条に関して，合意，不当の利得，不正の損害が義務の原因になるのは，法律の規定によってではないのか，という問いが立てられていることである。この点につきボワソナードは，これらも間接には法律の規定によるが，380条は直接に法律の規定による場合を定めているとしている（Exposé,

---

61) 旧民法財産取得編第4章「自然債務」（562条～572条）。
62) たとえば，星野英一『民法概論Ⅲ債権総論』（良書普及会，1978）31頁。
63) 以下，本節では，「理由説明」のフランス語版を引用するにあたって，本文中に括弧書きで（Exposé, p.xxx）と記載する。また，井上正一『民法正義財産編第二部巻之一』（新法註釈会，1892，復刻版，信山社，1995）からも引用するが，こちらも（井上○○頁）と記載する。なお，本文で述べた2点は，私が現在行っている講義「旧民法から見た新債権法」に由来する（少し先に公刊の予定）。

p. 513）。さらに井上正一は、「合意、不当の利得、不正の損害は仮令法律の規定なき国に於ても裁判官は義務の原因として認めさるへからさるものなりと雖も法律の規定を原因とする義務に付ては裁判官は之を規定したる法律ありて始めて其存立を認むへきなり」（井上 498～499 頁）としている。

　この説明は、この時点ではまだ民法典を持っていない慣習法国の裁判官らしい説明である。ボワソナード自身はこのように明言はしていないが、前述のボワソナード自然法論に照らしても、同様に説明することになるはずである。換言すれば、ボワソナード自然法論は、これから民法典を導入しようという明治日本の法律家には、わかりやすい説明であったというべきだろう。

　ⅱ）　義務の成立と義務の効力　　旧民法財産編の第 2 部第 2 章「義務の効力」の章の冒頭に置かれた 381 条は、「義務の主たる効力」は「直接に履行せしむる為め」または「不履行の場合には付随して損害を賠償せしむる為め」に「訴権」を債権者に与える点にあると定めている。ボワソナードはこの規定につき、財産編 293 条 2 項との区別に言及している。293 条 2 項は、「義務」は「或る物を与へ又は或る事を為し若しくは為ささることに服従せしむる人定法又は自然法の羈絆(きはん)なり」と定めているが、ボワソナードはこれは「義務の即時的効力」、「純粋に道徳的・形而上学的な効果」であるとした上で、「法律は義務の後発的効果、すなわち、不履行の帰結、制裁を定めておかなければならない」としている（Exposé, p. 616）。そしてそれが訴権の付与であり、「この点が、民事債務を特徴づける。自然債務について言えば、それは債権者に訴権を与えない。履行は原則として任意になされなければならない」（Exposé, p. 616）としている。ボワソナードは、自然法上の義務と実定法上の義務を明確に区別し、これを法典の編成に反映させているのである。

　ところで、「義務の効力」の章の冒頭近くに置かれた 385 条は、損害賠償の範囲に関する規定であり、現行民法で言えば 416 条に相当するものである。詳細な説明は省略するが、この規定は債務不履行の場合にのみ適用されるものと考えられていたと思われる。では、不法行為の場合の損害賠償の範囲はどうなるかと言えば、それは義務の原因を定める第 1 章に置かれた「不正の損害」に関する規定の適用によって定まると考えるべきである[64]。実はこれは、契約の場合も同様であり、契約に基づく本来的な債務の内容も「義務の効力」の章の

諸規定によって決まるのではなく，他の場所に置かれた諸規定（「義務の原因」の「合意」に関する諸規定や財産取得編の各種契約に関する諸規定）によって定める。「義務の効力」の章に置かれた諸規定は，義務の内容が決まることを前提に，その不履行の責任を問うものでなのである。

以上の事実は，旧民法が（自然法レベルでの）義務の成立と（実定法レベルでの）義務の効力とを論理的に区別していることをより一層明確にする。

2　ボワソナード旧民法起草の痕跡
(1)　現行民法1条・90条

ボワソナードは，以上のような意味での自然法（法システム）を日本に持ち込もうとしたが，周知のように旧民法典そのものは，法典論争によって葬られ，実定法としての効力を持つには至らなかった。しかし，ボワソナードの自然法論は，意外な（逆説的な）形で現行民法典に影響を及ぼすことになったとも言える。

それは法典論争において，ボワソナード草案が「錯雑たる講義録」（富井）と批判されたことに端を発する。詳細な定義規定・原則規定を置く教科書的な法典は，発展途上国であった明治日本の法律家のプライドを傷つけたため，現行民法はこれらの規定を除去したものとなった。たとえば，権利能力平等に関する旧民法人事編1条の規定は当然のことを定めるものとして削除され，現行民法1条（原始規定）においては，解釈に疑義のある出生時期の問題に対する解決のみが示されることになった。法律行為の効力に関する現行90条についても同様である。

結果として，現行日本民法典は，書かれざる原則を前提とする法典となった。すなわち，ボワソナードが示した自然法の基本内容（のほとんど）は，明文化されることがなかったのである。換言するならば，現行日本民法典は，書かれざる基本原則によって支えられることなしには存立しえない民法典になったのである。

---

64)　以上は論理的な筋道を述べたものであり，実際には，370条3項によって385条が準用されている。しかし，これはあくまでも「準用」であり，385条の本来的適用以前に，このルールを借りて損害賠償の範囲を定めているにすぎない。

(2) 原則規定の功罪

このように基本原則を民法典に書き込まないことには，功罪の両面がある。新債権法の立法過程においては，「国民にわかりやすい民法を」という観点から定義規定・原則規定の導入が主張されたが，最終的にはごくわずかな規定が採用されたにとどまった。

一方でこれは残念なことであったが，他方では，私たちは改めて現行民法典が書かれざる原則によって支えられていることを確認することになった。なぜ，このような原則が存在すると言えるのか。この問いに対する法律実証主義的な答えは，これらの原則を前提とした規定が存在するからであるというものだろう。しかし，ボワソナード自然法論によれば，原則規定は書かれていなくても存在することは，より積極的に支持されるだろう[65]。

このように見るならば，ボワソナードが旧民法典に託した，あるいはボワソナード草案に代表される19世紀フランス型民法典が体現していた「社会思想としての自然法論」を，いま再継受するか否か。私たちはこの点につき再考すべき地点に立っているのである。

おわりに

以上に述べたことをやや一般化した仮説を提示して，結びに代えたい。

まず第一に，ヨーロッパ大陸法から民法典を継受した国においては，三つの民法を観念することができるのではないか。すなわち，①制定法としての民法（現行民法典）のほか，②自然法としての民法，③在来法としての民法である[66]。最後のものは，日本語ならば「自然法（じねんほう）」＝おのずからそこにある法[67]，と表現することもできる。法典継受以前，たとえば，明治初年にも江

---

[65] 広中俊雄『新版民法綱要 第1巻』（創文社，2006）30頁は，これらを「基底的諸規範」と呼んでいる。なお，この点に関連して，本書第2部第4章Bを参照。

[66] さらに言えば，④学識法としての民法を加える必要がある。20世紀の日本民法学における学説空間は，ある意味では，第三の「自然法」のすみかであったとも言える。

[67] 「自然法（じねんほう）」という言葉は，イザヤ・ベンダサンが用いたとされる（星野英一「民法学習の入門」同『民法論集 第5巻』〔有斐閣，1986〕347頁）。

戸時代にも，売買法があったことは確かである。

　この用語法を用いるならば，本報告で扱った問題は次のように整理されるだろう。すなわち，法典編纂によって制定法としての民法は継受されたが，自然法としての民法は継受されたか，また，自然法（じねんほう）としての民法は忘れられていないか。言い換えるならば，在来の自然法（じねんほう）を舶来の自然法（しぜんほう）に転換・再編する試みとしての法典編纂は成功したのか，ということである[68]。

　法典継受という主題から離れるならば，この問いは，現代日本における制定法としての民法の優位をどう考えるかというもう一つの問いに繋がる。さらに言えば，ロースクール化以降の日本で顕著になりつつある判例法の優位をどう考えるかという問いをも惹起する。私自身は，今日において必要なのは，「生きた法」と「学説」の再興ではないかと考えているが，自然法（しぜんほう）としての民法の継受という観点は，そのための大きな手がかりにもなる。

　最後に述べたことを整理すると，次のようになる。

　仮想の展開
　　自然（じねん）法としての民法　→　自然（しぜん）法としての民法
　　自然（しぜん）法の表象 représentation としての民法典
　　droit naturel と Code civil の順接　Droit civil écrit による droit naturel の形象化
　現実の展開
　　自然（じねん）法としての民法　→　制定法としての民法
　　自然（じねん）法の被覆 couverture としての民法典
　　droit naturel と Code civil の逆接　Droit positif による droit naturel の隠蔽

---

68) この問いに答えるためには，本報告の冒頭で言及したもう一つの視点，社会現象として法典継受を捉える視点が有益であるように思われる。具体的には，民衆による受容状況の確認や法典論争の見直しが必要であろう。本文の用語法を用いるならば，前者は自然（じねん）法と自然（しぜん）法の混和，後者は自然（じねん）法の貫徹と自然（しぜん）法への関心という観点から分析できる。

第3章
比 較 へ

A　フランス法研究の展望――民法

I　「フランス民法」「研究」「展望」

　「日本におけるフランス法研究」というテーマのシンポジウムにおいて，「民法」につき「展望」を語るためには，その前提として，「フランス民法」とは何か，「研究」とは何か，「展望」するとはいかなることか，ということに触れておく必要がある。

　まず，「フランス民法」とは何か，である。ここで言う「フランス民法」が示すものとしては，次の二つないし三つのものが考えられる。すなわち，フランスの民法・民法典と民法学である。以下においては，その異同を意識しつつも，そのいずれをも対象に含めることとする。なお，ここで言う「フランス民法」はいつのものを指すのか，という問題もあるが，この点についても特別な限定はしない。

　次に，「研究」を「展望」するとはいかなることか。「回顧」に対しての「展望」である以上，過去のことを考慮にいれつつも，主として，現在から将来に向けて語ることが期待されることになる。この場合，「現在」をいかなる時期として捉えるかが大きな意味を持つ。そして，その場合の「現在」は，対象である「フランス民法」の現在であると同時に，視点が置かれる「日本」の現在でもあることになる。周知のように，現在，フランス民法典は大改正の途上にある。また，見方によっては，フランス民法学も静かな変革期を迎えていると

も言えそうである。他方，日本の側でも，2006年頃から債権法改正の機運が高まっており，2009年11月からは法制審議会の審議も開始された。さらに視野を広げれば，その前後には，2004年の法科大学院の開設（およびこれに伴う従来の大学院の変容），2009年の裁判員制度の導入（およびこれに伴う法教育への着目）と，民法とも無縁ではない重要な出来事が続いている。以下の「展望」は，こうした諸事情を反映したものとなる。

では，このような「現在」に立脚して「展望」される「研究」とは何か。それは，何のために行われているのか。過去においてフランス民法研究に一定の意義があったとして，現在あるいは将来において同様の意義があるのか。あるいは，別様の意義がありうるのか。フランス民法研究を「展望」するとは，現時点において「研究」の目的（および方法）を確認するあるいは再編することを意味する。その意味で，この問題は，展望の前提というよりもむしろ目標と言うべきものである。

とはいえ，あらかじめ研究の目的となりうるものを措定しないことには，議論を進められない。そこで，以下においては，広く一般に認められている「民法・民法典の解釈・立法のために」という目的をまず掲げ，この観点からの「展望」を試みる（Ⅱ）。続いて，時に言及されることのあるその他の目的につき，それらが目的になりうるかどうかも含めて検討を加える（Ⅲ）。かつて，吉田克己教授は，一方で，裁判官への直接の働きかけによる「法形成への関与」という目的を措定しつつ，他方，法学者共同体や市民社会への働きかけ，あるいは，法形成ではなく法認識を目的とする可能性を留保していた[1]。本稿の構成は，このような吉田教授の整理に対応するとも言えるだろう。

なお，日本におけるフランス民法研究は，今日までに相当の蓄積を有している。しかし，以下においては，比較的新しい限られた素材を用いるにとどまる。私の能力と時間の制約によるのはもちろんだが，現在から将来を展望するには，最近の研究成果に重点を置くことが必要だと考えるからである。具体的には，『日仏法学』の過去30年分のバックナンバーと北村一郎編『フランス民法典の200年』（有斐閣，2006）に収録された民法学者の論文を主たる対象としつつ

---

1) 吉田克己「民法学の方法・覚書」ジュリ1126号（1998）254頁以下。

(以下では，この二つの出版物は，『日仏』，『200年』と略記して引用する)[2]，ごく最近のいくつかのモノグラフィーを検討対象とする。あわせて，方法論にかかわるものとして，小粥太郎教授のものと私自身のものも参照したことを付言しておく[3]。

II　民法・民法典の解釈・立法のために——導入型の研究

1　基層を発掘する——特殊な関連性を基礎とする研究・その1

(1)　これまでの成果

日本民法学におけるフランス民法研究の一つの大きな特徴は，各制度の沿革研究にあることは言うまでもない。この研究方法は，1965年に『日仏』3号に公表された星野論文(「日本民法典に与えたフランス民法の影響 (1)」)によって提示され，以後，多くの研究者によって活用されてきた。このことは，『200年』所収の星野論文(「フランス民法典の日本に与えた影響」)でも示されたところであるので，具体的な業績の引用は省略する[4]。

一言で言えば，この傾向は，表層を覆うドイツ法学説に対抗して，「失われた原型」としてフランス法を発掘しようというものだったと言える。その方法が汎用性を持つがゆえに，多くの研究が生み出されることになった。別の言い方をすると，後続の研究者は，この方法を用いるためにフランス法へと向かい，民法学界にフランス法研究の隆盛をもたらした。

---

[2]　前者では，淡路剛久・野村豊弘両教授のものから平野裕之・片山直也・山野目章夫各教授のものまでの20編余，後者からは，総論的なものとして星野英一・能見善久両教授の2編，各論的なものとして大村から金山直樹教授までの10編余が対象になる。

[3]　小粥太郎「日本の民法学におけるフランス法研究」民商131巻4=5号 (2005, 561頁以下)，同『民法学の行方』(商事法務, 2008)，大村敦志『法源・解釈・民法学——フランス民法総論研究』(有斐閣, 1995)，同『法典・教育・民法学——民法総論研究』(有斐閣, 1999)，同『20世紀フランス民法学から』(東京大学出版会, 2009)。

[4]　早い時期のものとして，瀬川信久『不動産附合法の研究』(有斐閣, 1981)や池田真朗『債権譲渡の研究〔初版〕』(弘文堂, 1993)が，後続の研究者に対して大きな影響を与えたことだけを指摘しておく。

(2) これからの方向

では，今後，この傾向の研究はどのような方向に向かうことになるだろうか。あるいは，向かうべきだろうか。

一方で，さらなる展開が期待される。この研究方法は，これまで物権法や債権総論などの制度性の高いテーマに多く用いられ，大きな成果を挙げてきた。そして，いまでは，主要なテーマに関する研究は一巡したようにも見える。もちろん，二巡目の研究も可能である[5]。しかし，これらの領域以外のテーマも少なくない。たとえば，①フランス法と密接な関係にある親族・相続には，まだ手つかずのテーマも少なくない[6]。また，②フランス民法典やドマ・ポチエを超えて，さらに歴史を遡行して制度の原型を訪ねる研究も期待される。『日仏』21号（1998）に発表された森田修教授の「16世紀フランスにおける担保権実行——rente 契約を素材として」はその範例となろう。

他方，これまでとは異なる文脈も考えられる。一つは，①東アジア法の研究におけるフランス法の位置づけにかかわる。中華民国民法典や韓国民法典は日本民法典から直接・間接の影響を受けていることからすると，今後，これらの民法を研究するにあたってフランス民法を視野に入れた研究が考えられよう。そして，このような研究は，東アジアの留学生たちが日本の大学で自国法を研究する際にも有益なはずである。

もう一つは，②これから始まろうとしている民法（債権法）改正が実現した後の研究方法にかかわる。当然のことながら，新法（新債権法）と旧法（現行民法）との対比が問題になるが，その際の補助線として，諸外国の民法との比較を行うだけでなく，旧民法との対比を行うことが新たな意味を持つように思われる。旧民法の理解のためにフランス法が必要なことは改めて言うまでもなかろう。

---

5) たとえば，淡路論文後の福田誠治「19世紀フランス法における連帯債務と保証 (1)〜(7・完)」北大法学論集47巻5・6号，48巻1・2・6号，50巻3・4号（1997〜1999）など。

6) ごく最近の西希代子「遺留分制度の再検討 (1)〜(10・完)」法協123巻9・10・12号，124巻4・6〜10号，125巻6号（2006〜2008）はその一例。

2 革新を導入する——一般的な方法による研究・その1

(1) これまでの成果

より広く，日本におけるフランス法研究を見ると，戦前・戦後を通じて，解釈・立法のために新しい法技術の導入をはかる，という観点からの研究も行われてきた。たとえば，①戦前のフランス法学者たちは，このような関心を強く持っていた。杉山直治郎の附合契約論，野田良之の交通事故論，福井勇二郎の営業担保論などがその例である。また，最近では，②特別養子法や成年後見法が，フランス法から大きなヒントを得て立法された。

もちろん，こうした観点からの外国法研究はフランス法に限って行われてきたわけではない。しかし，フランス法についても行われてきたことは，改めて確認されてよいことだろう。実際，日仏法学会で行われてきた総会講演には，新立法にかかわるものが少なくない（野村豊弘「フランスにおける最近の民法典改正」日仏10号〔1979〕79頁以下，滝沢聿代「最近のフランスにおける氏の諸問題」日仏14号〔1986〕10頁以下，吉田克己「フランスにおける住居賃貸借法制の新展開」日仏15号〔1987〕18頁以下と続き，後藤巻則「フランス製造物責任法の成立とその影響」日仏22号〔1999〕239頁以下を経て，最新の「〔特集〕フランス担保法2006年改正」日仏25号〔2009〕9頁以下〔担当：平野裕之，片山直也，山野目章夫〕に至っている）。

(2) これからの方向

現在，フランスでも債務法改正のための諸案が公表されているほか，物権法改正草案も現れている。また，家族法の領域でも，依然として活発な立法が続いている（後者については，『日仏』の「立法紹介」欄でフォローされている）。こうした動向に鑑みると，今後も新立法に関する研究が続くことが予想される。

ただ，速報はこれからも必要であるとしても，単なる立法紹介ではなく，より立ち入った立法研究の手法を開発することが必要であるように思われる。すなわち，①フランスの立法の背景を，先行する実定法や学説との関係，立法を生み出す社会的な力との関係で解明するとともに，②そこから得られた知見を日本の立法論に接合する際に留意すべき点を示すには，どうすればよいか，を考えなければならない。

債務法改正作業に関する紹介は複数現れているが，方法論に及ぶような本格的な研究はまだ現れていない。また，筆者自身，「人」や「家族」にかかわる

いくつかの問題（具体的には，人工生殖，パクス，ペリュシュ事件など）につき，立法過程を検討するいくつかの小論を書いてきた。しかし，この点につき，現段階で一般的な指針を示すには至っていない。今後の研究の蓄積によって，参照可能な実例を増やしていく必要があるだろう。

III 民法・民法典の思想と民法学の理論のために——参照枠型の研究

1 観念を抽出する——特殊な関連性を基礎とする研究・その2

(1) これまでの成果

日本民法学におけるフランス民法研究の最近の潮流の一つとして，「民法典」の存在意義に着目するものがある。まず，星野英一教授が，「社会の基本法としての民法」という考え方を提示した。これは，人権宣言の下に憲法と民法を併置しようとするものであり，法体系の中での民法の位置づけにかかわるものであると言える。これを受けて，筆者自身は，「民法典という（を持つという）思想」，すなわち，「社会の構成原理」を民法典に書き込むという考え方に着目した。

この傾向は，論者の主観的な意図とは別に，民法のアメリカ化に対抗するものと理解することができる。すなわち，市場＝経済の優位，専門家の支配，法の道具化，に対して，政治＝社会の復権，市民の参加，思想としての法，を掲げるものであると言える。もちろん，民法典を支える思想は，時代によって国によって異なっており，常に同一であるわけではない。しかし，ある時期から，フランスにおいて「民法典という思想」が説かれてきたことは確かである。フランスから「民法典」を輸入した以上，日本もまた民法典の背後にある思想をも暗黙裡に受け容れたと言うべきではないか。少なくとも，民法典の思想を改めて意識的に引き受けるべきではないか。上記の論者はこう考えるのであるが，この考え方は「フランス・モデル」などと呼ばれ，賛否はともかくその意義を認められるに至っていると言える。

(2) これからの方向

しかしながら，このモデルにはなお検討すべき課題が少なくない。一方で，

モデルそのものの一層の深化ないし吟味が必要である。そのためには，①歴史的な研究や社会学的な研究が望まれるが，すでにその試みは始まりつつある。たとえば，歴史の観点からは，金山直樹教授の研究や水林彪教授の研究が現れている[7]。②社会学的な観点からの研究はまだ十分とは言えないが，高村学人教授の研究のようなものが期待される[8]。また，③法意識の面からの検討も必要かつ有益であろう（すでに，更田義彦「フランス人と民事裁判」日仏10号〔1979〕49頁以下，松川正毅「人工生殖に関する日仏共同アンケート」日仏18号〔1993〕86頁以下がある[9]）。

他方，次のような二つの方向での展開も望まれる。一つは，①個別のテーマに即した検討であるが，すでに，「民法典による規律」の意味に迫るものもいくつか現れている（たとえば，『200年』所収の水野紀子「家族」，山野目章夫「抵当権」など）。もう一つは，②フランスから着想を得つつ，日本における民法典のあり方を主張することである。これは，おそらくは水林教授が，そして筆者自身がたどり着こうとしている目標でもある。

2 枠組みを構築する——一般的な方法による研究・その2

(1) これまでの成果

再び，より広く，日本におけるフランス民法研究を見ると，フランス法学・民法学を通じて，制度の理解・検討のための枠組みを構築する点に重点を置くものが少なくない。

まず第一に，近年のフランス法学には，次のような特徴を見出すことができる。それは，民法と民事訴訟法の交錯領域を研究することによって，フランスの私法と司法制度の特色を析出しようというものである。この傾向は，契約の解釈と破毀院の権限に焦点をあわせた北村一郎教授の助手論文に始まるが，そ

---

7) 金山直樹「フランス革命・民法典における契約自由の原則」同『法典という近代——装置としての民法』（勁草書房，2011，初出，2004）所収，水林彪「近代民法の本源的性格——全法体系の根本法としてのCode civil」民法研究5巻（2008）1頁以下。なお，大村「共和国の民法学」前掲注3）（2009）3頁以下所収もささやかな試みではあるが，同様の方向を目指すものである。
8) 高村学人『アソシアシオンへの自由——〈共和国〉の論理』（勁草書房，2007）。大村敦志『フランスの社交と法——〈つきあい〉と〈いきがい〉』（有斐閣，2002）もこれに連なる。
9) 最近では，高山佳奈子「社会的連帯と個人主義——フランス法意識調査に見る責任観念」ジュリ1341号（2007）137頁以下などが興味深い。

の後,松本英実教授の商事裁判所研究,荻村慎一郎氏の団体訴訟研究,齋藤哲志准教授の解除研究へと続く10)。

これとは別に,第2に,広い意味での法社会学的な研究も少なくない。早い時期に物権変動(星野英一・鎌田薫両教授の研究が著名である)の実態が明らかにされたほか,相続に関する大規模な実態調査がなされたことも特筆に値する11)。また,不動産の利用12)や都市のあり方13)についても,本格的な研究が蓄積されている。

他方,第3に,民法学の側からは,フランス法を観察することによって参照枠組みを構築し,これによって日本法を分析しようとするものが増えてきていることが注目される。森田宏樹教授の研究(引用文献のほか,森田宏樹「契約」『200年』も参照)14)や中田裕康教授の研究(引用文献の一部は「枠契約の概念の多様性」として日仏22号〔1999〕131頁以下に公表)15)などがその典型例である16)。

さらに第4に,民法学の方法論のレベルでも同様の試みがなされている。日仏法学会の総会講演にもこの種のものが散見される(瀬川信久「Ch. ペレルマン『議論の研究』——実用法学の視点からの検討」日仏13号〔1984〕1頁以下,大村「現象としての判例——『フランスにおける民事判例の理論』その後」日仏17号〔1990〕51頁以下,小粥太郎「マルセル・プラニオルの横顔」日仏23号〔2004〕117頁以下などである)。冒頭のIで言及した小粥教授や筆者自身の方法論にかかわる著書も同様の傾向に属する。

---

10) 北村一郎「契約の解釈に対するフランス破毀院のコントロオル(1-10・完)」法協93巻12号,94巻1・3・5・7・8・10号,95巻1・3・5号(1976〜1978),松本英実「Confit de juridiction とアンシャン・レジーム期フランスの法構造」法制史研究56号(2006)109頁以下,荻村慎一郎「フランスにおける団体訴訟と訴訟要件」法協121巻6号(2004)781頁以下,齋藤哲志「フランスにおける契約の解除(1)(2・完)」法協123巻7号・8号(いずれも2006)。

11) 稲本洋之助ほか「フランスの農家相続(全7回)」社会科学研究36巻3・4号,37巻1・6号,38巻3・5号,39巻5号(1984〜1988)。

12) 原田純孝『近代土地賃貸借法の研究——フランス農地賃貸借法の構造と史的展開』(東京大学出版会,1980)。

13) 吉田克己『フランス住宅法の形成——住宅をめぐる国家・契約・所有権』(東京大学出版会,1997)。

14) 森田宏樹『契約責任の帰責構造』(有斐閣,2002)。

15) 中田裕康『継続的取引の研究』(有斐閣,2000)。

16) 大村敦志『典型契約と性質決定』(有斐閣,1997)も同系統に含めうる。

(2) これからの方向

　以上のうち第一の傾向は今後も承継されることだろう。これに対して第二の傾向は一見すると衰弱しつつあるようにも見えるが，Ⅲ 1(2)の傾向と融合しつつあるとも見られる。第三の傾向に属する研究は，今後も増えるだろう。ヨーロッパ・レベルでの法源との関係なども含めて（すでに，幡野弘樹「ヨーロッパ人権条約がフランス家族法に与える影響——法源レベルでの諸態様」日仏24号〔2007〕77頁以下），検討の対象はなお多く残されていると言える。第四の傾向についても，最近のフランスの状況（たとえば，近年の *RTDCiv..* 掲載論文の傾向）に鑑みると，新たな研究が現れることも期待される。

　さらに，この方向の研究は，東アジアの文脈において意味を持つだろう。フランスと日本との比較ではなく，フランスを支点（視点）として，日本と韓国，日本と中国とを比較するというタイプの研究が，韓国や中国だけでなく日本の学界においても期待される。とりわけ留学生たちの研究において取り組まれるべき課題であると言えるだろう。

Ⅳ　結語——フランス学の系譜の中で／司法制度改革の先に

　以上，フランス民法研究の直接の目的をいくつかに分けて，それぞれの研究傾向につき，その将来を展望してきた。最後に，「フランス」という「外国」の法を「研究」することの意味につき，改めて触れておきたい。実定法学にとって外国との比較研究は，批判の視点を獲得することにある。そこには，「いま・ここに」ある法が「別様に／異なる仕方で autrement」ありうる，そのあり方を構想するための手がかりが求められる。

　考えてみれば，明治以来（戦前・戦後を通じて），人々は様々な領域において，メイン・ストリームとなったドイツ流，アメリカ式とは異なる見方をフランスに求めてきた。フランス民法研究もまた，このようなフランス学の系譜を形づくってきたと言えるが，そこには民法研究に固有の事情も存在していた。それは，「近くて遠い」適度の距離の存在である。沿革的関連にせよ民法典の存在にせよ，日仏の間には特別なつながりが存在する一方で，フランス民法には日

本法を相対化するために利用可能な異質な要素が含まれている。「似ているが異なる」存在に取り組むことによって，私たちは，自分の姿をより精密に知ることができる。近年のフランス民法研究において，「参照枠」とか「逆照射」「発想源」といったことが説かれるのは，日仏のこのような関係に着目してのことであると言えよう。

　もっとも，フランス民法研究の有用性を再確認してみても，法科大学院における教育において，フランス法は退潮する一方ではないか，あるいは，そもそも研究自体がその基盤を失いつつあるのではないか，という危惧の念も示されている（北村一郎「グローバル化時代におけるフランス法の挑戦」日仏関連学会シンポジウム 2008 年 9 月 28 日）。

　しかし，翻って考えてみて，従来の学部教育においてフランス法はそれほどの関心を集めていたと言えるのだろうか。個人的な印象ではあるが，一般学生のフランス法に対する関心が今よりも格段に高かったとは思えない。むしろ，将来の実務家たちが，現行法をよりよく理解しそれを改善していきたいと望むとすれば，彼らこそが，フランス法研究に対してより強い関心を持ちうるのではないか。そうだとすれば，法科大学院において，また，学部においても，「余所 ailleurs」の出来事としてでなく，フランス法を取り上げる工夫が必要なのではないか。

　さらに言えば，課題は，研究者の側にあるとも言える。教育負担の増大により研究が十分に行われなくなっていると言われて久しい。確かにそうかもしれないが，これまでの，教育とは切断された研究とは何であったのか。学界に向けて新しい解釈論・立法論を説くだけではなく，将来の実務家や市民に向けて，法の理解を推し進め，法の改善を促すために研究成果を示すことが必要なのではないか。

　そうは言っても，個々の研究者教員，とりわけ若い人々に，「さらに努力せよ encore un effort」と督励してみても，十分な成果は期待できない。何世代にもわたって，私たちがフランス民法に取り組んできたことは何を意味するのか。また，今後，どのような形で，フランス民法を研究し教育すべきなのか。フランス民法研究の伝統（共同体）が存在し，そこには，様々な試みとその成果が存在すること。新しい研究の可能性が秘められていること。こうしたこと

を可視的な形で示すことが，後続の世代を励ますことに通じるだろう。『日仏法学』はそのような役割をはたしてきたし，『200周年記念論文集』も同様の役割をはたすことだろう。しかし，それでもなお十分とは言えない。さらなる努力が必要なのは，私たちにほかならないと言うべきだろう。

B　グローバリゼーションの中の法学教育
　　──パリから東京へ[17]

幕開き──2012年5月のパリから

　もはや旧聞に属するが，2012年5月を中心とした前後数ヶ月，パリの中心的な話題と言えば，5年に一度のフランス大統領選挙であった。この選挙ではフランソワ・オランドが勝利を収め，1995年以来，17年ぶりに社会党が権力の座に復帰した。欧州は深刻な経済問題に直面しているが[18]，これとは別に，オランドが教育を重視する姿勢を見せたのが印象的であった。閣僚の顔ぶれを見ても，首相となったジャン゠マルク・エローはリセの教授であったし，首相・外相に次ぐナンバー3の位置づけを与えられた国民教育大臣ヴァンサン・ペイヨンもリセの教授であった。また，オランドが大統領府のあるエリゼー宮に入るに先立ち，チュルリー公園のジュール・フェリーの記念碑に献花をし，続いて，キュリー研究所を訪れたのは，教育・研究重視を示すものと受けとめられた。

　オランドと入れ替わりに，前大統領ニコラ・サルコジは5年の任期を終えて，エリゼー宮を去ったわけだが，この時期，メディアはもう一つの退任を報じた。ルイ・ヴォジェル教授がやはり5年の任期を終えて，パリ第2大学の学長を退

---

17) 筆者は，3度目の長期在外研究（1年間）の一環として2012年4月中旬から同年6月末まで，パリに滞在し，パリ第2大学などで日本法に関する講義・講演を行った。滞在中の見聞の一部については，2013年1月に，東京大学民法懇話会において報告する機会を得た。本稿はその時の報告原稿に後日談を加えたものである。お誘いをいただいた幹事の沖野眞已教授に謝意を表する。
18) 大統領選後のフランスで注目を集めている問題の一つとして，同性婚の承認がある。オランド大統領は選挙前の公約に従って法案提出に踏み切った。現在，国民議会の審議は終わっており，2013年4月から元老院での審議が始まることが予定されている。この問題に関連する拙稿として，大村敦志「パクスその後──私事と公事の間で」水野紀子編『社会法制・家族法制における国家の介入』（有斐閣，2013）を参照。

いたのである。同じ頃に、もう一つ、興味深い出来事があった。スフロ通りの法律書店のショー・ウィンドーに『法の料理』[19]と題されたクリストフ・ジャマンの新著が並んだのである。私はこの奇妙な表題の本を、数年前に出版されたヴォジェルの著書『大学、フランスの好機』[20]とともに買い求めた。

以下の話の中心をなすのは、この2冊の比較検討である。ジャマン vs. ヴォジェル、それは言い換えれば、パリ政治学院 vs.（全国の）法学部、さらにはグラン・ゼコール vs. 大学ということになる。ジャマンはパリ政治学院の法学校の責任者であるのに対して、ヴォジェルは大学学長会議（CPU）の議長であり、かつ、ソルボンヌ大学連合（PRES Sorbonnes Universités）[21]の連合長でもあったからである。

ここで本論に入る前に、この問題に関わるエピソードを二つ紹介しておく。一つは、6月半ばにジャマンの本を買ったときのことである。なじみの書店主に「ジャマンの新著のタイトルは面白いですね」と話しかけたところ、「彼はいつも面白い、いつも問題を起こすけどね」との応答があった。もう一つは、やはり6月半ば、末っ子がバカロレア（大学入学資格試験）とパリ政治学院の入試を控えた友人宅に招かれた折のこと。政治学院が不合格になったらパリ第2大学に進学するという話も興味深かったが、友人が大学改革について論じるにあたってヴォジェルの名を挙げたことが印象的であった。大学人ならばともかく、専業主婦の女性がその名を挙げる。日本では、戦後の南原・矢内原、紛争時の大河内・加藤ならばいざ知らず、秋入学が話題になっているとはいえ、現役の東大総長の名を知る人は少ないだろう。

これまでの梗概──大学改革と政治学院問題

ここまで簡単に触れてきたように、新政権からバカロレア受験の家族まで、

---

19) Jamin (Ch.), *La Cuisine du droit*, 2012.
20) Vogel (L.), *L'université: une chance pour la France*, 2010.
21) PRESは、Pôle de recherche et d'enseignement supérieur の略。「高等研究教育拠点」といったところか。

教育改革はフランスの関心事の一つになっているように見える。他方，パリ政治学院と法学部の間には，何やら確執があるらしい。その背後には，いくつかの事情があるだろうことは容易に想像される。

　ジャマン vs. ヴォジェルという構図について考えるにあたっては，まず，これまでの経緯を示しておいた方がよかろう。もっとも詳しい検討を加えるだけの準備はないので，日本のフランス法研究者の多くが知っているごく基本的な二つの事実のみを指摘しておく。

1　大学改革

　まずは，大学改革の流れについて触れておいた方がよい。2009年4月初旬，たまたまパリに滞在していた私は，モンパルナスのカフェから，大通りを行くデモ隊を見ていた。この年の2月初めから学年末の6月にかけて，パリでは大規模なデモが繰り返されていた。フランスでは今でもデモ自体は珍しくないが，このデモは大学人たちのデモである点において異彩を放っていた。2007年の「大学の自由と責任」に関する法律（la loi "liberté et responsabilité des université" ＝LRU）に反対するデモであった。

　何が問題とされたのか。この点は，2009年5月14日のル・モンド紙に掲載された「フランスの大学を再生する（Refonder l'université française）」というアピール——パリ第2大学のオリヴィエ・ボー教授ほかが提案し，5000人の賛同者を得た——に要約されている。簡単に言えば，フランスの大学の地位は，国内的にも国際的にも低下している。これを何とかしようというのがLRU法であるが，これによって大学というものの性質が変わってしまうのではないかという危惧がデモを生み出したのである。

2　政治学院問題

　もう一つは，政治学院問題である。こちらやはり時計の針を2009年まで戻してみよう。この年の年末に *Droit et Patrimoines* 誌に発表された小論を紹介しておきたい。「パリ政治学院の新しい法学校。法の料理人の学校」という刺激的な表題を掲げたこの論文の著者は，パリ第2大学のフィリップ・マロリー名誉教授であった[22]。

ことの発端は，2007年3月21日のアレテ（命令）に遡る。これによって，政治学院は，「法律・司法職（Carrières juridiques et judiciaires）」「経済法（Droit économique）」という二つの学位につき，法学修士（maîtrise en droit）と同等の地位，すなわち弁護士養成センター（CREFPA）[23]の受験資格を獲得した。これを受けて2009年9月30日に，「パリ政治学院法学校」の開設が公表されたのである。

マロリーは，パリ政治学院法学校の法学教育観を「拝金主義（vision mercantile）」と性格づけ，「自由と自省の精神（ésprit de liberté, de réflexion）」と正反対のものであるとした。そして，「訴訟に勝つこと」「よい契約書を書く」ことだけを目指す「法の料理人の学校（École des cuisiniers du droit）」は，大学の理念のみならず，19世紀末の「政治自由学院（École libre des sciences politiques）」のそれにも反すると論難したのである。

第1幕——パリ政治学院 vs. 法学部

以上，二つの問題につき，2007年と2009年に起きた出来事をふまえた上で[24]，ジャマンとヴォジェルの著書の紹介に進もう。それぞれについて，まず，著者の背景について一言した上で，著書の概略を示す。

1 ジャマンの著書を読む

クリストフ・ジャマン（1962-）は，直接訴権に関する学位論文でデビューし，1993年の教授資格試験に合格し，パリ政治学院に移る前にはリール第2大学で民法を講じていた。彼は，民法・法哲学のフィリップ・ジェスタツとともに，『民法季刊雑誌（Revue trimestrielle de droit civil）』[25]の編集に従事しているほか，やはりジェスタツとともに『学説（La doctrine）』[26]という大著を書いている。

---

22) Malaurie (Ph.), La nouvelle École de droit Sciences Po. L'École des cuisiniers du droit, Droit et patrimoine, N. 187, Décembre 2009, pp. 22-23.
23) CREFPA は Centres régionaux de formation professionnelle des avocats の略。
24) 詳しくは，北村一郎「フランス——法曹養成と法学教育」比較法研究73号（2011）を参照。
25) 1902年創刊。フランスの民法学界を代表する雑誌。

何度か来日の経験もあるが，私たちにとっては，法学史家という印象が強い。『学説』を見てもわかることだが，フランスの科学学派[27]に関する知見とアメリカのリアリズム法学に関する知見とが，彼のバックボーンになっている。

　ジャマンの著書の表題とされている「法の料理 (*La cuisine du droit*)」は，前述のマロリーの論文を逆手に取ったものである。ジャマンによれば，マロリーの皮肉な表現は，政治学院法学校に対する賛辞 (hommages) になっているというのである。「料理は陰気で悲しい世界ではなく，色彩に満ちて，庶民的で，そして祝祭的なアートである」[28]からである。ジャマンの新著には，論争を象徴する表題とは別に，実質を表す副題が付されている。「政治学院法学校——フランスの一つの実験」というのがそれである。

　私の見るところ，政治学院法学校が法学部の教授たちをいらだたせる理由は，三つあるように思われる。

　一つは，政治学院と法学部の環境の違いである。大学に比べて政治学院は財政的にも恵まれているようだが，最大の違いはグラン・ゼコールは入学者の選抜が可能であるという点にある。法学部から見れば，これは不正競争であり，政治学院の勝利は当然の結果であるということになる。

　二つ目は，政治学院法学校のカリキュラムにかかわる。法学部教授たちは，法学部で8学期を要することを政治学院は3学期（このように言うのは，4学期目には研修があるからか？）でできるというのか，と批判する。また，マロリーが言及するように，その「学際性と国際性 (la pluridisciplinarité et l'international)」も鼻につく。

　ジャマンによれば，これは実務からの要請であるという[29]。この二つの要請に応えるべく，政治学院は次のようなカリキュラムを用意している（ch. 5 Le design institutionnel）。やや詳しく説明しよう[30]。

26）　Jestaz (Ph.) et Jamin (Ch.), *La doctrine*, 2004.
27）　19世紀の注釈学派とは異なり，法の欠缺を認めた上で「科学的自由探究 (libre recherche scientifique)」により補充すべきことを説き，これを行う点に法学の役割を認める。その登場の背景や日本への影響については，大村敦志『20世紀フランス民法学から』（東京大学出版会，2009）第1編「共和国の民法学」を参照。
28）　Jamin, *supra* note 19, p. 26.
29）　Jamin, *supra* note 19, ch. 3 Les attentes des praticiens を参照。
30）　なお，パリ政治学院のウェブサイトも参照（http://master.sciences-po.fr/ecole-de-droit/

まず前提となっているのは，政治学院法学校が高等教育における第2段階に位置づけられていることである。すなわち，そこでの教育はバカロレア修了後に3年の学習を経た者を対象とする。具体的には，そこで法を学ぶのは，政治学院で人文学や語学を習得した者や他の高等教育機関で，たとえば数学や工学，あるいは哲学や体育学を修めた者などが想定されている。その結果として，政治学院法学校のカリキュラムは表向き2年間である。しかし，すぐ後で触れるように，実際には，3年間の就学が可能であり，推奨もされている。

1年目は「基礎の習得（apprentissage des fondamentaux）」にあてられる。ジャマンは三つの科目を挙げる。彼によれば，最も教育的な（法の教育一般に効果のある）科目は何か，という点については議論があったようであり，結局1年目には，債権法や刑法や団体法などが教えられているようである。

しかし，これらと並んで，次の3種の科目に重点が置かれているという[31]。

①「法認識論（épistémologie du droit）」：これは「内からの検討（science du dedans）」という位置づけがされており，概念の系譜，論証における中立性の欠如，結論の偶然性，議論の可塑性などを学ぶという。なお，この科目にはcomplex legal tools という英語名称が与えられているようであるが，ジャマンの説明と英語名との間には若干のギャップがあるようにも感じられる。

②「諸理論（théoriques）」：これは「外からの検討（science du dehors）」とされているが，具体的には，「法的理由づけ」「法の経済分析」「法の比較」「解釈の理論」「法と政治の関係」「法思想の歴史」などの科目が提供されているという。

③「ケース研究」：これについては特に説明を要しないだろう。

なお，教育はインタラクティヴな方法によっており，英語による授業も行われているらしい。

2年目には「休止（césure）」と呼ばれている期間が想定されている。必修ではないが，1年目の履修を終えた学生が「研修（stage）」に出かけること——

2013年3月10日閲覧)。
31) Jamin, *supra* note 19, pp. 196-198.

特に外国に行くこと――が推奨されている。約30％の学生がこれを利用しているという。

最後の3年目には，「特定テーマの深化（approfondissement de certains objets)」が続く。具体的には，国内の法律家を目指すコースとグローバル・ロイヤーになるコースとに分かれるようである。

三つ目は，（比較を念頭に置いた）フランス（民）法学に対する評価にかかわる。ジャマンの新著の特色もこの点にあると言える[32]。ジャマンによれば，19世紀末から20世紀初頭のフランスにおいて成立したのは，「法の『学理的』ないし『技術論的』モデルとその教育（un modèle《doctrinal》ou《technologique》du droit et son enseignement)」であった。科学学派の登場後，フランス法学において支配的になったのは「体系化」であり，結局のところ，「法中心主義（juridisme)」を脱却することはできず，今日でも「一般教養（culture générale)」への配慮は希薄であるという。

では，英米ではどうか。簡単に言えば，ジャマンは，理論重視のアメリカの法学教育が，最近になって実務指向を強めつつある点に着目している。

2 ヴォジェルの著書を読む

ルイ・ヴォジェル（1954-）は経済法の専門家である。法学部で博士号を取得し，1989年の教授資格試験に合格しているが，パリ政治学院とイェール大学の学位も有している。早くからブリュージュのヨーロッパ大学で教えているほか，パリ第2大学の比較法研究所所長を長く務めている。また，弁護士も開業しており，兄弟で経営しているヴォジェル＆ヴォジェルは，競争法関係ではフランスで最高の弁護士事務所とされている。

ヴォジェルの著書は100頁足らずの小著であるが，パリ第2大学での改革の経験に基づく主張は，それなりの説得力を持っている。ヴォジェルにおいて特徴的なのは，二重の意味で，フランスの大学が置かれた状況が的確に把握されているということだろう。

まず第一に，フランスの大学が置かれた困難な状況について，彼は次のよう

---

[32] Jamin, *supra* note 19, ch. 1 Le compromis français, ch. 2 Deux modèles concurrents を参照。

に言う[33]。大手弁護士事務所は，法学部の学生ではなくグラン・ゼコールか英米の大学の出身者を採用するし，大企業の法務部門の責任者たちもまた，フランスの大学ではなく英米で勉強している。そもそもフランスの大学は世界の大学の中でよい格付けをされていない，と。

ヴォジェルはさらに言う[34]。外国人学生が多いという事実がフランスの大学が魅力的な証拠だというのは幻想である。実際のところ，グラン・ゼコールには外国人と女性は少ない。また，フランスの大学で学ぶ外国人の多くは旧植民地出身者であり，たとえばアメリカ人学生は少ない，と。

第二に，大学というものの持つ価値について。ヴォジェルによれば，「大学」とは「知性と人間的な価値の集積（concentration de intelligence et des valeurs humaines）」にほかならない。だから，唯一の知のモデルとして世界的に承認されている。また，大学が「距離を取り，独立していること（cette prise de distance et cette indépendance）」が「大学の力（force de l'université）」である[35]。

彼は次のようにも言う[36]。大学においては「教授間にいかなるヒエラルキーも存在しない」。「大学は企業のようには改革できない世界である。それでも，大学は変わりうる」と。

それでは，どうすべきか。ヴォジェルは大学側の責任者らしく，権限や予算についても多くのことを述べているが，ここでは研究や教育に焦点を合わせよう。以下の大小7点を挙げておく[37]。

①教育と研究の近接性の確保：この点が大学のパフォーマンスを左右するが，フランスでは十分でない。「研究は質の高い教育の前提となり，教育は研究の価値を高める」。

②グラン・ゼコールと大学の結合：最も能力の高い学生が十分な研究施設のないグラン・ゼコールで勉強し，逆に，最も優秀な大学の教授たちがその講義の価値を理解する学力を持たない学生に教えているのはおかしい。

---

33) Vogel, *supra* note 20, p. 7.
34) Vogel, *supra* note 20, p. 21.
35) Vogel, *supra* note 20, p. 9, p. 6.
36) Vogel, *supra* note 20, p. 8.
37) Vogel, *supra* note 20, pp. 47-48, p. 48, p. 51, p. 53, p. 70, p. 71, pp. 79-80.

③1年次の失敗からの救済：話し言葉と書き言葉，ノートの取り方，文章の組み立て方，論証の仕方などを教える必要がある。

④創造性やイニシアティヴの養成：フランスは思考の構造化に長けているが，「法学においてすら，想像力や創造的な直感こそが必要である」。

⑤コースの多様化：たとえば，パリ第2大学では，よりレベルが高く，選抜を伴う「法学院（collège de droit）」を設けた。

⑥一般教養の強化：たとえば，法において十分な能力を示すには，他の分野の知識が必要である。

⑦規模の拡大：ソルボンヌ大学連合（Sorbonnes Universités）は対外的な交渉力・吸引力を高めるだろう。

幕間に――大学の変化？

まとめに進む前に，ここでもう一度いくつかのエピソードを挙げて，私自身の体験したフランスの「大学」について一言しておきたい。

1 競争導入と多様化

今回のパリ滞在中に，私はMaster 2（バカロレア取得後5年目）の学生とCollège de droit（同3年目）の学生に日本法を教えた。後者の「比較法」のクラスは，率直に言って，学生のレベルは非常に高いとは言えなかった。若い（幼い）学生であることを勘案するとしても，学生たちは消極的であり，（日本法ではなく）フランス法に関する知識も十分ではなかった。もちろん，フランスの場合，上の学年に進むに従って選抜が進むので[38]，学生のレベルもそれなりに上がっていく。それでも「大学」のレベルは決して高いとは言えない。

ただし，Collège de droitの一環として比較法の授業に出ようという学生が一定数はいるという事実は，積極的に評価すべきことだと思う。また，PRES Sorbonnes Universitésの協定によるのだろう，複数専攻（ダブル・メジャー）

---

38) たとえば，1年目の終わりに約半数が退学する。だからこそ，1年次対策が重要性を帯びる。

が可能になっているという話も聞いた。実際のところ，ある同僚のお嬢さんは，法学（パリ第2大学）と歴史（パリ第4大学）とを同時に専攻しているということだった。

2 組織再編と海外提携

私はまた，パリ在住の教え子が通っていたパリ第4大学のフランス語講座の修了式に出席する機会を得た。かつてに比べると，外国人学生に対する大学のサービスは格段に向上しているという印象を抱くとともに，パリ第2大学のジャン゠ルイ・スリウー教授が講壇に上がって修了証書を渡す役を務めておられたのに感銘を受けた。これも，語学講座を開設しているパリ第4とパリ第2がソルボンヌ大学連合を結成していることによるのだろう。

さらに，パリ第2大学について言えば，最近，シンガポール大学との提携によって，同大学で学ぶことが可能なコースが開かれていることも注目に値する[39]。ちなみに，かなり高額の登録料を取っているようであり，フランスの公教育の基本原則は，非選抜原則だけでなく無償原則についても揺らぎつつあるのかもしれない。

劇評――フランス法学はどこに行くのか？

1 変わるもの？

確かなことは，国際化への対応の対応であろう。ジャマンの著書の副題には「フランスの実験」という言葉が，ヴォジェルの著書にも「フランスの好機」という言葉が見られる。彼らはいずれも，国際化の潮流の中で，フランスはどうすべきかという意識を持っている。二人とも，「フランス的例外」を掲げて，現状を維持すればよいとは考えていない。

ジャマンが掲げ，マロリーの批判の対象となった「学際性と国際性」を，ヴォジェルもまた否定しない。「大学」という動きにくい組織の枠内ではあるが，

---

39) パリ第2大学のウェブサイトを参照（http://www.sorbonne-assas-ils.org 2013年3月10日閲覧）。

これらの点を強化する方策が模索されている。その意味では，ジャマンとヴォジェルは同じ方向を向いている。

フランスの法学教育（より広く大学教育）は，国際化と学際化の方向に舵を切ろうとしていると言ってよいだろう。

これに対して，必ずしも確かとは言えないのは，実務の重視である。ジャマンに見られる実務の重視は，ヴォジェルには明瞭に現れてはいない。ヴォジェルは常に「大学が大学であり続けること」を標榜しているからである。むしろ，思考の体系化・構造化に，なお価値を見出しているかのごとくである。

もっとも，思考の体系化・構造化は法教義学においてだけ現れるわけではない。ジャマンもまた，自身が「内から」「外から」と呼んだ検討の方法において，フランスらしさを発揮するということを否定するものではあるまい。

2 変わらざるもの？

他方で，一貫して変わらないものもある。それは「自由」に与えられた価値である。ヴォジェルが繰り返し述べるのは，大学が「自由」であることの意義である。現実から距離をとり，政治や市場から自由な立場で研究を行うことが創造的な知をもたらすというのである。

ジャマンはどうかと言えば，彼もまた，別の文脈で「自由」を口にする。法教義学（doctrine）からの「自由」がそれである。もちろん，「学説の自由」と「学説からの自由」との間には落差がある。しかし，「自由」が重要なシンボルであることに変わりはない。

これに対して，よくわからないのは，「社会」の確保についてである。マロリーの表現を借りれば，ジャマンは「訴訟に勝つこと」「よい契約書を書くこと」を目指す。こうした発想に立つとすると，法典（Code）による「社会」の維持というフランス法の基本思想は後退せざるを得ない。

ジャマンはこの点については何も触れていない。もちろん，フランス法の基本思想は当然の前提とされていると考えることもできないわけではない。しかし，民法学者としては，この点につき何らかの態度表明を明示的にすることが望まれよう[40]。2011年秋，一般の読者に対して『絵で見る民法（Droit civil illustré）』を公刊して，市民に対して民法の基本思想をわかりやすく提示して見

せたマロリーにしてみれば，こうした思想が欠如したのが「法の料理人」にほかならないということになろうか。

ヴォジェルはどうか，と言えば，経済法の教授である彼は，法典について語らない。それ自体は自然なことかもしれないが，フランスにおける「大学」の価値を説くならば，同様に，「法典」の価値をも説く必要があると言えるかもしれない。

幕切れ，と思いきや……

ヴォジェルは，ぎりぎりのところで踏みとどまっている。しかし，法学部は政治学院の後を追っているようにも見える。そう考えるならば，「フランスよ，お前もか……」と嘆息せざるをえない気分になる。

もっとも，それとは違う見方も考えられないではない。マロリーの「法の料理人」という表現に対して，ジャマンは「法の料理」という言葉で応じた。そこには微妙なニュアンスがあるようにも思われるからである。

単なる料理法を教えるのではなく，料理を「内から」「外から」観察し，美食（gastronomie）の神髄に肉薄する。そこには「科学と技術」の新しい形での連携（新しい科学学派の誕生）の可能性が織り込まれている。そう考えるのは，希望的観測に過ぎるだろうか。

もっともこれでは，フランス式の法教義学が否定されるべき存在であることに変わりはない。実は，この点の評価こそがフランスをはじめとする大陸法国における法学の将来を左右する。そして，これは私たちの問題でもある。

第 2 幕に続く——2013 年の東京へ

ここまでの原稿は，冒頭に注記したように，2013 年 1 月の研究会のために

---

40) ちなみに，こう批判する私自身の法典観について，大村敦志『民法改正を考える』（岩波新書，2011）を参照。

用意したものであった。一方の主役・ヴォジェルが退場し，他方の敵役・ジャマンが見得を切って，物語は一応の終焉を迎えたものと思っていた。ところが，一幕三場で閉幕するかと思った芝居は，さらに続くようなのである。2月になってから，私は，ショッキングな事態が続いていることを知ることとなった。

1 主役から悪役へ？

　一つは，ヴォジェルが政治学院に移籍するという話である。2月半ばの学会の折に，同僚のフランス法学者・北村一郎教授が，教えて下さった。
　「ル・モンド」に出ていたから，確かだと思うということであったので，さっそく関連の情報を探してみたところ，ヴォジェル自身のブログの中に[41]，記事が見つかった。2月4日付のブログに1月31日付の記事が掲載されていたのだが，それによると，ヴォジェルはパリ政治学院の院長に立候補したという。
　彼はその理由を尋ねられて，次のように応えている。「政治学院は本当の意味で実験室です。可能性に満ちています。すばらしいところで，やるべきことがたくさんある。グローバルな仕方で高等教育と研究を動かすのに参加することができます。それは私がこれまで歩んできた道とも付合します。」
　ここに及んで，ヴォジェルとジャマンの方向性は重なり合っていたことが，改めて確認された。しかし，政治学院に対抗していた大学側のトップが，先方に鞍替えするというのは……。
　そう思っていたところに続報が入ってきた。2月25日付の「ル・モンド」や「エクスプレス」が，今度は，立候補の取り下げを報じたのである。メディア宛のコミュニケはヴォジェルのブログにも掲げられている。一言で言えば，大学人を選ぶという委員会の基準が守られそうもない（自分が選ばれる可能性がない）というのが理由のようである。
　担当大臣は「どんでん返し（coup de théatre）」と述べたと言うが，多くの法学部教授たちにとっては，ヴォジェルの立候補とその取り下げは二重のどんでん返しに見えたのではないか。いずれにせよ，このことはパリ政治学院と法学部との関係に影響を与えないではいないだろう。

---

41)　http://www.louisvogel.net/（2013年3月10日閲覧）。

2 観客も舞台に上がる？

もう一つも，2月の半ば過ぎのことであった。私にとっては，最初のフランス留学以来の恩師であるミシェル・ゴベール名誉教授（パリ第2大学）から1通のEメールが届いた。それには彼女の一文が添付されており，その趣旨に賛成であるならば，かつての教え子の一人として署名人に加わってほしいというのである。

小文は論争的なものであり，「ヴィケ弁護士会長への公開状」と題されていた。ことの発端は，全国弁護士会評議会前会長のティエリー・ヴィケ弁護士が，2012年10月になってジャマンの『法の料理』に関する書評[42]を発表したことにあるようだ。ヴィケは，法学教授たちが学生に対して，体系化・カテゴリー化され，外部の現実から切断されたものとして法を教えてきたと非難し，法学部は弁護士のための学校，職業化のための学校になるべきだと主張した。

多くの法学教授にとって，この主張は容認しがたいものだろう。特に，教育熱心なゴベールにとっては，聞き捨てならないものであったに相違ない[43]。彼女は次のように反論している。

法学部は弁護士のためのものにとどまらない。法学部の任務は，様々な職業人を養成するとともに，「知性を育成する（former des esprits）」ということである。「知性を育成する」とは，若者たちに，自分で考えることを教えること，すなわち厳密な理由づけと批判の精神を身につけさせること，そのために不可欠の「距離をとる」ということを教えることだと言う。また，歴史・社会・経済を切り離して，法を教えることなどできるはずもなかろうと。

その上で，彼女は，法学部の学生たちは無駄な時間を過ごしたことになるという批判に応えるために，（同僚たちではなく）教え子たちの意見を求めている。そして，彼女は付言している。かつての外国人学生，現在では同僚になった人々は，ニューヨークであれ東京であれ，遠い道程をものともせずにパリにやってきて，今もなお，フランスの方法を学び，自らの教育の改善に役立てよう

---

42) Wickers (Th.), Remettre la faculté de droit au service de la profession d'avocat. A propos de l'ouvrage de Christophe Jamin, «La cuisine du droit», *Gaz. Pal.*, 14-16 oct. 2012, p. 13 et s..

43) もっとも，彼女は実務に冷淡なわけではない。ある破毀院判例に向けられた学者グループによる強い批判に対して，破毀院を擁護する論文「破毀院は縛り首に値するか？」を公表したことで知られている。

としている, と。

　「ニューヨーク」と「東京」, 間接的に名指されたジェーン・ギンズバーグ教授（コロンビア・ロースクール）と私は, 結局, 彼女の20人の（フランス人の）教え子とともに, この呼びかけに応じた。ゴベールの小文は, 近日中に *Petites Affiches* 誌に掲載されるという。

　もっとも, 私は, 彼女への返信のE-mailに次のように付記した。「喜んであなたの『マニフェスト』に参加します。あなたのかつての教え子としてばかりではなく, 大陸式の大学のメンバーの一人として。法学部の（弁護士のための）職業化は, 世界のあちこちで見られる現象です。あなたは大学の理念を守ろうとしている。その気持ちを完全に共有します。もちろん, 大学における教育方法は完全ではありません。改良を続けなければなりません。ジャマン氏の提案のいくつかは, その意味で興味深いと思います。しかし, 教育の目的ははっきりしています。あなたが言うように,『知性を育成する』ことです。この目的は堅持されなければなりません。……」

　法曹界の大立者と多数の弟子を抱える長老教授の論争は, この先, どのような波紋を広げることになるのか。今の段階では予想は難しい。確かなのは, 物語はさらに続くだろう, ということだけである。

　私自身に関して言えば, もはや対岸にいるわけにはいかなくなった。しかし, それは望むところだと思うことにしよう。すでに述べたように, この問題は, フランスだけでなく, 大陸法に属する国々に共通の問題である。そうであるのならば, 大学の, 法学部の良質の部分を救い出して擁護しつつ, グローバリゼーションに対応できる法典と法学と（広義の）法律家を育てていくことは急務であると言わなければならない。これは他人事ではない。グローバリゼーションとはそういうことにほかならない[44]。

---

44) 冒頭の注で一言した3度目の長期在外研究の行き先は, フランスのほか, 中国・韓国・アメリカ・フィンランドであった。このうち, とりわけ韓国とフィンランドでは, 国際化や大学のあり方について考えさせられることが多かった。ささやかな考察をとりまとめたものを, 遠からず公表したいと考えている。なお, 所感の一端を述べたエッセイとして, とりあえず, 大村敦志「フィンランドで日本の法学について考える——外国語, 読書, 学者」民事判例Ⅵ（日本評論社, 2013）を参照。

C　これからのフランス法学

　2013年9月4日，最高裁大法廷は14人の裁判官の全員一致で，非嫡出子の相続分を嫡出子の2分の1とする民法900条4号ただし書きの規定は憲法に反するとの判断を示し，1995年7月5日の判例を変更した。このニュースは全国紙のトップ記事として報道されただけでなく，日本で発行されている英文紙でも大きく報道され，たまたまこの時期に日本に滞在中であったパリの古い友人の目にもとまった。他方，この友人によると，パリ第2大学（法学系）は近々，パリ第4大学（文学系），第7大学（工学系）とともに結成していた「ソルボンヌ大学連合（PRES Sorbonnes）」からの離脱を決めるという。こちらはどれほどメディアの関心の対象になるかわからないが，パリ第2大学のイニシアティブで始まった企画から提唱者が早くも離脱するという事態に，私自身は大いに驚いた。

　本稿においては，この二つの出来事を素材に，フランス法・法学の持つ特色の一端を指摘し，私たちがそこから何を引き出しうるかを考えてみたい。その際に，droitとloiの区別という問題を検討の視点に据えてみたい。星野英一はかつて，droitが「法」であるのに対してloiは「法律」である，前者は後者を含むという見方を示した。たとえば，慣習や判例は，法律ではないが法ではありうる。これは一つの重要な指摘であるが，ここではDroit（法あるいは客観法）とdroits（権利あるいは主観法）という区別をも意識して，Droit ― lois ― droitsというもう一つの軸を設定してみたい。この軸に重点を置くならば，lois（諸法律）からは一方でDroit（抽象的な法原理）が，他方でdroits（個別的な法＝権利）が引き出されるということになる。

I　フランス法の特色——アクセルだけでなくブレーキも踏む

1　古い法律にこだわる

　最高裁の違憲決定が出されたことによって日本政府は立法を迫られているが，考えられるのは900条4号ただし書きを単純に削除するという方策であろう〔本稿脱稿後の立法でこの方策が実現〕。同様の問題はフランスでも議論の対象とされてきたが，ヨーロッパ人権裁判所の判例（いわゆるマズレク判決）を受けて，2001年12月3日法律によって嫡出子と非嫡出子の平等化がはかられた。だから，日本でも平等化を，という議論も出てくることだろう。

　日本のメディアは，世界の多くの国で，もはやこのような「差別」はされていないと説く。改正が最も遅れたフランスでも2001年に法律ができたというのである。しかし，ここで問うべきは，フランスで「差別」の解消に2001年までかかったのはなぜか，ということであろう。婚姻尊重のキリスト教国では婚外子が冷遇されていたから，というだけでは十分ではない。婚姻とは子どもを持つという「約束」だから，という根本的な考え方が理解されなければならない。

　家族法の根幹をなすこの基本原理と子の平等化の要請をどのように調整するか。そこにフランス法の悩みがあったのである。「子ども中心主義（pédocentrisme）」——カルボニエ学長によるやや皮肉な命名——に棹さしておれば足りる，というわけにはいかないのである。かつて離婚法につき「有責主義から破綻主義へ」というスローガンが掲げられたことがあるが，この問題についても，フランス法は「アラカルト離婚」とも呼ばれた多元主義を採用した。破綻主義の導入は必要であるとしても，有責主義にもなお合理性はあるだろう。法の生成展開はそれほど単純には語れない。フランス法にはこうした「節度」が存在する。

2　詳しい法律をつくる

　では，2001年法律は何をどう変えたのか。詳しい解説は省略せざるをえないが，この法律は子の相続分の平等化をはかると同時に，配偶者の相続分を強

化した法律として知られている。従前，配偶者は相続によって「用益権（usufruit）」と呼ばれる終身の利用権を取得することはあっても，遺産そのもの（所有権）を取得することはなかった。ところが，2001年法律は配偶者は遺産の4分の1を取得しうるとしたのである。

これはフランス法の相続観からすれば画期的なことであるのだが，いまはその点には立ち入らず，次の2点のみを指摘しておく。まず一つは，2001年法律が，非嫡出子の相続分は婚姻を損なうという批判に応える側面を有しているということ。改正法は，相続分の平等化を実現するとともに，婚姻尊重を改めて確認したのである。もう一つは，2001年法律の認める配偶者相続分は少なすぎはしないということ。4分の1という割合だけを見ると，最低でも2分の1の相続分を認める日本法に比べて，配偶者の保護が薄いようにも見える。しかし，フランスでは夫婦財産制が清算された上で，相続がなされることを考えるならば，単純にこのように言うことはできない。無一文の若い男女が結婚し，高齢に達した夫が一定の財産を残して死亡したという場合，夫婦財産制の清算によって全財産の2分の1が妻に帰属し，残った2分の1が相続の対象となるからである。

ここで指摘しておきたいのは，フランス法の複雑性である。2001年法律による相続の仕組みはそう簡単なものではない。また，古くから存在する夫婦財産制の清算のルールは詳細なものである。フランス法は，関係者の利害調整をはかるために面倒な仕組みを作ることを厭わないのである。フランス法はそのための「技能」を有している。

II　フランス法学の特色——現象でなく本質を見る

1　法の道具化をさける

冒頭に掲げたソルボンヌ大学連合の試みは，パリ第2大学前学長のルイ・ヴォジェルによって主導されてきたパリ第2大学の，さらに言えばフランス全国の「法学部」の生き残り策の一環をなすものであった。フランスでは数年前からパリ政治学院（通称，シアンス・ポ）が法律家養成に参入したことにより，法

学教育の目的・方法や高等教育のあり方などに関する論争が熾烈化している。

　シアンス・ポの法学教育が打ち出しているのは，一言で言えば，法の道具化であると言えるだろう。紛争解決のための道具として，社会構築のための道具として，法を捉えるという発想は，一方で法学の技能化を，他方で法学の学際化を導く。すなわち，一般的なルールである lois の内容を理解するだけでなく，これを使ってクライアントの droits をいかに守るかが，また，法の世界に内在するのではなく，対象として外部からこれを観察する諸方法（Droit et... と呼ばれるアプローチ）が重視されることになる。

　ヴォジェル学長は，シアンス・ポの法学教育とは一線を画しつつも，その目的や方法については，ある程度の共感を持っていたように思われる。そもそも，このままではフランスの高等教育はグローバル化の流れに乗り遅れることになる，という危機感は完全に共有されていた。そして，現状打開策の一つとして打ち出されたのが，ソルボンヌ大学連合であった。

　そこからの撤退は何を意味するのだろうか。ここに見出されるのは，Droit への執着である，と言うのは言い過ぎようか。時々に，様々な利害を考慮して国民（議会）は lois を制定する。これらの具体的な lois（法規範）の中に，抽象的な Droit（法原理）を見出す。それこそが法学の役割であり，法学教育において教えられるべきことである。そう考えるならば，シアンス・ポ流の「改革」からは距離を置いて，伝統的な法学に意識的に回帰すべきではないか。ソルボンヌ大学連合からの離脱論の背後には，そうした発想が潜んでいるように思われるのである。

2　法の人間性をたもつ

　では，伝統的なフランス法学とはいかなるものだったのだろうか。もっとも，ここでいう「伝統」は 19 世紀末に確立されたものなので，この問いは 20 世紀のフランス法学とはいかなるものであったのかと言い換えられる。誤解を恐れずに言うならば，20 世紀フランス法学は「概念」の探求と更新を行って来たように思う。少し前のフランス法学史は，19 世紀のフランス法学（注釈学派）＝概念法学，20 世紀のフランス法学（科学学派）＝自由法学，という図式を前提にしていた。しかし今日では，注釈学派が称揚・再発見され，科学学派以降

の法学は概念指向が強すぎると批判されるに至っている。

　しかし，そこで探求された概念は，法の基本をなす概念であった。私の専門である民法に即して言えば，今日において，「家族」とは，「契約」とは，「団体」とは，「財産」とは，「責任」とは，そして「人」とは何か。こうしたことが問われてきた。もちろん，個々の研究がこれらの基本概念に直接かつ包括的に立ち向かったわけではないが，多くの研究がこうした基本的な問いかけを念頭に置いてきた。前出のカルボニエ学長は，民法典はフランス市民社会の「構成原理（constitution）」であるという著名な言葉を残したが，上記のような基本概念の意味を問うというのは，これらによって構成される社会のあり方を問うということにほかならない。フランスの民法教科書にはしばしば，民法は国民の「行為規範（règle de conduite）」であると書かれているが，この指摘は，法学は社会の，あるいは人間の基本的な価値を探求するものであるという立場とよく照応する。

　私たちはフランスの法・法学から何を引き出しうるか。日本のフランス法研究はどこに向かうべきか。一言で言えばそれは，autrement（別様に），という言葉に集約される。立法者も研究者も先進モデルを追うという作業に魅せられがちである。ところがフランスの法・法学は必ずしも先進モデルを提供してはくれない。それでも（だからこそ）そこには別様の魅力がある。

第4章
学説へ

A 架橋する法学・開放する法学——星野英一『法学入門』

はじめに

「法学学習の困難さ」——本稿が紹介・検討の対象とする星野英一『法学入門』（有斐閣，2010年11月刊。以下「本書」という）は，この点の指摘から説き起こされている。

本書において著者が目指すのは，「法律家でない人に，法・法律に対する関心を少しでも深めてもらうこと」（旧書まえがき。「旧書」の意味については，すぐ後に述べる）である。本書の端緒となった著者の「法学」講義の冒頭では，法学入門は「オードヴル，スープ，アペリティフのようなもの」とされ，「法学に対する食欲がわけばよい」と述べられていた（手元の講義ノートによる）。さらに本書では，「（法学部・法科大学院の——筆者）学生には，むしろ外の人から見た法や法律をよく理解してほしい」（はしがき）という願いが（旧書に比べて）より明確に表明されるに至っている。一通り，コース料理を経験したことがある人にも，料理というものを見直すきっかけとなる一皿を提供しようというわけである。

目の前に差し出されたのは小ぶりのテリーヌ。だが，そこには様々な工夫が凝らされ，グラン・シェフの試行（思考）の成果が集約されている。その真価を知るには味わってみるのが一番ではあるが，以下，ミシュランの記者になったつもりで，若干の紹介・検討を行ってみよう。

すでに示唆したように『法学入門』には前史がある。出発点は1980年代の半ばに法学部進学予定の学生を相手に行われた「法学」の講義にもとめられるが，直接には，1990年代の後半に放送大学で行われた著者の講義の教科書（放送大学では「印刷教材」と呼ばれる）『法学入門』（放送大学教育振興会，1995年刊。「旧書」はこれを指す。樋口陽一教授の書評〔法教181号, 1995年〕がある）を原型とする。旧書は15回編成の「放送教材」にあわせて15章に分けられていたが，本書ではそれらは八つの章にまとめられている。放送との対応という制約がなくなったため，本書の編成は旧書よりも自然で分かりやすいものになった。

そのほかにも，見出しが太字となり，改行が増え，ひらがな書きが増えているのは，若い読者にとっては朗報であろう。索引の作り方も旧書から少し変化しており，人名などが多く拾われている。内容については大きな変更は加えられていないが，法律の改廃や教科書類の改版などに対応しているほか，近時の話題（法教育，法学教育，ロースクール，ソフトロー，ADR，立法論（学），「法と経済学」，国際条約，法整備支援など）につき，新しい文献を引きつつ興味深い加筆がなされている。

著者自身も述べるように，本書の特徴の一つは，「外的視点」「内的視点」の双方を考慮に入れ，相互の関係に留意している点にある。著者の強調する「法」と「法律」の区別もこの点と密接に関連している。もう一つ，法学学習のあり方を示すにあたり，「教養」というものの位置につき特別な関心が払われているのも，本書の特徴であろう。以下，これらのキーワードを借用しつつ，本書の内容を紹介し（Ⅰ），若干の検討を行うこととする（Ⅱ）。

Ⅰ　紹　介

「外的視点」とは（法システムの外部にある）観察者の有する視点，「内的視点」とは（法システムの内部にある）当事者の有する視点を指す。第一次的には，一般市民の立場が前者に，法曹の立場が後者にあたるというのが，著者の見方であるが，以下においては，著者の他の著作との関連で本書を位置づけるとともに（*1*），著者が本書を書くに際して念頭に置いている主要な対立軸を取り出

して (2)，本書の内容を紹介したい。

1 「外的視点」からの位置づけ

(1) 『民法のすすめ』『人間・社会・法』との関係

著者は，本書のほかに2種の入門書を公刊している。『民法のすすめ』（岩波新書，1998）と『人間・社会・法』（創文社，2009）がそれである。「前者は……主として社会科学を学習した人，後者は人文科学を学習した人にとっての法学入門書のつもりである」（本書はしがき）というのが，著者自身による位置づけである。もちろん，同じ著者の手になるものであるので，2種の入門書と本書との間には，共通の部分が少なくない。しかし，著者の言うようにウエイトの差があることも確かである。

『民法のすすめ』で目立つのは「民法と経済」「民法と市民社会」あるいは「民法の理念」「民法と人間」といった項目である。民法と「経済」「市民社会」（ここでいう「市民社会」は，経済とは区別される領域としての市民社会）との関係をどう考えるかは，民法学にとっては根本問題であると言えるが，同時に法学と経済学・社会学・政治学などとを連結する問題であるとも言える。また，民法の理念や人間像（両者は表裏の関係にある）は，公共哲学や社会思想史へと連なる。『人間・社会・法』はどうかと言えば，「人類の存続——家族」に重点が置かれるとともに，「学問・芸術」「宗教」にも紙幅が割かれている。後者と人文科学の関連はわかりやすいが，前者は，歴史や心理・倫理と密接にかかわる問題として取り上げられているのであろう。

これに対して本書の特色は，「人の法・法律に対する見方，関わり方」が重視されている点に求められる。そのために，(法律家が行う)「法律の適用」や(法学者が行う)「法学」に対する言及がなされている。（社会科学・人文科学を学ぶ人も含めて）広く一般市民に，法律家・法学者の視点の特色を提示しようというわけである。

(2) 『民法〔財産法〕』『家族法』との関係

すでに述べたように，本書は放送大学の教科書として書かれた旧書を原型としているが，著者の手になる放送大学の教科書は旧書だけではなく，ほかに『民法〔財産法〕』『家族法』（いずれも，放送大学教育振興会，1994）の二冊がある。

両著はいずれも制度の思想的・社会的側面に重点を置くものとなっており，技術的側面は大胆に刈り込まれている。特に担保や各種契約は省略され，相続は簡略化されて，「人」，「物の支配」(所有)，「契約」，「不法行為」(責任) と「婚姻・離婚」「親子」(家族) がクローズアップされているのが特徴的である。

これらは，「教養学部の学生」を想定して書かれているが，本書の場合と同様，「法学部の学生」にも有用であろうとされている。

(3) 『民法の焦点 PART 1 総論』『民法のもう一つの学び方』との関係

著者には実は，もう一つ別の系列の入門書がある。『民法の焦点 PART 1 総論』(有斐閣，1987) と『民法のもう一つの学び方』(有斐閣，2002，補訂版，2006) である。

前者は，法学部生のインタビューに答える形で，「民法の勉強の仕方」と「民法の解釈について」について語ったものである。法学者・法律家の営みがいかなるものであるのかが示され，法学部生に対して学習の方法と意義が説かれているが，学生の思考を法律家の思考へと導くために，(法律家の) 内的視点を客観化して示すことが試みられていると言えるだろう。著者は，いわば「内的視点を考慮した外的視点」に立っているのである。このような視点間の架橋は，本書においてより明確に示されることになる。

後者も，その多くはインタビュー形式をとっているが，そのほかのものも含めて，『法学教室』に発表されたものをまとめて一書としたものである。著者は「教科書による学習 (タテの学習)」のほかに，「条文」「基本原則」「用語」「判例」などといった「特定の観点からの学習 (ヨコの学習)」をすることを，さらには，両者を含めて民法を「内側から学ぶ」だけでなく「外から眺める」ことを推奨している。「学説史」や「新しい問題」への言及も，学習の幅を広げようとするものであろう。ここで示されている (法学部生にとっての)「もう一つの学び方」の延長線上に，本書や前掲の『民法 (財産法)』『家族法』は位置づけられることになる。

ここまでの叙述で，本書を頂点とする著者の一連の著書群の特徴がある程度まで明らかになったはずであるが，今度は本書の内容に即した形で，その特徴を確認することにしよう。

2 「内的視点」からの位置づけ

(1) 法と法律，法と法学

すでに一言したように，著者年来の主張である「法」と「法律」の区別（本書第1章）は，本書の最大の特徴である。著者は，制定法（lex/loi/Gesetz）を包摂するものとして法（jus/droit/Recht）を観念すべきことを強調する。この区別を導入することによって，一般市民と法律家との相互理解が要請される（本書第2章）。一般市民は「法律」に対して，外的観点に立ってこれを認識するとともに，内なる「法」を発見しこれに依拠して「法律」を批判的に検討することが可能になる。反対に，「法律」に対して内的観点に立つ法律家に対しては，「法」の内的観点を勘案すべきことが求められるのである。

こうした見方は，「法」を対象とする「法学」という知のあり方に対する著者の見方（第8章）と通底している。著者は一方で，（前述の社会的側面・思想的側面に対応する）法・法律の科学的研究・哲学的研究を重視するとともに，（特定の地域・時代・法領域を対象とする）実定法学が①科学・哲学に依拠した技術であること，②法実践を認識するだけでなく法実践に働きかけるものであること，③法律家や（法的素養を持つ）市民の養成を本質的な任務とすることを指摘しているが，そのいずれもが視点間の移行を含意しているからである。

(2) 法と生活，法と規範

本書の序論・結論をなす第1章・第2章と第8章が抽象度の高い総論であるのに対して，各論の主たる部分をなすのは第3章と第4章である。

この部分で著者はまず，「人間生活・社会現象」を基底部分をなす「経済・家族・生存・安全」，中間部分をなす「隣人関係・社会団体」，上層部分をなす「学問・芸術・宗教」とに分ける。その上で，各部分と法・法律との関係を説明する（第3章）。ここでは人間・社会の側から法・法律への接近が試みられる。続いて著者は，「法・法律」を「規範の面」「理想の面」「（規範）実現の面」とに分けて，道徳・習俗・技術や正義・自然法や実力との関係を問う（第4章）。今度は，法・法律の側から出発して隣接領域との異同を明らかにしようというわけである。

二つのアプローチに共通に認められるのは，法・法律の領分を画定しようとする姿勢ではなく，むしろ法・法律を他の領域へと開いていこうという姿勢で

ある。「線引き démarcation」ではなく「開放 ouverture」が目標とされていると言ってもよい。そうであってこそ視点の往還も可能になる。

(3) 法と歴史，法と解釈

残る第5章から第7章までは，各論の従たる部分としてまとめられよう。著者は「日本法の沿革」に関する部分（第5章・第6章）と「法律の適用・解釈」に関する部分（第7章）とを区別し，前者は第3章・第4章とともに外的視点に立つ考察であるのに対して，後者は内的視点に立つものであるとしている（旧書まえがき）。

しかし，ここでは著者の意図から離れて，両者をまとめて捉えたい。というのは，後者においては「法律家」の行う操作（広義の法の「解釈」——適用を含む）の特色が摘示されているのに対して，前者においては（日本の）「法学者」の関心の所在（広義の法の「歴史」——比較を含む）が説明されていると理解することもできるからである。

II 検 討

旧書が教科書として用いられていた放送大学は教養学部のみからなる大学である。それゆえ，「法学入門」も「教養」の一環として教えられており，旧書はもちろん本書もまた「教養」としての法学とは何かを考えざるをえない（1）。そして，その過程を通じて著者の思考は，（専門科目としての）法学学習における「教養」の意義に及ぶことになる（2）。

1 「教養科目」としての法学学習

(1) 法外の観点から——法への関心

著者の問題意識が「法学学習の困難さ」の克服にある点は冒頭で触れたところであるが，本書においては，とりわけ日本社会では「法律は『人々』に敬遠されている」ことに鑑み，論理主義・法律万能主義を排し，社会や思想に開かれた形で，あるいは生活感覚と結びついた形で，法・法律を提示し「法律への興味」を喚起することが目指されている。

では，法律家ではない人々にとって，「法律への興味」が必要（あるいは有益）なのはなぜか。著者はこの点につき，「狭く，技術的または職業的トレーニングの要求に限定されない，一般的な知的拡大と向上に向けられた」教育を教養教育と呼ぶ（旧書まえがき）。「法・法律・法学を他の領域と比較しつつ，それらの共通点・差異点などを明らかに浮き上がらせる」「生活領域・社会現象のどれかにひっかか（る）」ことによって，学習者の関心を広げること自体に意義があるというわけである。

　しかし，この先には，次のより根本的な問いが立ちはだかる。なぜ「教養＝知的拡大」が必要なのか。この点については後で改めて触れることにして，ここでは著者が，人々に忌避されがちな「法」が「知的拡大」の対象となるに値するものであると確信していることを確認しておこう。「法・法律は人間・社会の規範であり，社会の構成原理を定めるものであって，それらと切り離せないものであることに気づ（く）」（第6章）ことが求められているのは，そのためであろう。

(2)　法の観点から──法の拡張

　「教養科目」としての法学学習が望まれる理由はほかにもある。著者によれば，法学学習を通じて「『法』の尊重と，『法律』に対する一方で批判的な態度，他方で真に『法律』を守る精神をもち，民主国家の一員，つまり立法者としての役割に対して一層関心をもつようになること」が期待される。

　これは，一般市民が，内なる「法」を意識化することを通じて，「法律」を自らのものとして引き受けることを意味する。こうした発見と受容が深化することを通じて，はじめて法は実効性を持ち正統性を得る。ここには，法は人々の意識の中にあるのであり，書物の中にあるのではないという見方が示されている。そう考えるならば，「教養科目」としての法学は，むしろ法にとって，必要不可欠であるということになる。

　「教養」としての「法学」に対する著者の見方は，おおむね以上のようなものであろう。では，「法学」における「教養」については，どう考えられているのだろうか。

2 「専門科目」としての法学学習

(1) 教養の効用——自己認識と他者理解

「教養」はなぜ必要か。先ほど留保したこの問いにつき,「専門科目」としての法学学習に即した形で考えてみよう。

ここまで繰り返し述べてきたように,著者は法・法律の「開放」をはかろうとする。その理由の一端は次のような表現に求められる。「広い比較法的,社会学的視野を要請し,自国法を相対化する視点を養(う)」「国際的視野を養う」(第5章)。つまり,「法・法律」からのその外部への「知的拡大」は,視野の拡大を通じて,自己認識を深化させるとともに他者理解を促進するということである。

自己認識・他者理解はそれ自体が価値を持つ。「教養」がそれ自体として価値を持つのはそのためである。同時に「教養」には実用的な効果が伴うこともある。教養は実用を目的とするものではない。しかし,結果として,教養が法・法律に対する「気づき」を触発し,法・法律の改善の「きっかけ」になることは,しばしばおこりうることである。

(2) 教養の所在——内在型と外在型

「専門科目」として法学を学ぶ者(将来の法律家)には「教養」が必要であるとしても,「教養」の獲得には定められた唯一の方策があるというわけではない。たとえば,法学以外に専門分野を持つというのも一つの方策である。アメリカのロースクールがグラデュエイト・スクールであるのはそのためであるとも言われる。法律以外の科目を学部段階で学習した者がロースクールに入学すれば,ロースクール生たちは,少なくとも一つ,法学以外の専門科目を修得していることになるからである。

しかし,著者は,このような方策とは別の方策によって「教養」の獲得をはかることを想定しているようである。一言で言えばそれは,「法学とは別に」ではなく「法学を通じて」,「教養」を獲得するという方策である。著者が繰り返し,本書を法学部生・法科大学院生に勧めているのは,それゆえであろう。本書を通じて,「法律技術」にとどまらずそれを取り巻く諸現象に関心を寄せよ,というわけである。

このメッセージは暗黙裡に,法学を教える者(法学者)にも向けられている。

学習者の関心に応える（関心を広げる）教育、そのために必要な研究がなされているのか。著者が本書を刊行したのは、この点を指摘したかったからかもしれない。

おわりに――「入門」の研究について

「『法学入門』の専門家というものは存在せず、筆者も民法を専門とする」。著者はそう述べているが（旧書はしがき）、本稿において述べたところからもわかるように、四半世紀の間、著者はこの領域に関心を寄せ、多数の業績を産み出している。著書としてまとめられたものだけでなく、「法学入門」に関する専門研究ともいうべき論文もいくつか発表している。その意味では当代随一の専門家であると言ってよい。

もっとも、歴史を遡るならば著者の先達もいないわけではない。参考文献に掲げられた各種の「法学入門」の著者たちのすべてが厳密な意味での専門家ではないとしても、少なくとも二人の先達の仕事は注目に値する。著者が特にその名を掲げる穂積重遠と田中耕太郎である。

実は、冒頭に掲げた「法学入門＝アペリティフ」の比喩は穂積に由来する。また、本書を貫く「視点の往復」という観点は、穂積のモットー「非法律家を法律家に、法律家を非法律家に」と響き合う。さらに、法を多面体として捉えようという姿勢も両者に共通する。そもそも「法学入門」という用語も穂積や末弘が用いるようになったものであり、それ以前は「法学通論」と呼ばれるのが普通であった。

著者が言うように（筆者自身もそう考えるが）、法にとって教育が本質的な意味を持つとすれば、「法学入門」は研究の対象となって不思議ではないし、専門家も育成されてしかるべきである。さしあたり、穂積に端を発して著者に至る「法学入門」の系譜をその思想的・社会的な背景とあわせて検討することが課題とされてよい。

その中で、田中をはじめ他の著者たちの法学入門との比較もあわせて行う必要があろう。また、「法学通論」から分岐した「法学概論」（古くは「法律大意」

とも呼ばれた）についても検討を要するだろう（必ずしも評判のよくない我妻栄の遺著『法学概論』などの再評価も待たれるところである）。

B 「人の法」の構想——広中俊雄の民法体系論

I はじめに——生成する広中体系

　広中俊雄の提示した民法体系は，その民法思想によって裏づけられている。このことは，一般論としては当然のことのように聞こえるかもしれない。しかし，本稿では，広中における「体系」と「思想」の関連性に留意しつつ，その両者の内容をより具体的に明らかにすることを試みたい[1]。

　広中の民法体系（以下，「広中体系」と略称）は，その主著の一つ『民法綱要』に集約されているが，予め概括的にその特徴と思われる点を列挙するならば，①ある種の市民社会論に立脚していること，②「人の法」を中心に（狭い意味での）体系化がなされていること，③秩序論として構成されていること（その特徴として，α 権利論との関係，β 財産・人格軸と根幹＝外郭軸による四分論の提示，γ 権力秩序への言及，など），さらに，④独自の1条論・2条論を含むことなどを挙げることができるだろう。

　このうち，私の検討の中心になるのは②であるが，おそらくは他の執筆者によって論じられるであろう③αや③β，また，広中体系を論ずる際の共通の出発点となる①にも，必要に応じて言及する[2]。なお，③γや④は中心的な論点

---

1) かつて広中が創刊した雑誌『民法研究』への寄稿を求められた際に，できれば民法の「体系」について論じてほしい，との編者の希望が示された。これに対して私は，民法の「思想」を主題とする論文を書くことで応じた（大村敦志「民法と民法典を考える」民法研究第1巻〔1996〕）。本稿は，広中の「思想」の一部を明らかにしつつ，私自身の「体系」構想の一端を示唆するという形で，20年前の応答を増補しようとする試みでもある。
2) 私自身は1990年代から2000年代初めにかけて，G・コルニュの用語法に示唆を得て「生活民法」「取引民法」という対比を行った後（大村敦志『法源・解釈・民法学』〔有斐閣，1999〕103頁以下，283頁以下や同『生活民法入門』〔東京大学出版会，2003〕など），90年代の終わりから2000年代には「人の法」「財産の法」という広中体系の承継・展開を標榜しているので（大村敦志「民法における『人』」同『消費者・家族と法』〔東京大学出版会，1999〕や同『民法読解 総則編』〔有斐閣，2009〕，特に結章など），特にこの観点から広中体系を検討したい。

ではないように見えるかもしれないが，私には重要なものであるように思われるので，上記の諸点と関連づけて論じたい。

本稿における検討にあたっては次の 2 点に留意したい。第一は，内的な整合性を重視するということである。『民法綱要』に限ってみても，上記の諸特徴は相互に関連しているので，ある側面（特に狭義の〔内的な〕体系）について論ずるには必然的に他の側面（広義の〔外的な〕体系）にも触れざるを得ない[3]。第二に，広中体系を生成の側面において捉えたい。『民法綱要』の初版と新版（以下，『旧綱要』『新綱要』と略称，「旧○○頁」のように引用）を対比すれば[4]，容易に理解することができるように，緊密な論理によって支えられているように見える広中体系は，生成する体系でもある。この生成の過程を理解し，そのありうる未来像を望見するには，生成の内的なメカニズム――それは『綱要』の変化に加えて，広中の全著作の中での変化や学説史の展開を含む[5]――だけでなく，外的な環境に目を向けることも必要になる。この点に関しては，広中体系における（内的・外的というのとは別の）二重性を剔出することを試みる。

以下，具体的な立論としては，まず広中体系の形成過程に着目し，「人間と市民」像の変遷という観点からその全体的な特徴を再提示した上で（Ⅱ），広中体系の展開に関する検討を通じて，「人の法」構想の未来像を示したい（Ⅲ）。最後に，民法体系を語ることの意義にも触れて，結びに代えたい（Ⅳ）。

---

3) ここでは，民法規範の体系を「狭義の（内的な）体系」と呼び，これを含む民法システム全体を「広義の（外的な）体系」と呼んでいる。
4) 創文社，初版，1989，新版，2006。なお，初版は「第 1 巻総論 上」とされていたのに対して，新版は「第 1 巻総論」とされているが，この点は後述するように，続巻の編成（民法体系）が大きく改められたことによる。
5) 具体的には一方で川島体系との対比を行うとともに，他方で私自身の観点からの批判的検討を行う。

II　広中体系の形成──「人間と市民」の間で

1　広中体系の原型

(1)　川島武宜の民法総論との対比

　1989年に『旧綱要』が現れたとき，その密度の高い叙述は読者を驚かせたが，同時に一つの先例を想起させた。それは川島武宜の民法総論である[6]。川島の民法総論はそれ自体が興味深い検討の対象であるが，ここでは川島体系が，①商品交換の法規範的構造として把握され，②私的所有・契約・法的主体を基本的要素として，③権利の体系として提示されていることだけを指摘しておく。これとの対比で言うと，広中体系は，①資本制的生産関係・民主主義的国家・人間の尊厳の3要素によって市民社会を把握し，②人格を首位に据えた，③重層的な秩序の体系として提示されるに至っている（旧1頁，79～80頁，89～91頁など）。

(2)　広中の先行著書

　以上のような特徴を持つ広中体系は，広中の多年の研究成果に立脚して構想されたものである。まず，広中自身が明言するように（旧「はしがき」2頁），広中の秩序論（③$\alpha\beta$）は『債権各論講義』（以下『講義』と略称）に示された一般不法行為法の類型化に由来することを確認しておく必要がある[7]。ただし，この類型化の出発点が不当利得法にあったこともあって，この時点では財産権中心の構成が採られていた（『講義』507～508頁）。次にもう一つ，助手論文であった『契約とその法的保護』（創文社，1974，初出，1953）との関連にも触れておきたい。そこには，契約と国家（政治権力）の関係につき，「商業および産業の発展によって新たな取引の形態が形成されるために，その都度，あとから，法はそれを認めざるをえなかったのであるが，しかも，法がそれを認めたのち

---

[6]　『民法講義　第1巻　序説』（岩波書店，1951）に始まり，『民法I　総論・物権』（有斐閣，1960）を経て，『民法総則』（有斐閣，1965）に至る。

[7]　有斐閣，初版（第4分冊），1962，第6版，1994。第6版には『旧綱要』の体系が反映しているが，引用はこの版から行う。なお，広中体系が不法行為法の体系に端を発するという事情は，権利か秩序かという問題（③α）に影響を及ぼしていると見られるが，ここでは立ち入らない。ただし，権利論ではなく秩序論が採用された別の理由については，本文で検討する。

も，法的保護は，単にそれが必要になった場合に助力を求められるものとしてとどまったのであった」という認識が示されている。これは広中体系中の権力論（③γ）にかかわる基本認識であろう[8]。

(3) 広中の先行論文

市民社会における「人間の尊厳」という価値の重視，あるいは（内的な）民法体系における「人格」の首位性は広中体系の大きな特徴であるが，これらもまた突然現れたものではない。広中の諸論文中この点に関するものとしては，「近代市民法における人間」「いわゆる『財産法と家族法との関係』について」「主題（個人の尊厳と人間の尊厳）に関する覚書」の3編を挙げることができる[9]。最初の論文は「（非市民的）人的関係」と「即物的関係」とを区別したものとして著名であるが，その末尾に「市民的＝人的関係」が登場する点で興味深い。次の論文は小編ではあるが，家族の関係を「全人格的範囲において関係しあうもの」と捉えて，商品交換法という意味での（無償契約法を含まない）財産法とは異質なものではないかとしている。その上で，「財産法と家族法との関係」という問題の前提に疑問が呈されている。第三のものは，『旧綱要』以降に現れたものであり，『旧綱要』における「人間の尊厳」の強調の理由を説明するものであるが，この論文における自己認識の深化が『新綱要』に影響を与えたものと思われる。

2 広中体系の定礎

(1) 『民法綱要』における人間

広中体系における人間の重視は，川島体系と比較した場合の最大の相違点で

---

[8] 『講義』508頁では，「ただし，近代財産法の本来的な姿は，権利の相互承認を通じて権利がいわば自然的に確保・実現されることである」とされている。これは，川島・前出注6）（1960）5頁の「資本制経済を成りたたしめる法規範の基本的要素は，本来政治権力の媒介なしに成立しうる」という認識に連なる。もっとも広中は，別のところで「権利の確保・実現は，まず第一に，いわば自然的におこなわれる。そして，これが，権利の確保・実現の基本的な態様なのである」と述べて（「権利の実現・確保」広中『法社会学論集』〔東京大学出版会，1976，初出，1966〕21頁），この認識をさらに展開している。これは広中体系にとって重要な認識であるので必要な限度で本稿でも論じるが，詳しい検討は広中の法社会学を扱う別稿に委ねる。

[9] 前の2編は，今日では，広中俊雄『民法論集』（東京大学出版会，1971，初出，1963），同『民事法の諸問題（著作集4）』（創文社，1994a〔初出，1978〕）所収。最後の1編は，民法研究第4号（1994b）所収。

あろう。ここで注意すべきは，ここでの「人間」は，（非市民的な）「人間」から（商品交換の véhicule としての）「市民」へという過程を経た上で，一旦は排除されたものが「市民」的な「人間」としてすくい上げられて，再び召喚されていることである。別の言い方をするならば，（広義の）広中体系は，市民社会の中に「人間」の位置を見出し，（狭義の）民法体系の首座に「人格」を据えたのである。この転換を支えたのは，（第二次大戦の後という意味での）「戦後」の市民社会の発展であった。日本につき，広中は「1960年代に市民社会の定着が明確となっていった」（旧1頁）としているが，日本に限らず欧米についても同様に言うことができるだろう。その意味で広中体系は，戦後の経済成長を通じて西側先進国で1970年代に実現したところの「個人」に立脚した（経済社会という意味ではない）「市民社会」に定位している[10]。1950年代に形成された川島体系が，なお商品交換のレベルでの近代（市民社会）の貫徹を目指さなければならなかったのと大きく異なる点であろう。

(2) 『民法綱要』における秩序

広中体系における秩序重視は，いくつかの理由によって説明されるだろう。一方で広中自身は，法＝権利の二重性に着目し，まず法の観点から続いて権利の観点からの考察を行ったと自解している[11]。他方，この点については，次のように考えることもできる。すでに述べたように広中は，制定法としての民法典その他の法律以前に，市民社会の秩序が存在する（先行する）と考えている。そこから，民法の「把握は……法の形成・存立の基盤である社会の次元に立って，なされるべきである」（旧81頁）とともに，「裁判官が依拠すべきであると期待されるものは，市民社会に成立する諸秩序と基本的に一致するものであることが要請される」とする（旧28頁）。他方，「権利とは，社会構成員一般の観

---

[10] 現代フランスを代表する民法学者 Ph・マロリーが，最新の著書 *Dictionnaire d'un droit humaniste*, LDGJ, 2015において，（その表題に呼応する形で）「民法典は人間的か？」という問いを発しているのが興味深い。彼は，1804年と2015年とでは法は同一ではないとした上で，「1804年からずっと民法典の中心的な関心事項は財産であり，『人間の尊厳』は第二次大戦後になって初めて現れた」（pp. 38-39）とし，また，「1960年ごろから，法は人間の心身を問題にするようになった」（p. 186）としている。広中と同年生まれの著者が，こうした認識を示しているのは偶然の一致ではなかろう。

[11] 広中俊雄「綻びた日本民法典の体系と民法学の対処」同『戦争放棄の思想についてなど』（創文社，2007，初出，2005）97頁注2参照。

念する規範的行動様式によって支えられており且つ個人対個人の関係で発動される種類の法的サンクションを通じて保護されうる利益享受資格をいう」(旧101頁) としている。法的サンクションとの関係で見ると，市民社会の秩序はこれに先行するのに対して，権利は法的サンクションなしには語りえないということになる。あるいは市民社会の秩序を基礎に，「民法」と「私権」(いずれもフランス語では droit civil) とが成立すると言い換えることもできるだろう。社会秩序の先行性への着目は，実定法としての民法＝私権の存立・生成のメカニズムの解明を促すものとしても特筆に値する。

(3)　『民法綱要』における政治

広中体系における政治への着目は，公法私法論として具体化する。その際の関心は，曖昧な「公法」の封じ込め，さらには「公法私法二元論」の克服にあると言える (旧33〜34頁，77〜79頁，88〜89頁など)。これらの叙述は，川島体系が「私法と政治権力の分離」「政治権力による私法の保障」という抽象的な叙述にとどまるのに比べると，一歩踏み込んだものとなっている。とはいえ，ここで前提とされているのは，良くも悪くも1970年代の市民社会論に対応した国家観・政治観であるように思われる。しかし同時に広中は，「『権力秩序』が他の諸秩序の確保ないし助成に任ずるという両者の関係」(旧31頁) に対する言及も行っている。また，詳細は省略するが，その外郭秩序論は，「財産」「人格」という形で個人化されない秩序を保持する役割を，政治権力ではなく「市民」に委ねるという発想とつながる。この点において，広中の市民社会論における政治の領分は，1970年代的なものから一歩踏み出すものとなっている。すなわち，広中は (経済的な)「市民」とは異なる (政治的な)「市民」を望見しているのである。

III　広中体系の展開——「人の法」構想に即して

1　広中体系の変容

2006年に現れた『新綱要』は『旧綱要』を引き継ぐものであるが，いくつかの重要な修正が加えられている。そのうち最大のものは，広中自身が述べる

ように,「『民法綱要』全体の編成を考えなおす」(新「序」1頁) という作業が行われたことであろう。その内容を一言で言えば,理論上の体系を講学上の体系に反映させるという決断がなされたということになる。すなわち,『旧綱要』の構想が,第1編総論 (総則を含む) に続いて第2編人格権を置くものの,その後の第3編〜第6編は物権・債権・親族・相続と民法典の編別を踏襲するものであったのに対して (旧97〜99頁),『新綱要』では,第1編総論 (総則を含まない) に続いて,第2編人の法,第3編財産の法が対置され,最後に第4編救済の法を置くという体系が示されたのである (新115〜117頁)。その細部の検討は今は省略するが,一言だけ述べるならば,『旧綱要』の「民法の体系」(理論体系) (旧92〜93頁) が『新綱要』では「体系化のための素材の整理」(新98〜101頁) として位置づけ直され,さらにこれが「民法の体系化——本書の編成」(新115〜117頁) に転換されるそのメカニズムと「素材」と「体系化——編成」のギャップの意味が問われなければならないだろう[12]。

(1) 「人格権法」から「人の法」へ——「家族」の位置づけ

ここで是非とも触れておきたいのは,広中がこの大きな転換を決断するに至ったのはなぜかということである[13]。この点につき広中は,「民法典の体系にかなり大きな綻びが生じた」(新111頁) ことを繰り返し挙げている[14]。しかし,この理由づけを額面通りに受け取ってよいかどうかは一つの問題である[15]。むしろ,その背後にある「家族」の位置づけに関する広中自身の認識の変化 (深化) に留意する必要があるのではないか。この点を細説するならば,一方で,現行民法典の制定過程における旧人事編解体が「個人」の隠蔽・「家族」の強

---

[12] 具体的な問題としては,たとえば,①補充的制度,特に相続の位置づけ,②生活利益法・競争利益法の救済の法との切断,③救済の法の内容,特に履行請求権や契約不履行の場合の損害賠償請求権の位置づけなどにつき,その是非が問題になる。理論的な問題としては,④理論上・講学上・法典編纂上の体系をどう考えるか,⑤現行民法典の「体系の綻び」が人格権法・家族法の「人の法」への統合を導くのか (この点は,成年後見の位置づけの変化にもかかわる) などが問題になろう。

[13] ほかに,民法改正が現実化しつつあったことや川島の教科書の編成なども念頭にあったことだろう。

[14] 広中・前出注9) のほか,その前提となっている同「成年後見制度の改革と民法の体系 (上) (下)」ジュリ1184号・1185号 (2000) など。

[15] 山野目章夫「『人の法』の観点の再整理」民法研究第4号 (2004) 28〜29頁注41 も,おそらくは同様の認識に立つ。

調と密接不可分であったこと（新 101～108 頁），他方，1947 年改正が民法典全体の基本原理（民現 2 条参照）を転換したこと（新 109～110 頁）が確認されたのに加えて，1960 年代前半には「家」はほぼ消滅していただけではなく[16]，この先は推測になるのだが，1990 年代以降は家族のあり方がより人格的なものに変化してきたという認識が深められたからではないかと思われる（新 18 頁注 1) 参照)[17]。

(2) 一次規範と二次規範——「基底」の確認

新しい広中体系のもう一つの特色は，一次規範（先行規範）と二次規範（救済規範）との区別を体系編成の中軸に据えた点にある。その理由についてはここでは立ち入らないが，結果としては，裁判所による救済以前に規範が存在することを強調する意味を持つ[18]。これは，市民社会が権力秩序によって支えられつつ自律性を有することの再確認に繋がる。この確認は誰に向けられているのかは必ずしも明らかではないが，裁判官だけではなく市民もまた名宛人に含まれていると解すべきだろう。これは，広中体系の中に権力秩序が組み込まれていることの一つの際立った成果であるとも言える[19]。

2 広中体系の未来

すでに示唆したように，広中体系は，一つの（第二次大戦の真の終了後としての）「戦後」的な（1970 年代的な）市民社会像に立脚しつつ，もう一つの（冷戦終了後としての）「戦後」的な（1990 年代的な）市民社会像をも一部視野に取り込むものであると見ることができる。こうした観点に立つとすると，広中体系が関心を向けるべき問題がなお残されているのではないか。一言で言えばそれは，

---

16) 広中俊雄「唄さんのこと」同・前出注 11) 所収（初出，2004）74 頁。
17) ほかに，広中・前出注 9)（1994a）266 頁参照。
18) さらに広中は，『旧綱要』以来，一次規範を「基底的諸規範」と「細目的諸規範」とに分けて来たのも注目される（旧 28～29 頁）。もっとも，前者に含まれるのが「人」「物」「契約」に関する規範だけでよいのか，「殺すなかれ」「盗むなかれ」と「契約を守るべし」との規範形式の差異をどう理解するのか，という問題は残る。なお，J・カルボニエなどが強調するように，フランスでは民法典の「三本の柱」として「家族・財産・契約」が挙げられる（最近の研究集会記録 *Les piliers du droit civil*, 2014 を参照)。
19) このことの意義については別の形で論じることを予定しているが，さしあたり，大村敦志『法教育への招待』（商事法務，2015）を参照。なお，このような考え方はボワソナードの構想との親近性も高い。詳しくは別に論じる。

「人間＝市民」像のさらなる深化（進化）という課題である[20]。

(1) 「政治」を行う「人間」——「結社」と「権力」

第1点は，「政治」の領分をどう画するかにかかわる。広中体系中の法主体は「人格」を備えた「人間」として現れ，権力秩序から離れて「政治」を行う存在は正面からは登場しない。これが同体系における結社（団体）の不在を帰結している（旧85頁注5）でわずかに言及）。また，広中体系では労働者への言及はあるものの（旧12頁，82頁），それ以外の局面での「市民」の分節化は十分に行われていない。換言すれば，国家・市民間のマクロの権力（政治）への関心に比べて，市民相互間のミクロの権力（政治）への関心が希薄である。この点，『講義』改訂が1990年代後半以降も続き，人格秩序の内容が更新されたならば，事情は変わっていたかもしれない。

(2) 「制度」を生む「人間」——「契約」と「公共」

第2点は，「制度」の働きをどのように捉えるかにかかわる。広中体系中の秩序は，不法行為法によってすくい取られた秩序であり，広中の表現を借りるならば基底的秩序にほかならない。その構造の解明は重要な仕事であるが，市民社会の動態はそれだけでは把握しきれない。基底的秩序（第一次的制度・規範と言い換えてもよい）に立脚しつつ，市民が細目的秩序を創り出していくメカニズムを解明する必要がある。その際の基本ツールとなるのが契約であるが，広中は契約法学の第一人者であったにもかかわらず，その体系は不法行為法に立脚するために，契約の役割に対する認識が後景に退いてしまっている。詳説することはできないが，広中が「公共の福祉」（民1条1項）の役割を限定的に捉えているのも（新138頁では旧118頁にはあった若干の留保も削除），この点と無縁ではなさそうである。

---

[20] 以下については，私自身，2000年代に入ってから様々な検討を試みてきたが，さしあたり，大村敦志『フランスの社交と法』（有斐閣，2002），同『生活のための制度を創る』（有斐閣，2005）のみを掲げておく。

IV 結びに代えて——民法の体系を語るということ

ここまで広中体系を検討の対象としてきたが，最後に，体系を語る主体のあり方について一言しておきたい。川島体系には存在する「民法学」に関する叙述[21]が広中体系には欠けている。このことは，『綱要』が法——権利の二分法に立つとともに，広中体系では判例・学説が法源から排除されていることともかかわるのだろう。しかし，『綱要』の叙述の中に広中の民法学方法論を知るてがかりがないではない。3点を列挙して結びに代える。

第一に，広中は「市民社会」を理念型として提示するが，それは実際には，戦後社会に対する認識と日本民法に対する認識の総合（解釈）によって構成されていると思われる[22]。その意味で，かつて広中が説いた「近代法のあり方」も，ある特定のシェーマから演繹されるようなものではなかったことが推測される。しかし欲を言えば，一般論としての社会認識をもう少し具体化して提示してほしかった[23]。

第二に，広中の「法解釈」については，主体と対象のそれぞれにつき，次の点を指摘することができる。すなわち，解釈主体は法形成に参加するものであり[24]，それ自体が法現象の一部であることが自覚されていること[25]，また，解釈対象たる法律（特に民法典）は，社会の変化に応じて解釈されるべきことが対象自体に内包されていること（旧63頁）である。自己言及する主体と生成が予定された客体の相互関係については，よりまとまった叙述がほしかったが，広中理論を構成するための素材は随所に残されている。

第三に，広中の「学問共同体」観は，とりわけ『新綱要』に新たに付された

---

21) 川島・前出注6）(1965) 34～40頁，特に34～35頁。
22) この点を考えるにあたっては，広中俊雄『国家への関心と人間への関心』（日本評論社，1991，初出，1990）所収の座談会における鎌田薫との応酬が参考になる（97～102頁）。
23) この点に関しては，我妻の著作（同「法律」矢内原忠雄編『戦後日本小史・下巻』〔東京大学出版会，1960〕，同『法学概論』〔有斐閣，1974〕）が興味深い。
24) 広中発言・前出注22) 40～42頁。なお，学者の解釈と一般人の解釈は「本質的には違わない」という発言（40頁）と「学生は……結論の丸呑みではない自分の考え方をまとめていく」という発言（同74頁）も参照。
25) 広中発言・前出注22) 38頁。

多数の注によく現れている。そこでは『旧綱要』にかかわりを持つ諸見解が広がりをもって拾い上げられ論評されている。1990年代半ば以降，広中は『民法研究』誌の創刊によって，日本民法学における理論研究のためのフォーラムを提供しようとしたが，新旧2冊の『綱要』もまたそのための議論空間の作出に大きく貢献した。この古典的な営みは極めて今日的な意義を持つ。

第5章
教 育 へ

A　法教育から見た利益考量論

はじめに

「法と教育」学会は，法・法学，教育・教育学の双方から「法と教育」の関係について考える場であろう。こうした場が生み出された直接の要因は，両者の接点に位置する法教育の機運が高まったことに求められる。そこで本稿においても法教育について考えてみたい[1]。

法教育に関しては，各地の弁護士の方々や学校の先生方，あるいは教育研究者によって，すでに様々な試みがなされている。「法と教育」学会はこうした試みを結集し，さらに展開していく上での出会いの場として活用されることが期待される。

他方，法学研究者の間でも法教育への関心は高まりつつある。当初は，法教育の意義や現状につき，関係者が説くところを聞くことに重点があったが，最近では，それぞれの法領域の専門研究者によって，法教育との関係がより立ち入った形で論じられるようになりつつある[2]。今後はさらに，法学と法教育と

---

1)　本稿は，「法と教育」学会の設立総会（2010年9月5日，明治大学）における基調講演の原稿に若干の修正を加え，注を整備したものである。なお，本稿の姉妹編をなすものとして，本章Bを参照。

2)　たとえば，代表的な法律雑誌の一つである『ジュリスト』では2回にわたって法教育の特集が組まれているが，最初の「特集・加速する法教育」ジュリ1353号（2008）が，法務省や文部科学省の担当官，あるいは，法教育推進に関与する法学者・教育学者の論文を集めたものであった

の間の相互交流・相互影響を深めて行く必要がある。

　実はこれまで，法学研究の側にも法教育への関心はなかったわけではない。特に，私が専門としている民法・民法学の領域では，早くから「法を一般市民のものとする」という課題が明示的・黙示的に意識されていたと言える。とりわけ，1960年代後半以降に有力になった「利益考量論」はそのような努力の最大の成果の一つであると言える。

　本講演では，法教育の観点から利益考量論を見直し，その今日的意義を明らかにすることを試みる。このことを通じて，法学と法教育の接点の一つを提示したいと考えているが，あわせて，実際の授業のためのヒントのようなものをわずかなりとも提供できればと願っている。

　以下ではまず，利益考量論とは何かについてお話しし（Ⅰ），続いて，利益考量論と法教育とのかかわりについて考えてみたい（Ⅱ）。

Ⅰ　民法学における方法論

　利益考量論とは何であり，どのような意味を持っていたのかをお話しするには（2），前提として，民法学とはどのような学問であり，利益考量論はその中でどのような位置を占めるのかを説明しておく必要がある（1）。

1　民法学は何をしているか
(1)　民法と民法学

　まずはじめに，民法と民法学（より一般的には〇〇法と〇〇法学）の関係について触れておこう。これは自然科学の場合（たとえば物理と物理学の場合）とは少し違い，英語と英語学，教育と教育学との関係などに近い。さらに言えば，英語教育と英語教育学，社会科教育と社会科教育学に近いのかもしれない。民法学はかなり実践に近い位置にあるのである。もちろん法学にも，法哲学や法社会学など理論的な色彩の強い学問領域も存在する。同時に，民法学の内部で

のに対して，続く「特集・法教育と法律学の課題」ジュリ1404号（2010）には，実定法の各分野の専門家による論文が寄せられている。

も理論的な色彩の濃い研究も行われている。これは教育学の場合も同様であろう。

すなわち，民法学は，民法の諸制度につき，そのよりよいあり方について提言する一方で，民法の諸制度は何に由来し，何を目的とするのか，そもそも民法とは何かといった観点から民法を研究しているのである[3]。

(2) 利益考量論の位相

以上のような説明をしたのは，本稿のテーマである「利益考量論」が，「実践 ― 理論」の軸のどのあたりに位置するのかを説明する必要があるからである。この点の説明は，実はそれほど簡単ではない。利益考量論とは何を指すかについては，複数の理解がありうるからである。利益考量論の主唱者は加藤一郎教授（1921-2008）と星野英一教授（1926-2012）であったが[4]，二人の間には，共通点とともに相違点もある（「衡量」か「考量」か，用字法も異なる）。私はこれまでに何度か利益考量論を取り上げて論じ，この点にも触れたことがあるが[5]，ここでは，次のような整理をしておきたい。

まず共通点である。利益考量論は法解釈の方法として提唱されている[6]。法解釈にあたって，当該規定の適用あるいは問題の解決が，関係者の利益状況にいかなる影響を及ぼすか，いかなる価値を尊重し，いかなる価値を後退させることになるのかを考慮に入れる。これが「利益考量」の核心部分である。利益考量は，法の解釈について，いわば結果指向型の（結果をフィードバックさせるタイプの）決定方法を提唱するものであると言える。利益考量論が援用されるのは基本的には解決の難しい事件（ハードケースと呼ばれる）である。また，利益考量論は，規範の重複や欠缺が生じているために直ちには結論が導けない場

---

3) 民法学とはどのような学問かというイメージをつかむためには，さしあたり，大村敦志『民法総論』（岩波書店，2001）を参照。
4) 加藤一郎「法解釈学における論理と利益衡量」同『民法における論理と利益衡量』（有斐閣，1974，初出，1966），星野英一「民法解釈論序説」同『民法論集第1巻』（有斐閣，1970，初出，1967）に代表される。
5) 大村・前出注3) 119頁以下の「利益考量」のほか，大村敦志『新しい日本の民法学へ』（東京大学出版会，2009，初出，2008）372頁以下の「利益考量論の再検討」を参照。
6) 法解釈の方法論について概観するものとして，瀬川信久「民法の解釈」星野英一編集代表『民法講座別巻1』（有斐閣，1990），山本敬三「法的思考の構造と特質」岩村正彦ほか編『岩波講座現代の法15』（岩波書店，1997）などを参照。

合において，その解決のための手順を示す。これも「利益考量」の要点である。

次に相違点である。第一に，対象の違いである。規定ないし制度を対象とするものと問題を対象とするものとがある（制度型か事例型か）。第二に，目的の違いである。既存の規定ないし制度を理解しようとするのか新たなルールを提示しようとするのか（説明型か当為型か）。そこから基準の違いも出てくる。法に内在する価値に依拠するのか外部の価値を参照するか（内在型か超越型か）。第三に，操作の違いもある。単に利益状況を分析して特定の価値判断を行うにとどまるものと対象となる制度や問題の背景に立ち入って分析を加えるものとがありうる（直接型か背景型か）。

以上のような諸類型があるために，一言で利益考量論と言っても，実践的な性格の強いものから理論的な色彩を帯びたものまで，いろいろなものがあるということになる。このうち，従来は相違点の第1点が注目されたが（「第1種」「第2種」などという区別がされてきた[7]），後述のように，法教育の観点からは，むしろ第2点や第3点が重要である。

2　利益考量論の意義

(1)　利益考量論の特徴——相対的に考える

利益考量論の特徴を述べるにあたっては，日本の民法解釈方法論の一般的な特徴に触れておく方がよい。国によっては，民法制定後，その規定を字義どおりに解釈するという方法が長く行われたところもある。たとえば，最初に近代民法典を制定したフランスの場合，19世紀を通じて「注釈」が解釈の中心であった。しかし，そのフランスでも20世紀になると「注釈」にとどまらず，多様な要素を考慮にいれた解釈方法が用いられるようになった[8]。

日本では1920年代から，社会の状況を考慮に入れた解釈が必要であると説かれた（社会法学）[9]。その後，1950年代には法の解釈から離れて社会の実情を

---

[7]　星野英一「いわゆる『預金担保貸付』の法律問題」同『民法論集第7巻』（有斐閣，1989，初出，1987）で示された区別である。

[8]　「科学学派」と呼ばれる学派が登場する。その成立の背景事情については，大村敦志「科学学派の誕生」，同「科学学派の背景」『20世紀フランス民法学から』（東京大学出版会，2009）8頁以下，38頁以下を参照。

[9]　日本における社会法学につき，磯村哲『社会法学の展開と構造』（日本評論社，1975）を参照。

解明する研究（法社会学)[10]も盛んになるが，1960年代・70年代にかけて有力になったのが「利益考量論」と呼ばれる方法であった。

この方法の特徴は，第一に，条文の抽象的な意味内容に捉われるのではなく，ありうる複数の解釈がどのような利益に奉仕することになるかを明らかにするという点にあった。論理的な帰結ではなく社会的な効果に着目する点では，それ以前の伝統に連なるものであったが，「解釈論」という場を設定した点で実用性は格段に高まっている。

第二に，制度が想定する典型的な場合を抽出し，例外的な場合については様々な事情を考慮に入れた解決を可能にするものであった。これは，法解釈が主体的・創造的な営みであり，解釈者に一定の自由を認めるとともに責任を負わせるものであったと言える。

(2) 利益考量論の背景——変動する社会への対応

このような解釈方法論が戦後日本において支配的になったのは，次の二つの理由による。第一は，法体系の絶対性が敗戦による体制転換によって崩れるとともに，法解釈の客観性が憲法9条をめぐる解釈論争によって揺らいだということ[11]。第二に，1960年・70年代が立法の面では安定期にあったのに対して，社会的には高度成長に伴う大きな変化が生じた時期であったため，このギャップを埋めるために柔軟な法解釈が要請されたということ[12]。

柔軟な思考に基づいて，妥当な結論を導くためには，既存の法体系につき正確な基礎知識が必要である。利益考量論はこのことを（暗黙の）前提とした上で，何がよりよい解釈であるのかを問うという姿勢を，法を学ぶ人々に求めたと言える。しかし，現代は立法の時代であり，民法の大改正も進行中である。そうだとすると，利益考量論のスキルとマインドは，何がよい立法であるかを問うための技法として再編されて活かされることが考えられてよい。

---

10) 法社会学を基礎に法解釈学を実用法学として再編しようという考え方につき，川島武宜『「科学としての法律学」とその発展』（岩波書店，1987）を参照（「科学としての法律学」自体には1955年版，1964年版がある）。
11) そうした中で解釈者の責任を強調して共感を集めたのが，来栖三郎「法の解釈と法律家」来栖三郎著作集1（信山社，2004，初出，1954）である。
12) 1970年代は，判例による法創造が盛んな時期であり，この時期には重要な民事判例が続出する。判例による法創造の実状については，広中俊雄＝星野英一編『民法典の百年Ⅰ 全般的考察』（有斐閣，1998）所収の諸論文を参照。

Ⅱ 利益考量論から法教育へ

　以上をふまえて，法教育の場面で，利益考量の考え方をどのように利用できるかを考えてみることにしよう。先に見たように，利益考量論には様々なものがありうるが，前述の第2点（説明型か当為型か）・第3点（直接型か背景型か）をクロスさせると四つのパターンを取り出すことができる。以下，四つに分けてお話しする事柄は，この四つのパターンと対応する。

	直感型	背景型
説明型	共感のために（→*1*(1)）	探索のために（→*1*(2)）
当為型	批判のために（→*2*(1)）	構築のために（→*2*(2)）

1 理解の技法としての利益考量

　利益考量論の考え方は，まず，現にある制度・ルールの趣旨を理解するのに役立つ（説明型の利益考量論）。具体的な学習にあたっては，二つの段階を区別することができる。

(1) 共感のために

　法制度やルールを学ぶにあたっては，その趣旨を知り，これに共感し，自分自身が納得したものとして受容することが必要である。利益考量はそのために役立つ。

　不法行為責任を例に考えてみよう。これは「責任」とは何か，「権利」とは何かにかかわる。民法709条は「故意又は過失によって他人の権利又は法律上保護される利益を侵害した者は，これによって生じた損害を賠償する責任を負う」と定めている。「他人のものを壊したら弁償しなければならない」。子どもたちはそう教えられているので，一定の年齢になればこのことはわかる。しかし，どうしてそうなのか，を実感するのは難しい。

　利益考量の観点からこのルールについて考えるにあたっては，このルールがない状態を想定してみるとよい。もし，「他人のものを壊しても弁償しなくてよい」としたら，どうだろう。壊した側の立場に立てば（この誰かの立場に立つ，

というのが利益考量の重要なポイントである），ああよかった，ということになろう。しかし，壊された側の立場に立つとどうだろう。自分のものが壊されても弁償してもらえない。そうなると，壊されないように自分のものは自分で守らなければならない。たとえば，休み時間に机の上に置いた筆箱を誰かが踏みつけて壊しても文句は言えない。そんなことがないように，いつでも自分の手元から離さないようにしなければならなくなる。これがよいことかどうか……。

もっとも，わざとではなく他人のものを壊してしまうこともある。その場合にも弁償しなければならないのか。この問題には，両当事者の立場に立ってみる（直接型の）利益考量だけでは片づかないところがある。話は次の段階に進むことになる。

(2) 探索のために

法制度やルールにつき理解するには，その由来や目的を明らかにすることが必要なことも多い。そのためには，具体的な当事者から離れて，過去または現在の社会状況を視野に入れるとよい。これも（背景型の）利益考量論の説くところである。

先ほどの例の場合には，民法の定める「過失責任主義」の考え方をふまえた上で[13]，今日，責任の強化がはかられている背景を探っていくことが必要になる。鉄道・自動車などの発達や重工業の発展などの社会の変化について調べて，具体的な状況を想定して，19世紀と20世紀とで事故の実情がどのように違ってきたのか[14]，などを考えてゆくことになろう。

「被害者の救済」がなぜ重視されるのか，逆に，「加害者の責任」が重くなっているのはなぜか。ここでも当事者双方の立場に立ってみることは重要である。たとえば，公害事件について学習する際には，企業の立場・被害者の立場からその言い分を出し合うことがなどが考えられる。ただ，子どもたちの想像力には限度があるだろうから，背景事情を予め学習しておくことが必要になる。

---

13) 過失責任主義に関しては，平井宜雄「責任の沿革的・比較法的考察」芦部信喜ほか編『岩波講座基本法学5 責任』（岩波書店，1984）を参照。

14) 20世紀日本における事故の状況については，大村敦志『生活民法入門』（東京大学出版会，2003）45頁以下。より広く・詳しく，20世紀日本における不法行為法の変貌については，大村敦志『不法行為判例に学ぶ』（有斐閣，2011）を参照。

利益考量論の主唱者の一人・星野英一教授は，ある制度につき考えるにあたっては，それは「何か」，「何のためか」「どうしてそうなったのか」を問う必要があるとしている[15]。このうちの「何か」というのが，ここまでの話の(1)に，「何のためか」「どうしてそうなったのか」が(2)に対応すると言えるだろう。繰り返すが，これらを自分自身にかかわる問いとして問う，という点に利益考量論の核心がある。

2 創造の技法としての利益考量

利益考量論は，次に，あるべき制度・ルールを探究するのに役立つ（当為型の利益考量論）。ここでも，二つの段階を区別した方がよい。

(1) 批判のために

現にある制度・ルールを批判的に検討するに際しても，利益考量は有益な道具となる。制度やルールの問題点を摘出するには，具体的な事例を想定し，それが何を意味するのかを明らかにしていくことになる。

たとえば，代理懐胎について考えてみよう[16]。この問題は難しくて正解はないが，一方で，「親子」とは何か，「契約」とは何かを考えるのによい。他方，「自由」とは何か，「公共（の福祉）」とは何もかかわってくる。

出発点は問題のありかを明らかにすることである。これも少し難しい。まず，代理懐胎とはどのようなことであるかを示し，その上で何が問題であるかを問うことになる。何が問題であるかを明らかにするには，現在の法制度を単純に適用するとどうなるかを，代理懐胎の始まりから終わりまで，順を追って示し，それでよいかを問いかけていくのがよい。なお，その際には，現行法がなぜそうなっているのかを同時に理解できるようにしたい。

いくつかある問題のうちの一つは，代理懐胎によって生まれた子どもの母親は誰かというものである。現行法には明文の規定はないが，「子どもの母親は産んだ者である」という暗黙のルールがある。このルールを代理懐胎に当ては

---

15) 星野英一「民法学の方法に関する覚書」同『民法論集第5巻』（有斐閣，1986，初出，1983）84頁，97頁。
16) 代理懐胎については，さしあたり，大村敦志「生殖補助医療」同『もうひとつの基本民法Ⅰ』（有斐閣，2005）177頁以下を参照。

めるとどうなるか。それでよいのか、いけないのか。

仮に、出産者が母であるとすると、どうなるだろうか。子どもがほしい依頼者が母になれず、頼まれて懐胎・出産した者が母になる。これはおかしくないかという意見が出るだろう。

では、現行法のルールを修正して、依頼者を母とすればよいか。これに対する反対意見はなかなか出にくい。ただ、依頼者が卵子を提供するタイプ（いわゆる借り腹型）ではなく代理母自身の卵子が用いられるタイプの代理懐胎に着目させることができれば、子どもがほしいというだけで、その子とは何のつながりもない依頼者が母になるのはおかしくないか、という意見が導けるかもしれない。そこからはさらに、依頼があろうとなかろうと、産んだ人が母だという意見が出てくるかもしれない。ともあれ、問題の所在だけは明らかになるだろう。しかし、さらに議論を進めるには、次の段階に進むことが必要になる。

(2) 構築のために

未知の問題に取り組む際には、現在のルールではどうなるかを押さえた上で、ありうる他の選択肢を想定する必要があるが、どの選択肢がよいかを考えるにあたっては、多面的な検討が必要になる。一つは、関連する他の制度との調和を考慮にいれるということであり、もう一つは、同様の問題を他の国々ではどう解決しているかを参照するということである。

ここでの問題に関連する制度とは何か。一つは契約であり、もう一つは養子である。

代理懐胎は依頼者と懐胎・出産者との間の契約によって行われる。仮に、依頼者が母になると考えるとしても、「依頼」が有効に行われたことがその前提となる。ここに一つの問題がある。たとえば、代理母が心変わりした場合（懐胎・出産した子を自分の子として育てたいと考えるに至った場合）、代理懐胎契約は無効である、と主張することが考えられる。反対に、依頼者が心変わりした場合（子どもがいらない事情が生じた場合）にも、同様の主張がなされうる。

こうした不安定さがあるとしても、当事者がそのことを承知の上で契約をするならば、それでよいではないかとも言える（契約の自由）。しかし、子どもの母親が誰であるかが争いになりうるような契約は、子どもの利益や社会の秩序の観点から認められないとも言える（公共の福祉）。

もう一つの問題はこうである。他人が産んだ子を自分の子とする仕組みとしては，すでに養子という制度がある。子どもがほしい人はこの制度を使えばよい。それにもかかわらず，依頼者はなぜ代理懐胎を依頼し，その子の実母にならなければいけないのか。この問題は，外国でも論じられている問題である。

　そこで次に来るのが，外国での取扱いである。この問題については，アメリカとドイツ・フランスでは基本的な考え方がずいぶん違っている。一言で言えば，アメリカにおいては，親子関係に関するルールは緩やかであり，当事者の意思は実現されやすいのに対して，ドイツ・フランスでは，当事者の意思によって誰が親になるかを決めるという余地は乏しい。そもそも，代理懐胎を含む生殖補助医療の利用につき，アメリカが相対的に寛容であるのに対して，ドイツ・フランスは厳格な態度をとっている[17]。

　その背後には，「生命を操作する」ということに対する嫌悪感あるいはタブーがある。この点はナチスの優生主義の記憶ともかかわりがないわけではない[18]。

　以上のように，代理懐胎の当否を問い，代理出産によって生まれた子の母親を定めるには，多くの要素を考慮に入れなければならない。しかし，ただ目の前の問題について考えるだけでは，こうした要素を抽出することはできない。そこで，（背景型の）利益考量論は，関連の制度や外国の実例を探究することを求める。視野を広げる際の手がかりを与えようとしているのである。

　利益考量論の主唱者の一人・星野英一教授は，利益考量に際して行うべきこととして「類似の制度との比較」をあげ，解釈のために行うべき作業として「比較法的な検討」をあげている[19]。(2)で述べたのは，まさにこれらと対応する作業であった。現在の制度のあり方を相対化し批判的に再検討するために，必要な考慮要素を広く求める。ここにもまた，利益考量論の別の側面がある。

---

[17]　フランスの生殖補助医療をめぐる論議につき，大村敦志「人工生殖論議と『立法学』」同『法源・解釈・民法学』（有斐閣，1995，初出，1992）231頁以下を参照。

[18]　優生主義と民法の関係については別に論じたことがあるが，講演原稿は未刊のままである。いずれ公表したい。

[19]　星野英一「利益考量論と借地借家関係規定の解釈」，「我妻法学の足跡——『民法講義』など」（いずれも，同『民法論集第4巻』〔有斐閣，1978〕所収。初出は，1977，1974）を参照。

もちろん，このようにしたからと言って，直ちに結論が導かれるわけではない。利益考量論は，問題を抽出し，判断材料を収集するための技法である。それはつまり，共通の議論の場を創り出す試みであると言える。

おわりに

　以上，ごく簡単にではあるが，利益考量論について紹介し，法教育におけるその活用について述べてきた。最後に，3点を述べて結論に代えたい。
　第一は，法教育と法学教育の連続性について。ここまでの話を聞いて，現場の先生方の中には，特に目新しいことではない，ほとんどのことはすでに行っている，と感じた方もいるかもしれない。もしそうであれば結構なことである。それは，法学教育と法教育とがすでに連続していることを示しているからである。別の機会に述べたことだが[20]，外国の例を見ると，法教育と法学教育との連続性に気づくことがあるが，日本でも，少なくとも利益考量論の発想の中には，法教育に導入可能なもの，あるいは，法教育にすでに含まれているものがあると思われる。
　第二に，日本で利益考量論が説かれた理由について。1960年・70年代の事情についてはすでに述べたとおりであるが，近代以降のことを考えるならば，次のように言うことができる。民法典をはじめとする近代法は当初は西洋からの輸入物であり，容易には身につかない借り着であった。ところが，ある時期までの民法学は，仕立てそのものの良否を論じることが多く，私たちの法として，しっくり着こなすことができているかという点には頓着しなかった。利益考量論は，西洋伝来の近代法が私たちの生活感覚に合うかどうか，もし合わないとすればどこに問題があるのか，を意識化しようとする試みであった[21]。それは，法を「書かれたもの」としてではなく「生きられたもの」として受けと

20）　大村敦志「法教育と市民教育」同『〈法と教育〉序説』（商事法務，2010）83頁以下を参照。
21）　この意味で，利益考量論は「民法典の再継受」（大村・前注3）126頁以下を参照）を試みるものであると言える。なお，民法における土着と外来の関係につき，星野英一「日本人の法意識」同『民法論集第7巻』（有斐閣，1989，初出，1985）35頁，37頁，43頁など。

めるとともに，よりよいものとして更新していこうという試みであったと言える。

　第三に，利益考量論の普遍性について。利益考量論の主唱者たちは，法技術を捨象して，「利益」というわかりやすい基準に集約した形で，制度やルールが体現する基本的な価値を取り出すことを試みた。その際に，価値の選択・調整にあたっては，一般市民（素人）と専門家の判断の間に優劣はないと説いた。こうした共通の土俵に立つことが，一般市民にも専門家にもまず必要なことであり，このような基盤があって，はじめて技術性の高い専門教育も可能になると考えたわけである。

　フランスやアメリカにおいては，こうしたことは意識されずに当然のこととして行われているとも言える。日本ではそうではない。しかし，必ずしも日本が特殊であるということではない。西洋法を導入した国々では，程度の差はあれどこでも，このような意識的な学習が重要になる。その意味で，日本における法教育の研究・実践は，日本と同様に西洋法を受け入れた（あるいは受け入れようとしている）多くの国々にとっても意味を持つはずである[22]。

---

22) 現在，日本は東南アジア諸国などに対して立法支援を行っているが，これから必要になるのは法学教育支援（法曹の養成）であろう（野村豊弘ほか「座談会・アジアの民法」ジュリ1406号（2010）20〜21頁〔大村発言〕，26〜27頁〔野村発言〕。なお，松本恒雄「カンボジア民法典の制定とその特色」ジュリ同号86頁も同旨）。さらにその後に，法教育支援（法的素養を持つ市民層の育成）が必要になることだろう。

B　法教育から見た民法改正

はじめに

　民法（債権法）改正に関する議論が盛んである。とりわけ，昨年秋に法制審議会での審議が始まってからは様々な立場から様々な意見が述べられるようになっている。他方，法教育という言葉があちこちで聞かれるようになってきた。今秋には「法と教育」学会も設立された。

　本稿はこの二つの問題領域の接点に立ち，法教育の観点から民法改正について論じようとするものである。本来ならば本論に入るに先立ち，民法（債権法）改正の状況や法教育の意義についての説明が必要であるが，紙幅の関係もあるので，これらの点については他の文献に譲る[23]。ここでは，「債権法」が実質的な意味での「契約法」を指していること，「法教育」とは法学部や法科大学院で行われる専門教育とは別に，小中学生や高校生あるいは一般市民を対象とする法の教育を指すことを指摘するに留める。

　これとは別に，二つのことを述べておかなければならない。

　一つは，本稿が「民法学と法教育」に関する私の小論の第2部をなすということである。上記の「法と教育」学会において報告した「法教育からみた利益考量論」と題する別稿が第1部をなす。二つの原稿は，民法学が法教育に少なからぬ関心を寄せてきたことを示そうとする点，言い換えれば，日本民法学の市民法学としての伝統を発掘しようとする点で共通している。媒体の関係で第1部の公表が遅れるが，あわせてご参照いただければ幸いである。

　もう一つは，「法教育からみた民法改正」というテーマで論ずるとしても複数のアプローチがありうるが，本稿は，民法における体系論という観点に立つ

---

23)　内田貴『債権法の新時代』（商事法務，2009），大村敦志＝土井真一編『法教育のめざすもの』（商事法務，2009）などを参照。

ということである。個別の制度に関する具体的な問題には立ち入らないとしても，少なくとも，対象論（民法・民法典の範囲をどう画するか）や原理論（民法の基本思想をどのように理解するか）からのアプローチもまた，法教育にとって重要である。しかし，これらについては，別の機会に論ずることにしたい[24]。

以下，本稿では「講話・読本系」教科書の存在に着目するが，まず民法学における体系論との関係でその位置づけをし（I 1），その存在意義について説明した上で（I 2），それらが示す体系像を具体的に示し（II 1），民法（債権法）改正にあたって，これを参酌する際に留意すべき点を指摘したい（II 2）。

I 民法学における体系論

1 法典上の体系と講学上の体系

(1) 民法・民法典・民法学

民法と民法典の関係，民法・民法典と民法学の関係。これらは，専門の法律家にとっては，改めて問う必要もない自明のことのようにも思われるかもしれない。すなわち，民法には「実質的意味での民法」と「形式的意味での民法」がある。前者を「民法」と呼び，後者を「民法典」と呼ぶことがある。また，実用法学としての「民法学」（法解釈学としての民法学）は，裁判における法技術の学として発展し，制定法の内容を明らかにすることを通じて裁判所に助言するものである。標準的な説明は以上のようなものであろう[25]。

もっとも，これだけでは肝心の「民法」とは何かは明らかではないし，法解釈学以外の「民法学」としてどのようなものがありうるのかも判然としない。しかし，ここで問題としたいのは，そうしたことではない。民法・民法典・民法学がそれぞれに密接に関連しつつ，完全には重なり合わないことを確認できればよい。

この事実からは，次のように言うことができる。①民法典の体系と②民法の体系・③民法学の体系（これは，③a民法・民法典について語る際の体系と③b学問

---

24) 大村敦志『民法改正を考える』（岩波書店，2011）で論ずる。
25) 以上の説明は，川島武宜『民法 I』（有斐閣，1960）27頁以下，31頁以下による。

そのものの体系に分かれる）は同一ではない。以下の議論にとって重要なのは，このうちの①と③ａの関係である[26]。両者は次のような関係に立つ。民法学はその目的に従って対象である民法を提示するが，その際に，民法典の体系に従うとは限らない。その理由は二つに分けられる。一つは，民法学の目的との関連で見た場合，民法典の体系が必ずしも適切でない場合があること，もう一つは，実質的意味での民法に含まれるが民法典には含まれていないものを包摂すべき場合があること，による。

その結果，③ａ（講学上の体系）が①（法典上の体系）とは一致しないということが生ずることになる。これは具体的には，民法教科書の体系が民法典の体系とは異なるものとなる現象として現れる。

(2) 2系統の教科書

この現象は，法典法国においては程度の差はあれ生じうる（現に生じている）現象であると言えるが，日本においては特に際だった形で生じている。

私の見るところ，日本には2系統の民法教科書が存在する。一つは，法学教育用（法学部学生むけ）の教科書であり，もう一つは，法教育用（一般むけ）の教科書である。代表的な教科書の表題を借りて，前者を「原論・講義系」（富井政章の『民法原論』と我妻栄の『民法講義』〔以下『講義』という〕による），後者を「講話・読本系」（末弘厳太郎の『民法講話』〔以下『講話』という〕と穂積重遠の『民法読本』〔以下『読本』という〕による）と呼んでおく。

このいずれにおいても上記の現象は観察される。しかし，法典上の体系からの乖離の程度はかなり異なっており，「講話・読本系」教科書においてその程度は特に大きい[27]。では，なぜそうなったのか。項を改めて検討しよう。

---

26) ②は①と③ａとを考慮して定められることになるが，③ａに吸収されるとも言える。
27) もっとも，原論・講義系に属する鈴木禄弥の教科書シリーズでは，民法典の体系から離脱した体系が採用されている。未完に終わった川島武宜の教科書シリーズについても同様である。また，法科大学院の発足に伴い出現した新しいタイプの教科書にも，松岡久和・潮見佳男・山本敬三の3教授による『民法総合・事例演習〔第2版〕』（有斐閣，2009，初版・2006）のように大胆な体系を採用する（契約・救済・債権回収に3分）ものが現れている。

2 「講話・読本系」教科書の意義

(1) 「講話・読本系」教科書の特徴——具体的に示す

繰り返しになるが，「講話・読本系」の教科書の最大の特徴は，民法典の編別とは異なる編成がなされているという点にある。たとえば，『講話』，『読本』は次のように構成されている。これを見ると，「講話・読本系」の教科書が，より具体的・日常的な観点から民法を再編しようとしていることが窺われる。

『民法講話』[28]
（上巻）
序章，第1章　人，第2章　権利と権利保護，第3章　財産，第4章　契約，
第5章　親族，第6章　家，第7章　婚姻，第8章　相続と遺言
（下巻）
第9章　売買，第10章　金銭貸借，第11章　住居の法律，第12章　労働の法律，
第13章　農村の法律，第14章　鉱業漁業及び狩猟，
第15章　委任と代理，第16章　寄託と信託，第17章　組合と法人

『民法読本』[29]
第1章　民法の由来，第2章　人とその身分，第3章　財産権，
第4章　契約による財産権の取得，第5章　契約によらない財産権の取得
第6章　権利者義務者の保護

こうした努力がなされてきたのは，民法典があまりにも「学理的」であるからである。『講話』の著者は次のように述べている[30]。

「一個の動産売買に関連して起る事件を解決するに必要な法規だけでも，民法総則編中『行為能力』乃至『法律行為』に関する諸規定，物権編中動産物権の譲渡移転に関する第176条第178条乃至は第192条の如き諸規定，又債権編

---

28) 岩波書店，1926〜27。戦後に，戒能通孝の手によって改訂され，『民法講話（上）（中）（下）』（岩波書店，1954）として公刊されている。
29) 日本評論社，1926。戦後に，自身の手によって改訂され，『新民法読本』（日本評論社，1948）として刊行されている。
30) 末弘・前出注28)「はしがき」4頁。

中債務不履行・契約の成立乃至効力其他売買に関する諸規定等の中に之を探し廻はらねばならない有様であり，而して此等の諸規定は所謂『学理的』民法書の中に於ても民法総論・物権法・債権総論・債権各論等の諸著書中に散在的に説明されて居るに過ぎずして，毫も夫等の諸規定が同時に有機的に働く所以が明かにされて居ない[31]。それが為め，余程優秀な法律学生でも具体的事件に当面した際民法各編中に散在して居る諸規定を有機的に働かせて適当に之を解決する能力を持たないのが普通の例である。況んや専門外の一般人がかくの如き著書を通して活きた法律的知識を得ることは事実全く不可能である。此故に，通俗的法律書を書く為めにはどうしても従来の法典の編別条章を追うた所謂『学理的』叙説の方法を棄てねばならない。」

今日，民法典を全面的に改正しようというのならば，これまで民法学が教科書の体系という形で追及してきたものを民法典そのものの体系として取り入れるということは考えられないだろうか。もちろん，現行民法典の体系にはある種の合理性（ある観点から見た論理性）があることも確かであるが，具体性に基づいた，日常の生活感覚に根ざした体系もこれとは別の合理性を持つものと言うことができる。合理性のあり方は一様であるわけではない。いずれにせよ，新しい民法典の編成を考えるにあたっては，こうした試みがなされてきたことを考慮に入れる必要があるのではないか。

では，「講話・読本系」教科書は，具体的にどのような体系を提示してきたのか。上記 2 著も含めて，この点については改めて検討するが，その前に，「講話・読本系」教科書の登場の背景について，若干の説明をしておこう。

(2) 「講話・読本系」教科書の背景——知識を求める人々への応答

「講話・読本系」教科書は 1920 年代に現れた。その背後には，教育の大衆化という現象が存在する。法の知識を求める一般の人々に対して，「通俗的」かつ「学術的」なものを提供しようというのが，これらが書かれた理由であった[32]。同様の理由で，日本には，『法律時報』や『ジュリスト』のような法律

---

31) この批判に答え，動産売買から出発して構成されたのが米倉明『プレップ民法〔第5版〕』（弘文堂，2018，初版，1984）である。

32) 末弘・前出注28)「はしがき」1頁。なお，「通俗的」とは「世の中普通の人々も比較的容易

雑誌が存在する[33]。これらは専門家むけの雑誌ではあるが，具体的な社会問題に関する特集を組むことによって，一般の人々の関心にも応えようとしている。世界にあまり例のない雑誌である。

　こうした伝統の下で，民法学には戦前以来，その対象を狭義の法解釈学に限定しない考え方が存在している。「法の技術学はそのほか，立法のため，行政官庁の法実務のため，また将来の裁判にそなえての人々の日常生活（取引関係や家族関係）のためにも成立しうるはずであるし，また事実そのような性格の法律学も全くないわけではない」と指摘するもの[34]や，さらに進んで，「一般の人々が民法，広く法律の深みに触れ，できればその面からでもこれに親しんでもらえればと考えて」「重要な制度の背景をなす基本思想やその由来」を説くもの[35]もある。

　前記の2著に始まり今日に至るまで，多数の「講話・読本系」教科書が書かれてきたこと自体が，こうした考え方が根強く息づいていることを示していると言えるだろう。

II　民法典の体系と法教育

1　「講話・読本系」教科書の体系

　以下では，三つの時期に分けて，「講話・読本系」の教科書の提示する体系を紹介・検討する。

　(1)　戦前のもの

　この時期を代表するのは末弘・穂積の2著であるが，その略目次はすでに掲げたとおりである。細部を見ると異なる点もあるが（たとえば，親族や不法行為の位置づけなど），共通しているのは「各種の規定を抽象的一般的に説明せずして成るべく其規定の主として適用ある実社会の事柄に関連して説明する方針を

　　に理解し且興味を以て読み通し得るやうなもの」を言うとされている。
　33)　『法律時報』は1929年に，『ジュリスト』は1952年に創刊されている。
　34)　川島・前出注25) 32頁。
　35)　星野英一『民法——財産法』（放送大学教育振興会，1994）「はしがき」4頁。

とつた」[36]点であろう。

　その結果，①総則や債権総則の諸規定を独立に説明しない，②人・財産・契約を中心に置く，③担保や消滅時効についても独立には説明せず，「金銭債権」や「権利者義務者の保護」において扱う，④各種の契約に関する説明をまとめて後置するか簡略化する，などの措置がとられている。

　これに対しては批判もありうるであろう。しかし，『講話』の著者は周到に次のように述べている[37]。「従来一般の法律書を見馴れた人の目から見ると，恐らく甚だ非学術的であり又或は反つて不便のやうに思はれるかも知れないけれども，今の所著者は一般人にとつて比較的理解し易く且興味を与へ得べき叙説方法はこの以外にないと考へるのみならず，学術書としても従来の所謂『学理的』叙説方法が必ずしも真に学術的ではない，それは徒に空疎な理論と概念とを教へるに適するのみであつて，真に活きた法律の働きを教へるに適しないと信ずるのである。」

　(2)　戦中戦後のもの

　講話・読本系教科書を代表し，長年にわたって利用されてきたものとしては，我妻栄の『民法大意』（以下『大意』という）がある[38]。同じ我妻の教科書でも，原論・講義系を代表する『講義』は基本的には民法典の体系を踏襲している。しかし，『大意』は大きな組み替えを行い，次のように構成されている。

『民法大意』（第2版）
（上巻）
第1編　緒論
　　第1章　民法，第2章　私権
第2編　財産関係
　　第1章　総説，第2章　物権，第3章　債権，第4章　財産取引関係
（中巻）
　　第5章　債権の担保，第6章　各種の契約，第7章　団体，

---

36)　末弘・前出注28)「はしがき」6頁。「あらゆる重要問題に触れつつ，乾燥無味な法文陳列でなしに」（穂積・前出注29)「はしがき」1頁）というのも同旨であろう。
37)　末弘・前出注28)「はしがき」6～7頁。
38)　民法大意（上下）（岩波書店，1944～46)。なお，戦後に同じ出版社から上中下の3巻本で，改訂版（1950～53)，新訂版（1953～54)，第2版（1971）が公刊されている。

第8章　不法行為,　第9章　不当利得
(下巻)
第3編　身分関係
　　第1章　総説,　第2章　夫婦,　第3章　親子,　第4章　後見と保佐
　　第5章　相続,　第6章　遺言,　第7章　遺留分

　このような体系を採用した理由は何か。著者は,まず一般論としては次のように言う[39]。「民法典の編別に従わず,社会生活の実際に即し,法律理論の上では峻別されながら,作用の上では極めて類似した諸制度を統一して説明することが適切だと考えた」。この背後には「民法の周辺にある特別法の大綱だけでも指示して,現行の法体系における民法の地位を明らかにしなければならない」という考えがあったようである。

　しかし,理由はそれだけではない。著者はより具体的に次のように述べている[40]（①〜④は筆者）。「総則編の規定は,親族・相続両編に対しては,通則的意義が極めて少ない。……その能力……及び法律行為……の規定は,両編には殆ど適用がないといってもよい。法人……及び時効……の規定も,両編にはあまり関係がない。のみならず,物権・債権両編に対しては適用あるにしても,とくにその一方に重要な関係を有するものが少なくない。①本書において総則編を独立に説かないのはかような事情による。」

　「物権編……の中には,物権取引に関するもの……,物の物質的利用に関するもの……,物の担保的利用に関するもの……,及び物権の秩序の維持に関するもの……の四つを含んでいる。そして,②第二のものは……債権編の賃貸借……とともに綜合的に理解する必要があるものであり,③第三のものは,債権編の人的担保制度……と対比して攻究することを便宜とするものである[41]。」

　「債権編……のうち,契約に関する規定は,総則……の他に贈与以下一三種類の典型的契約のそれぞれについて規定する……ので,その内容は極めて厖大である。④しかし,これ等の規定をその営む作用の点からみるときは,一三種

---

39)　我妻・前出注38) 上巻〔第2版〕「第2版の序」3頁。
40)　我妻・前出注38) 上巻〔第2版〕15〜16頁。
41)　この考え方はすでに,戦前の穂積重遠『債権法及び担保物権法（講義案）』（有斐閣, 1934）に現れている。

の契約中には，他の編の制度と密接な関連を有するものが少なくない。ことに，賃貸借は，物権編の他人の土地を利用する制度（地上権・永小作権）と一体をなすものであり，組合の規定……は団体結合の関係として総則編の法人の規定と関連するものである。」

　ここで，『講話』『読本』の体系と『大意』の体系を対比してみよう。まず，いずれも総則を排除する点で共通している（双方の①）。次に，担保物権を物権から切り離す点でも共通している（双方の③）。また，各種の契約につき類似の制度との対比を行う点で，『講話』（④）と『大意』（②④）は共通し，『読本』も同様の傾向を有する。さらに，『講話』『読本』の採用する人・財産・契約という軸（②）も，『大意』の中に見出すことができる。というのは，第1編第2章私権には「私権の主体」が含まれており，第2編第2章物権・同第3章債権があわせて「財産」に，同第4章財産取引関係がほぼ「契約」に対応するからである。

　(3)　近年のもの

　近年の民法教科書の体系は多種多様であり，百花繚乱というべき状況になっている。内田貴教授の民法シリーズをはじめ，特色のあるものも少なくない。また，「講話・読本系」に属する教科書も続々と現れている。そのうちここでは，放送大学用の教科書をとり上げてみることにしたい。放送大学は1981年の放送大学学園法により設置された大学であるが，「大学教育の機会に対する広範な国民の要請にこたえる」ことを目的としている（同法1条）。それゆえ，その性質からして同大学用の教科書は，「講話・読本系」の教科書の典型であると言えるからである。

　放送大学の開設後，今日までに公刊された民法教科書は以下の6種のようである（いずれも放送大学教育振興会）。川井健『日常生活と法』(1986)，山田卓生『民法』(1990)，星野英一『民法・財産法』(1994)，奥田昌道『民法・財産法』(1998)，淡路剛久『紛争と民法』(2002)，野村豊弘『市民生活の財産法』(2006)。このうち，最初の二つが民法全般をカバーするのに対して，その後の四つは財産法のみを対象とする。以下，財産法部分についての略目次を掲げておく。

川井
　・民法の意義　・権利とその主体　・契約　・不動産の売買
　・動産・債権の売買　・売買契約の履行　・売買契約の不履行
　・売買と目的物の瑕疵　・借金と保証　・請負と委任〔ほか〕
山田
　・民法とは何か　・権利と権利主体　・法律行為　・代理　・時効
　・物権　・担保物権　・債権の効力　・債権の保全と担保　・契約〔ほか〕
星野
　・民法とはなにか　・日本民法典（1～3）
　・人の法（1～3）　・物の支配の法（1～2）
　・契約の法（1～4）　・不法行為法の法（1～2）
奥田
　・民法とは何か　・民法のしくみ　・人と法律の出会い
　・法人をめぐる法律問題　・財産の保護と民法
　・物権取引をめぐる法律問題　・所有権の法と占有の法
　・契約自由とその規制　・代理制度について
　・売買契約に関する法的規律　・不動産利用の法律関係
　・時効制度について　・物的担保制度と人的担保制度
　・不法行為制度の概要　・特殊不法行為について
淡路
　・民法とはなにか（1～2）　・民法の主体と客体
　・不法行為をめぐる紛争（1～3）
　・契約をめぐる紛争（1～5）　・不動産をめぐる紛争（1～2）
　・担保をめぐる紛争（1～2）
野村
　・民法と民法典　・日本の民法典
　・人に関する法（1～2）　・団体に関する法
　・物に関する法（1～3）　・契約に関する法（1～5）
　・不法行為に関する法（1～2）

　以上の体系編成は三つのパターンに分けることができる。第1は，売買を中心に全体を編成するものである（川井）。第二は，民法典の体系からあまり離れていないものである（山田）。第三は，「人」「財産」「契約」「不法行為」（さ

らに「団体」「担保」）を基本に編成するものであり（星野・奥田・淡路・野村），両極をなす第一・第二の間にあって主流を形成するものであると言える。細部には相違があるにせよ，「講話・読本系」の体系が承継されていることが窺われるであろう。

2 来るべき民法の体系

(1) 「わかりやすさ」とは何か

現在進行中の民法（債権法）改正をめぐる議論の中では，「国民にわかりやすい法典を」ということが様々な立場から語られており，このこと自体についてはコンセンサスがあると言える[42]。

しかし問題は，「わかりやすさ」とは何か，という点にある。この点に関しては，いくつの問題を区別する必要がある。少なくとも，誰にとっての「わかりやすさ」かという問題（名宛人の問題）と，何による「わかりやすさ」かという問題（方法の問題）とは分けて考えなければならない。

前者（名宛人）については，法律家にとってのわかりやすさと一般市民にとってのわかりやすさとが考えられるが，「国民にとってわかりやすい法典を」という以上，一般市民が名宛人になっていることに疑いはない。もっとも，この点については，次の二つの疑問がありうる。一つは，そもそも「国民にわかりやすい法典を」というのはどの程度まで達成可能なのかという疑問であり，もう一つは，この目標の達成のために法律家にとってのわかりやすさを犠牲にすることにならないかという疑問である。

この点については様々な議論がありうるが，ここでは次の2点を指摘しておく。第一に，「すべての国民」が「一読しただけで完全に」意味がわかるような民法典は，確かに考えにくい。しかし，「一定の学力と意欲を持つ国民」が「解説書を片手に読めば一通りは」理解できるという程度の「わかりやすさ」は達成可能であろうし，また達成すべきだろう。見方を変えれば，法律家が一

---

42) たとえば，民法（債権法）改正検討委員会編『債権法改正の基本方針』（別冊 NBL 126 号，2009）10 頁は「全体としての見通しが悪い」とし，民法改正研究会編『民法改正国民・法曹・学界有志案（法時増刊）』（日本評論社，2009）8 頁は「みれば法規範の内容がすぐにわかるということが重要である」としている。

般市民(学生やクライアントなど)に説明する際に(学理や実務の都合によるものであり)国民にとって親切ではないと感じないですむ程度の「わかりやすさ」が目指されるべきではないか。第二に,「現在の法律家」にとって,現行民法典は必ずしもわかりにくいものではないことも確かである。しかし,「将来の法律家」にとってはどうだろうか。一般市民にとってのみならず,法学部生や法科大学院生にとっても,よりわかりやすい民法典が望まれているのではないか。我妻栄が,戦後,経済学部に続いて法学部でも,『講義』ではなく『大意』を教科書に使ったのは[43],時間の制約だけが理由だったわけではなく,教育上,より有益である(つまり,現行民法典は法学部生にとってもわかりにくい)と考えたからではなかろうか。

後者(方法)については,定義規定・原則規定を書くか否か,どのような用語を用いるか,準用規定を避けるか否かなどの問題(ミクロの問題)と民法典の対象や編成をどうするかなどの問題(マクロの問題)とがある。前者が問題になることは確かであるが,少なくとも研究者の間では,これらの点については可能な限りの改善を行うべきだという点でほぼ意見の一致を見ていると言ってよい。これに対して,後者については様々な意見がありうる。また,「講話・読本系」教科書が問題にしているのも後者である。

民法典の対象・編成については「わかりやすさ」にとどまらない問題(民法とは何かという問題)もあり,現行法とは違う対象画定や編成方法に対しては様々な疑問が投げかけられている。この点については別の機会に論ずることとして,ここでは「わかりやすさ」と密接に関連する次の疑問についてのみ触れておくことにする。

それは,売買なら売買,相続なら相続に関するルールのすべてを民法典に集約するというのは,しょせん無理なことではないかという疑問である。確かにこれももっともな指摘ではある。すべてのルールが書き込まれた巨大法典はかえって見通しが悪い。どのような立場に立つにせよ,民法典が基本法であることを前提にするならば,そこには,「基本」に値するルールが書かれていればよい。しかしそのことは,現在,特別法に置かれている規定を民法典に統合し

---

43) 我妻・前出注38) 上巻〔第2版〕「第2版の序」3~4頁。

ないでよいということや,「基本」をなすルールが日常生活からかけ離れた体系に基づいて配置されていてよいことを意味しない。「特別法の大綱」を示し,「社会生活の実際」に即した編成をするというのが, 我妻の『大意』の目論見であったことは前述のとおりである。

(2) 法典と教科書

ところで, 以上の立論に対しては, 次のような根本的な疑問を提起することもできる。「講話・読本系」教科書が優れているのならば,「原論・講義系」教科書が今も併存していることをどう説明するのか。いやむしろ, 多くの教科書がこちらに属するのはなぜなのか。

これに対するさしあたりの答えは, 現行民法典の体系を前提とする以上は,「原論・講義系」教科書も必要だから, ということになろう。多くの教科書類は法典の編成に従った編成を採る。それゆえ, 民法典の編成が変化すれば, 教科書の大勢もそれに従うことになろう。理論的な根拠に立脚し現行民法典の体系を固守するものは少ないのではなかろうか。

しかし, さらに次のような疑問もありうる。我妻が, 教科書としては『大意』が優れていると考えたとしても, なお,『講義』を書き続けたのはなぜか。我妻は, 現行民法典+『講義』を前提としつつ, あくまでも教育用に, 第二の教科書として『大意』を書いたのではないか。

この疑問にはもっともな点がある。仮に, 我妻が存命であって, 民法典の編成が『大意』の編成に近いものに変わったとしよう。彼は,『講義』の執筆を放棄して『大意』に専念するだろうか。もしかすると, 我妻は,「作用の上では極めて類似した諸制度」であっても「法律理論の上では峻別」されるべきものがあると考えて[44], より理論的な教科書として『講義』を書き続けるかもしれない。『講義』を前提に『大意』が書かれたように,『大意』を前提に『講義』が書かれるということは, 全く考えられないことではない。

次のように考えるならば, このことの意味は十分に理解されよう。立体的なネットワーク関係をなす法規範を平面的なツリー構造に還元して配列するという作業には, 無理が伴うのは当然のことである。そうだとすると, 一つの体系

---

44) 我妻・前出注38)上巻〔第2版〕「第2版の序」3頁。

（法典の体系）によるのではなく，もう一つの体系（教科書の体系）によって，これを立体視することが必要になる。こう考えるのである。

そうだとすれば，現行民法典の編成はそのまま維持して，様々な教科書，とりわけ「講話・読本系」教科書を充実させることが，民法のよりよい理解に近づく途ではないか。確かに，現行民法典の編成を維持せざるをえないのならば，そうなるだろう。しかし，反対に考えることもできる。民法典の編成を変更することが可能ならば，「講話・読本系」教科書が想定する「通俗的」な編成を民法典において採用し，「原論・講義系」教科書が前提とする「学理的」体系は，高いレベルの研究や応用のための道具として今後も活用すればよい。

二つの編成を構想することは，民法の理解に資するであろう。問題は，どちらを法典の編成とし，どちらを講学上の編成とするかであろう。

おわりに

本稿では「民法学における体系論」について検討してきたが，最後にここまで述べてきたことを「法教育」の観点から整理しておこう。

『講話』や『読本』はそれ自体が法教育の先駆であったと言えるが，これらにおいて民法典の体系編成とは異なる編成が探究されたことは，一般市民にとっては現行民法典の体系に「わかりやすさ」の点から問題があることを示していると言えよう。おそらくこの点には異論はあるまい。また，我妻が法学部においても『大意』を用いたことからすると，法教育だけでなく法学教育のレベルにおいても同様のことが言えそうである。

もちろん，民法典の体系編成は教育的な観点だけで決まるものではない。しかし，ここまで見てきたように，日本民法学はその成立の直後からすでに，「講話・読本系」教科書を発展させ，現行民法典のわかりにくさを克服しようと試みてきた。この試みは，私たちの民法学の誇るべき伝統の一つであると言ってもよい[45]。

---

45) 日本の民法学者たちが立案に協力したカンボジア民法典（2007）においては，『大意』に近い体系が採用されていることは以前に指摘したことがある（大村敦志『民法読解 総則編』〔有斐閣，

以上のような文脈の中で考えると，仮に「わかりやすさ」を犠牲にしても現行民法典の体系を維持するのであれば，その理由を明示することが必要であろう。少なくとも，体系編成の問題を真剣に論ずることは民法改正にあたって不可欠の作業だと言わなければならない。

2009〕556頁以下）。この認識が正当であるとすれば，日本民法学の努力の成果が外国で結実したことになる。なお，カンボジア民法典については，松本恒雄「カンボジア民法典の制定とその特色」ジュリ1406号（2010）76頁以下を参照。

第 6 章
立法・判例へ

A　民法と消費者法の 25 年——民法改正と消費者市民社会

　「民法と消費者法の 25 年」という表題で話をするように，というのが主催者から私への依頼であった。「民法改正と消費者市民社会」という副題がいつ付いたのかは記憶がはっきりしないが，こういう観点からの話をせよというご指示ないしご示唆があったのであろうと了解している。
　そこでとりあえず，出発点として 25 年前に遡って，当時の「民法と消費者法」の状況について思い起こしてみることから始めたい。

I　出発点

1　25 年前の状況

　今年は 2014 年なので機械的に 25 年遡ると 1989 年になるが，ここでの「25 年前」は 1989 年前後のことというほどの意味で捉えておく。
　(1) 実定法の状況
　第一に当時の実定法の状況を見ておこう。立法に関して言えば，1980 年代には，貸金業規制法制定 (1983 年)，割賦販売法改正 (1984 年)，預託契約法制定 (1986 年) が実現しており，サラ金やクレジット，あるいはペーパー商法などに対する対応が進んでいた。他方，1985 年・93 年の EC 指令に見られるように，製造物責任や約款規制・不当条項規制が立法課題として浮上していた。判例はどうかと言えば，悪質商法の主力は先物取引から変額保険に移りつつあ

ったが，既存の民法法理を活用してこれに対応する工夫がなされていた。たとえば，暴利行為論や情報提供義務論が注目を集めつつあった。なお，民法改正はその兆しも見られなかったし，消費者契約法の立法もなお実現には遠い状態であったことを確認しておく。

(2) 民法学界の状況

第二に民法学界の状況に目を転ずると，消費者問題に対する関心は高く，たとえば日本私法学会は1990年には「製造物責任」，91年には「現代契約法論」（実質的には約款論・消費者契約論）をシンポジウムのテーマとしていた。また，1980年代半ばに刊行された『民法講座』の別巻2冊が1990年に追加刊行されて，その中で「契約と消費者保護」というテーマが取り上げられた。このテーマは当初，石田喜久夫教授に依頼されたと仄聞するが，同教授がお断りになったため，私が執筆することとなった。

この論文の中身については，ご関心があれば後でご覧いただくとして，2点だけを指摘しておく。一つは，この論文が「消費者問題アプローチ」「契約理論アプローチ」「個別制度・法理アプローチ」の三つに分けて，関連の研究成果を整理していることである。「契約と消費者保護」というテーマは，消費者契約についてどう考えるのかということを問うものであるが，その後，消費者法が確立されると，前の二つのアプローチは，消費者法か民法かという形で対峙するようになって今日に至っている。もう一つ，この論文では民法と消費者法の関係につきフランス・西ドイツの議論状況を簡単に整理しているが，フランスでは，契約法の基本原理につき，古典的な原理は変わらないという見方（原理不変論），一般契約法とは別に消費者契約法が成立しつつあるという見方（原理並立論），消費者契約の登場により契約法の基本原理自体が変わりつつあるという見方（原理変容論），契約法の基本原理は幻想であり，消費者法はこれを打破したにすぎないとする見方（原理幻想論）が対立しているのに対して，ドイツでは，消費者立法を民法典の外で行うか中で行うか（法典編成論），私法の前提とする社会として「自由主義的」なものを想定するのか「社会的」なものを想定するのか（社会モデル論）が争われていることを紹介した。25年前に検出されたこのような対立軸は，現代日本における議論を理解する上でも一定の有用性を持つであろう。

(3) 「消費者法」の状況

　第三に消費者法の状況についても一言しておく。ある法領域が確立するには，法典，裁判所，主務官庁，大学（講座・概説書・学会）などが大きな役割を果たすと言われることがあるが，法律としては消費者保護基本法が 1968 年に制定され，概説書としては，竹内昭夫先生の「消費者保護」（1975 年。ただし，『現代の経済構造と法』に収録された 4 編のうちの一つだった）は存在したものの，法典・裁判所・学会などは存在しなかった。私が東大で特別講義として消費者法の講義を始めたのは 1993 年だったが，その後に教科書類が現れ（私の『消費者法』の初版は 1998 年），基本法が増補され（2004 年），学会が組織され（2008 年），消費者庁が設置される（2009 年）ことを通じて，消費者法の制度化が進んだ。

2　視点？としての「民法改正と消費者市民社会」

　時代は 2008 年まで下ってきたが，このあたりで副題の「民法改正と消費者市民社会」が登場することになる。民法（債権法）の改正作業は 2006 年ごろに本格的にスタートし，2009 年には法制審議会に民法（債権関係）部会が設置されて，公式の審議が始まった。そして，後述のように，その中で民法と消費者の関係が問われることとなった。

　他方，消費者市民社会というのは，2008 年版の国民生活白書で導入された言葉であるが，2012 年の消費者教育促進法は，「消費者市民社会」とは，「消費者が，個々の消費者の特性及び消費生活の多様性を相互に尊重しつつ（アンダーラインは筆者），自らの消費生活に関する行動が現在及び将来の世代にわたって内外の社会経済情勢及び地球環境に影響を及ぼし得るものであることを自覚して，公正かつ持続可能な社会の形成に積極的に参画する社会」であると定義している。ここでいう「消費者市民社会」は民法の想定する「市民社会」といかなる関係に立つのだろうか。松本恒雄先生（日本消費者法学会理事長・前消費者委員会委員長）は「これは，従来の消費者像の見直しを迫るもので，現在進行中の民法債権法改正の前提とする人間像をどのようなものとするかとも関係してきます」（学会ウェブサイトの理事長挨拶文）と述べている。

　主催者のご指示・ご示唆は，こうした最近の動向に重点を置きつつ，民法と消費者法の 25 年を振り返り，将来を展望せよということだろうと思う。

このように理解しつつも，投げられた球を打ち返すのは必ずしも容易ではない。以下，あまり芸のない話ではあるが，その後の消費者法・民法の展開につき一瞥した上で（II），消費者法との関係に焦点をあわせて「民法改正」の経緯を概観し（III），最後に，「消費者市民社会」なる用語を念頭に置きつつ，到着点に近づこうとしている民法改正以後のことについて一言することとしたい（IV）。

II　その後の展開

はじめに

まずは，この25年間，「消費者法」と民法とがどのような展開を見せてきたかを，ごく簡単に振り返っておきたい。はじめに，前提と言葉遣いについて一言しておく。

ここで振り返るのは，「民法と消費者法」の25年であるが，もちろんそれぞれの全体を振り返るというわけではない。民法に関して言えば，消費者問題・消費者法とかかわる部分に限って，「消費者法」に関しては，民法と直接にかかわる部分と民法との関係という問題にかかわる部分について，とりあげることになる。

なお，「消費者法」と括弧書きをしているのは，当初の段階ではこの用語法が十分に確立されていたとは言えなかったからである。また，「消費者法」の中で「民法」という言葉を使うときには，それは民事実体法という意味で使っている。そこには民法の規定も含まれるが，特別法の規定も含まれる。民事実体法に属する特別法は，広い意味での民法に含まれる。そのため，民法と「消費者法」との関係は次のようになる。重複領域が生じているのは，「消費者法」

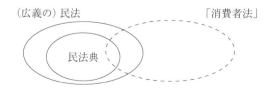

が従来の司法法（民商法・刑法・民訴・刑訴）・行政法にまたがって存在する複合法領域であることによる。

1 「消費者法」の展開

(1) 民法（民事実体法）の領域で

この領域で注目すべきは，1994年に成立した製造物責任法と2000年に成立した消費者契約法であろう。出発点となる25年前の状況と対比して言えば，当時，民法学界が関心を寄せていた二つの問題について，ともかくも立法が実現したわけである。

二つの法律はいずれも，欠陥製品や不当な契約につき民法の特則を定めるものであるが（民法との関係につき，PL法6条，消契法11条1項），広い適用範囲を持つ点で，「消費者法」に属する法律としては一般性の高いものであると言える（他の特別法との関係につき消契法11条2項）。その意味では，民法にとっても「消費者法」にとっても重要な法律であった。とりわけ，消費者契約法は施行後に大学の学納金や借家の更新料などにつき重要な判例が現れたこともあり，実際上も大きな意味を持った（ちなみに，製造物責任法については個別の事件というよりも，法制定そのものが企業・消費者双方を含む国民の安全意識の向上に影響を及ぼした）。

他方で，製造物責任法は形式上その適用対象を消費者に限定しているわけではなかった。しかし，主として人身損害を念頭においたため，同法は実際上は消費者保護の意味を持った（このように，消費者概念を用いていないが，実際上は主として消費者にかかわる法律は他にも少なくない）。これに対して，消費者契約法は「消費者」の概念を用いてその適用対象を画した。周知のように，「消費者」とは「個人（事業として又は事業のために契約の当事者となる場合におけるものを除く）」と定義された（同法2条1項）。この法律の登場によって，「消費者法」はその存在感を増した。

なお，比較法的に見た場合，EUが行ったのは不当条項規制であったが，日本の消費者契約法は不当勧誘規制（消契法4条）を含む点に大きな特色があった。その背後には，25年前の状況にも窺われるように，日本では不当勧誘事例が多く判例が蓄積していたという事情がある（その他に，EUの場合は勧誘に関

する規定の統一は難しいという事情もあったろう）。

(2) 民法以外の領域で

2000年代に入ると,「消費者法」の領域での法発展は,民法以外の領域で顕著に見られるようになった。まず消費者保護基本法が改正されて消費者基本法とされた（2004年)。これに続き,公益通報者保護法が制定されて内部通報者の保護がはかられるとともに（2004年),消費者契約法が改正された消費者団体に団体訴権が付与された（2006年)。さらには消費者庁が設置されるに至った（2009年)。

これらの立法によって,消費者個人や団体の役割が強調されるとともに,消費者行政の一元化がはかられることとなった。これらが「消費者法」の「独立」に拍車をかけたことは冒頭に述べた通りであるが,そのほかに,消費者契約法に訴訟法あるいは組織法的な規定が追加されたことによって,同法を全体として見ると,民法の特別法としての性格が後退したことも指摘しておく必要がある。

なお,割賦販売法・特定商取引法は業態別の規制の基本的な仕組みを示すものとして,「消費者法」の領域においては理論上のモデルとなるとともに,実際上も大きな役割を果たしてきた法律である。特に,この25年の特定商取引法の発展にはめざましいものがある。そして,そこには注目すべき民事実体規定も含まれていることを確認しておく。

2　民法の展開

さて,民法の側に目を転ずると,製造物責任法・消費者契約法の立法以後の重要な展開としては,次の3点を挙げることができる。

第一は,保証人保護のための民法改正である（2004年)。商工ローン問題などを受ける形で保証規定の改正がなされ,保証が要式契約化されるとともに（民446条2項),貸金等根保証に関する特則が設けられた。注目すべきは,これらの特則の適用範囲から保証人が法人である場合が除かれたということである（民465条の2第1項括弧書き)。類似の切り分けはすでに,動産・債権譲渡特例法において行われていたが（同法3条・4条。対抗要件の特例について,「法人が……」と定めている),「個人」「法人」で適用範囲を画した規定が民法典に置か

れたのは初めてのことであった。

　第二に，法人設立の自由をより広く認めることを一つの指針として，一般法人法が制定されたことも挙げておいた方がよい（2006年）。1998年の特定非営利活動促進法，2002年の中間法人法に続き，この法律が制定されることによって，法人制度の見直しは完了したわけだが，一連の立法には，市民社会における団体の活動に注目するという考え方が影響を及ぼしていた。消費者団体訴権の導入もまた，このような潮流に位置づけられる。

　第三に，利息制限法・出資法・貸金業規制法に関する判例の動きが注目に値する。制限超過利息の返還請求については，昭和40年代の判例が貸金業規制法によって部分的に否定された（貸金業規制法43条の「みなし弁済」の規定により，いわば貸金業者に特典が与えられた）。同法制定直後の判例はこれに従ったが，1990年代の終わり頃から様々な形でこの規定の適用を制限する判例が続出することとなった。そして，最判平18・1・13民集60巻1号1頁が，みなし弁済をほぼ認めない態度を打ち出したこともあって，同年の法改正によって43条は廃止されるに至った。これは法の適用を通じて，判例・学説がどこまでのことをなしうるかを示したものであったと言える。

Ⅲ　民法改正の経緯

はじめに

　以上を踏まえて，近年の民法（債権法）改正において，消費者問題・消費者契約がどのように扱われてきたのかを見ていくことにしよう。問題は大きく分けて三つある。第一は，民法典は消費者契約にどのように対処するかという実質的な問題であり（問題①），第二は，民法の契約法の重要な特則である消費者契約法の民事実体規定を民法典に統合するかという形式的な問題である（問題②）。そしてこれらの問題の背後には，第三に，今日において民法と消費者（消費者契約・「消費者法」）の関係をどのように捉えるかという原理的な問題がある（問題③）。

　以上のうち，第3点（問題③）は「消費者市民」ということにもかかわるの

で，この点は次の項で述べることとして，以下においては第一・第二の2点（両者は密接にかかわる）を中心に，2006年から今日に至るまでの民法改正における議論の状況を紹介することとする。なお，いくつかの補足的説明を予めしておく。一つは，民法改正作業の段階区分についてである。ここで「法制審議会以前」と呼ぶのは，2006年から2009年までの時期であり，学者グループが立法提案をとりまとめていた時期である。グループは複数あったが，そのうち消費者問題に積極的に踏み込んだ「民法（債権法）改正検討委員会」の案について，ごく簡単に触れるにとどめる。もう一つは法制審議会の審議についてである。2009年11月に法制審議会には「民法（債権関係）部会」が設けられて，「債権法」，実質的には民法典の契約にかかわる部分の改正作業が進められている。同部会は2011年4月に「中間的な論点整理」を，2013年2月に「中間試案」をとりまとめ，現在，今月末に「要綱仮案」をとりまとめることを目指して最終段階の審議を行っている（6月15日に第3読会が終わっており，29日に全体のとりまとめが行われる予定）。

1 法制審議会以前

　検討委員会案において特徴的であったのは，次の3点であろう。第一に，消費者契約法の民事実体規定を「一般法化」「統合」という二つの形で，民法典に組み込むという考え方が示されたこと（たとえば不実表示や不利益事実の不告知は錯誤・詐欺の拡張型として一般法化して，断定的判断の提供や不退去・退去不能については特則として，民法典に取り込むことが提案された）（提案①），第二に，主として消費者契約との関連で展開されてきた判例法（たとえば暴利行為や情報提供義務）が明文化されたこと（提案②），そして第三に，新たな規律（たとえば解除・瑕疵担保や時効）についても，消費者契約に関する特則を置くことが提案されたこと（提案③）である。

　これは25年前にフランスで議論されていた契約法の基本原理は変容したかという問題との関係では，不変論・幻想論という極端な立場はとらず，変容論・並立論をあわせて採用するということであった。すなわち，民法の基本原理そのものも変容したが，そのほかに消費者契約に独自のルールも生成したという見方である。また，ドイツで議論されていた法典編成論との関係で言えば，

消費者契約に関するルールを民法典に取り込むという考え方に立つものであった。

2 法制審議会

(1) 論点整理まで

以上のような検討委員会の提案は，法制審議会の審議においても論点整理まではほぼ検討対象として維持されていた。すなわち，第一に，第30では，消費者契約法の規定の一般法化の是非が問われ，第62では，消費者の概念を用いた規定の採否（消費者契約法の規定の統合のほか，新設規定を置くかも含む）が問題として掲げられていた。もっとも後者の問題が，先送りにされ論点整理の最終項目とされており，すでに前途の困難さを予見することは可能であった。第二に，第23に情報提供義務が，第28に暴利行為が，そして第32に複数の法律行為の無効が書き込まれ，さらには第29で意思能力の規定を新設することが論点として提示されていた。この提案が判例に由来すると言えるかどうかは微妙なところであるが，もし契約の種類ごとに意思能力の判断基準を変えるという提案が採用されれば，消費者契約の規律に大きな影響を及ぼすことが予想された。第三に，前述のように，新設規定の是非は第62にまとめて提示されていた。

(2) 中間試案まで

ところが中間試案の段階に至ると，これまで見てきた広い意味での消費者関連規定は，かなり後退することになった。まず第一に消費者の概念を用いた個別規定は除かれ，これに代えて，消費者契約を典型例とする「格差契約」につき，一種の解釈指針（民2条参照）を置くことが提案されるに至った（第26の4）。特に信義則の運用の際に意味があるなどとされた。他方，不実告知は錯誤の中に取り込む形で維持されるとともに，不利益事実の不告知は廃棄された（第3の2）。第二に，暴利行為や情報提供義務はとりあえず維持されたが（第1の2，第27の2），意思表示の規定はかなり後退し，玉虫色の内容になった（第2）。第三に，新設規定は不採用の見込みとなったことは前述の通りである。

(3) 現状

すでに述べたように，審議は要綱仮案の採択の直前まで来ている。多くの点

がほぼ確定しているが，なお不明確な点も若干は残っている（本講演の資料作成時においては，法務省ウェブサイトに一部資料が未掲載だったので，手持ち資料のコピーは控えたが，現在は「要綱仮案の原案（その1～その3）」が掲載されている）。

消費者関連規定について言えば，第一に，「格差契約」に関する解釈指針は採用されていない。新設規定もすべて排除されているので，新債権法には「消費者」という言葉や消費者契約に関する特則は一切現れないことになる。では，消費者契約法の一般法化はどうかと言えば，錯誤の拡張は錯誤規定の改正そのものとあわせて風前の灯火という状況である。第二に，判例の明文化については，情報提供義務は採用されず，暴利行為は経済界の反対にあってやはり風前の灯火である。意思能力の規定のみがいわば無害化されて（解釈論の可能性は残されている），維持されている（第1）。

このままで行くと，「消費者」に関する特則を持たないだけでなく，情報提供義務や暴利行為についても規定を持たない民法典が姿を現すことになる。その結果，新しい日本の契約法典は，消費者に対する関心を持っていないかのような外観を呈することになる。21世紀初頭に鳴り物入りで行われた民法改正の成果として，これは異様な印象を世界各国に与えることになるだろう。

ちなみに，必ずしも消費者関連規定とは言えない面を持つので，個人保証や約款に関する議論は，本日は紹介していない。しかし，これらについても，経営者保証につき例外を認める上に，配偶者までも保証人にしうるという規定が残存することになる。また，約款に関しては規定が残るかどうか微妙なところであるが，残るとしても事業者にとって極めて有利な規定が残ることになる。これらもまた国際的には異様な印象を与えるであろう（実際のところ，保証に関しては諸外国に対して恥ずかしい，約款に関してはこのような規定ならば立法しない方がましだ，という意見が学者委員からは続出した）。

繰り返しになるが，消費者関連規定の導入という観点から見た場合，今回の民法改正における提案はほぼ完全に否定されている（提案③は完全に否定され，提案①②もほぼ否定されている）。連戦連敗の結果，少なくとも規定を見る限りは，そして何もなくなった，と言ってよい。

こうした結果に至った原因については，今後，様々な立場から検討がなされなければならないし，なされることだろう。ざっと考えて，法制審議会の構造，

学者委員の不一致，消費者団体・弁護士会の動向などいくつも要因が思い浮かぶ。それとは別に，私自身は，当初の案を提案した者の一人としてこの結果を真摯に受け止めて，自分自身の責任を自覚するとともに，今後のことを考えなければならないと思っている。

Ⅳ　展　望

　今後のことを考えるにあたっては，さしあたり，当面の立法や解釈の問題（*1*）と，より根本的な問題（*2*）とに区別する必要があると思うが，以下，それぞれにつき一言する。

1　民法改正の後に
(1)　消費者契約法の改正

　まず第一に問題になるのが，消費者契約法の改正問題である。民法典に消費者関連規定を入れることを嫌う人々は，その理由の如何を超えて異口同音に，消費者契約法に規定を置けばいいのだから，と述べてきた。実際のところ，消費者契約法の改正作業が企画されているようである。その内容については，次回に河上正二教授が述べるだろう。詳細はそちらに委ね，ここではその概要についてのみ触れておく。

　そこでは，約款やインターネット取引など現代的な現象に対する対応が（一部）はかられているほか，各則的な規定が提案されているのが注目される（第9章・第10章・第11章）。これに対して，消費者契約一般については，消費者公序に関する規定の新設が提案されているのが目立つ程度である（第8章）。

　法改正に対する評価は各則部分がどの程度まで実現するかにかかっている。もしこれが実現するのであれば，消費者契約法は，不当条項規制（＋不当勧誘規制）という当初の枠組みから離れて，文字通り消費者契約の一般法に向かっていくことも考えられる。しかし，この点が難しいとなれば，民法改正で実現しないかもしれない約款規定を，ともかくも消費者契約においては導入するということになる。

もっとも，約款の規律は採用要件の導入と内容規制をセットで行う点に意味があると考えるならば，すでに内容規制が行われている消費者契約法において採用要件が導入されることの意義は直接にはあまり大きくない（ただし，消費者契約法の適用されない約款に類推適用される可能性があることを考える必要がある）。類推の可能性を考えないならば，むしろ約款に関する規定は消費者契約における約款使用を安定させる意味を持つとも言える。そう考えると，民法典への約款規定導入に断固反対する経済界も，この改正には強くは反対しないかもしれない。

(2) 改正民法の解釈論

　第二に問題になるのは，改正民法の解釈論をどのように展開するかということである。消費者関連規定との関係では，解釈問題は大別して二つの形で現れることになろう。一つは，かろうじて新設された規定（意思能力の規定，さらには錯誤の規定，もしかしたら暴利行為・約款の規定）をいかに運用するかという問題であり，もう一つは，立法が実現しなかった問題につき，従来の判例の立場を踏まえつつどこに向かうかという問題である。当然ながら，どちらの問題についても，拡張的な解釈と制限的な解釈が対立することが予想される。

　個別の問題ごとの検討を経ずに，解釈論一般について述べることには限界があるが，ここでは一般的な解釈指針について述べておきたい。さしあたり2点ある。一つは，今回の立法をプロセスの中で観察する必要があるということである。ある規定の導入につき，一定の段階まで議論がなされたということは，それらが問題として認識・承認されていることの現れである。かつては問題視されていなかったことが今回は問題視されるようになったということの意味は大きい。このことは解釈論においても考慮に入れる必要がある。

　もう一つは，立法過程における反対論の性質を見極めるということである。一部しか立法ができなかった，あるいは全くできなかった理由が，そのような規定を置くことが不都合であるという実質的な理由によるのか，それとも適用対象の明確な切り分けができないという形式的な理由によるのかが重要である。後者であるのならば，立法化は時期尚早であるとしても，原理は支持されていると理解することが可能だからである。

　現代の立法は諸利益の調整の上になされるので，妥協的・微温的なものにな

りがちである。「第三の立法期」とも呼ばれる時代になり、立法が全くなされないという意味での立法不活性（immobilisme）は克服されたように見えるが、今回の立法を通じて、民法などの基本法に関しては、現状維持の力が働きやすいという意味でのもう一つの立法不活性が存在することが明らかになったと言える。そうだとすれば、裁判所には、立法過程に現れた規範生成に向かう力を適切な形で考慮にいれて、これに徐々に形を与えていく役割が期待される。すなわち、規範の「継続形成」がなされなければならないが、そのためには過去から未来への社会と法規範の推移を考慮にいれた歴史的・進化主義的（historique et évolutif）な解釈方法が必要となろう。

実はこうした解釈方法は、言葉の本来の意味での立法不活性が見られる家族法の領域において、最近の最高裁が採用しているかに見える方法であるとも言える。非嫡出子の相続分に関する最大決平25・9・4民集67巻6号1320頁や性同一性障害者と生殖補助医療に関する最決平25・12・10民集67巻9号1847頁などがその例である。

以上の解釈方法論については、総論・各論の両面から別途検討する予定なので、この程度にとどめる。

2 市民社会と消費者

最後に、一連の立法過程を「消費者市民社会」という標語との関係で振り返ると何が言えるかについて一言しておく。これは、25年前のドイツにおいて論じられていた第二の問題、すなわち、「社会モデル論」にかかわる問題であると言える。もっとも、予め指摘しておくが、日本の立法過程において見られたのは、私法の前提とする社会として「自由主義的」なものを想定するのか「社会的」なものを想定するのかという問題に加えて、「市民社会」に対してどのような態度をとるかという問題であったように見える。

(1) 構図の類似

先ほど家族法立法に触れたが、今回の民法改正においては、ある意味では1996年の民法改正の際の構図を想起させる事態が生じた。1996年の選択的夫婦別氏導入に対しては、夫の家族との一体性を象徴的に否定することを通じて家族の重荷の軽減を図りたい（別の言い方をすると、家族の絆＝軛を解きほどきた

い)「進歩派」の人々と娘に旧姓を称してもらうことによって家名の継承を図りたい「保守派」の人々が結果として連携（呉越同舟）した形になり，改正案を葬ることとなった。これに対して，今回の改正においては，民法典に消費者関連規定が入ることは今後のさらなる法改正の妨げになるのではないかと考える「消費者側」（主務官庁や弁護士会も含む）の人々と民法典に消費者関連規定が入ることは消費者の存在をクローズアップすることになり，ひいてはそれは企業活動の制約になると考える「事業者側」の人々とが，結果的に連携した形になって，改正案の多くが葬られることとなった。

　事業者側の対応はある意味では当然のことであるとも言える。ドイツの用語を借りて言えば，彼らは民法典が「自由主義的」な枠に収まることを望んでいる。その態度は「市民社会」にふさわしくないかと言えば，それは「市民社会」の定義による。市民社会がヘーゲル的な意味での市民社会，すなわち経済社会にすぎない，というのならば，それは市民的（もともとの意味でのブルジョワ的）態度であると言える。問題はむしろ消費者側にあったのではないかと思う。国民生活全般に関する公共的な事項として，すべての人々の関心の対象となる民法典においてではなく，特別な領域において利害関係が協議・妥協して立法を行うことを望むという姿勢は，「市民社会」からほど遠いように思われるからである。こうした評価が一面的であると言うのならば，欧米の思想界で言われる「普遍主義 vs. 差異主義」「共和主義 vs. 多文化主義」という対立軸で考えるならば，消費者側は差異主義，多文化主義に与したことになろう。

(2)　市民なき民法？

　消費者側の対応は，それはそれとしてありうる対応であろう。しかし，繰り返しになるが，普遍的な「市民社会」の思想，その基本法として「民法典」を持ち，「民法典」という共通のフォーラムにおいて，特殊利益の対立・調整にとどまらず社会全体のあり方を問うという思想からはほど遠い。このままでは，「消費者市民」は「市民」ではなく「消費者」に重点を置くものだということになりかねない。換言すれば，「消費者」（そして「事業者」）がつくる「消費者市民社会」は「市民社会」に立脚しない独自の部分社会，「市民社会なき消費者市民社会」ということになろう。

　このことの危険さに気づいていたのは，私の見るところでは，法制審議会の

消費者側委員だけだったように思う。彼女は一貫して，消費者に関する規定を民法典に置くことを主張した。それが，消費者を大事にする社会を作り出すことに通じると考えたからである。しかも，事業者側委員とは全く異なり，彼女は利益団体の代表者としてではなく，個人の資格で彼女の背景にある団体の多数意見とは異なる意見を述べた。そして，事業者側の主張を参酌し，市民社会にとって受け入れ可能なルールを置こうと努力していた。私は「消費者市民」とは彼女のような人を指す，と考えている。

　多くの消費者が，彼女とは異なり「消費者側」の人々と同じに考えるならば，民法はいくら改正を重ねても，市民のイニシアチブとは縁のない，単なる経済活動のツールになるだろう。そのような法律はもはや「民法」という名に値しない。「消費者市民社会」を標榜する人々は，ぜひこの問題につき，真剣に考えていただきたい。

B　Unbuiltの民法学——債権法改正「連戦連敗」の後で

はじめに

　2009年11月に法務大臣の諮問機関である法制審議会に民法（債権関係）部会が設置されてから，4年半以上の歳月が流れた。最近1年は，昨年2月に公表された「中間試案」をもとにして「要綱仮案」を作成するための検討（第3読会）にあてられてきた。すでに仮案取りまとめのための実質的な審議は終わっており，本稿執筆の時点（2014年7月末）では，事務局からの仮案提案を待つという段階に達している。8月中に仮案が承認されることが予定されているが，その後は，来年初めの要綱案・要綱に向けて事務局内部で事務的な作業が行われることになる。つまり，実質的に見ると，法案作成は最終段階に達しつつあると言える。

　今回の民法改正（債権法改正）は，複数の学者グループの立法提案が提示されることによって始まった。法制審議会の審議においてはこれらの提案が出発点とされることとなったため，初期の段階では実務側に様々な形で学説側の主張を牽制するという動きが見られた。結果として審議を通じて，当初の提案のあるものは骨抜きにされ，あるものは脱落した。それでも学説側がアジェンダ・セッティングの主導権を握ったために，当初提案された項目はともかくも検討されて，「中間試案」の段階までは，多くの項目につき何らかの改正案が残されていた。

　ところが第3読会に入ってから，特に，その取りまとめのための審議（要綱仮案に向けての検討）に入ってからは，重要な新提案が次々に姿を消していった。この間，学説側は「連戦連敗」を喫したのであり，私自身を含めて学者委員の発言は，葬られる新提案を惜しむ弔辞のように聞こえた。

　以下においては，まず，こうした事態に至ったのはなぜか，学説の敗因につ

き，いくつかのことを指摘する（Ⅰ）。続いて，改正法の成立後，実現しなかった（Unbuilt の）規範をいかに引き受けるべきかにつき，私の考え方を述べる（Ⅱ）。そして最後に，「戦後」の復興を妨げかねないもう一つの「敗戦」について言及する。

Ⅰ　なぜ負けたのか――市民社会なき民法（市民法）改正

1　債権法に特有の事情――推進力の不在

　すでに一言したように，今回の民法改正に対して実務側は改正に熱心ではなかった。その理由は，従来の改正と今回の改正の違いに求めることができるだろう。従来の改正には二つのタイプのものがあった。一つは，ある業界の利益に適う立法であり，1998 年の債権譲渡特例法，1999 年の借地借家法，2002 年の区分所有法，2003 年の担保・執行法制，2006 年の信託法などがこれにあたる。もう一つは，ある種の社会問題に対応する立法であり，1998 年の NPO 法，1999 年の成年後見法，2003 年の性同一性障害者特例法，2004 年の保証法，2006 年の一般法人法，2012 年の親権法などがこれにあたる。
　ところが債権法に関しては，いずれの要請も存在しなかった。もちろん契約の内容はビジネスの帰趨に大きな影響を及ぼしうるが，その決定は基本的には当事者の自由に委ねられているので，業界には，現行契約法をどうしても変えなければならないというインセンティブがない。他方で，契約に関する社会問題ももちろん存在する。しかし，経済界としては問題の存在を認めたくないし，認めるとしても個別問題として特別法で解決したい。新種の契約（特に役務提供契約）に関する規定が全く採用されず，不実表示，暴利行為，情報提供義務，約款規制，継続的契約・複合契約，消費者概念などが否定されるか，ごく限定的な形でしか許容されなかったのは，これらの事情による。
　以上とは別に，債務不履行法の現代化，時効の短期化，代位権・取消権の是正，債権譲渡の対抗要件の改良，契約解釈準則の導入，法典編成の変更などについては，実務側（特に弁護士会）には，慣れたもの，便利なものを残してほしいという慣性が強く働いた。

結果として，契約締結にあたり契約法による支援を求める人々やこれから契約法を勉強しその運用を担う将来世代の法律家のために立法するという発想はほとんど見られなかった。かつてであれば，こうした発想を担うアクターとして法務省を想定することもできたが，今日では，中央官庁が将来構想を提示することはかなり難しくなってきている。だからこそ，学者が発言すべきではないか，という疑問が出てくるが，この点に関しては，項を改めて検討しよう。

2 一般的な事情——立法過程におけるコーポラティズム

内田貴教授が法務省に移籍するのとあわせ，民法学者を動員してまずは非公式に債権法改正案を作成した理由の一つは，このようなイニシアティブの欠如を補うという点にあったと言える。この構想は中間試案の段階までは相当程度の成功を収めているように見えた。ところが，すでに見たように経済界は多くの提案に対して消極的な態度を保持し続けた。弁護士会はある段階からは対案を提案するというやや積極的な方向に転じたが，当初に否定的な態度をとったことは，法制審議会の部会に懐疑的な空気を生み出すのに大きく貢献し，その結果，経済界に反対してよいのだという自信を持たせることになったと言える。

要綱仮案に至る過程で葬られた諸提案に対する意見分布を見ると，多くの提案については多数の委員が賛成していた。しかし，一部の委員が反対することによって「コンセンサスが得られない」という理由で採用が見送られてきた。事務局は成案を得るために多くの問題につき反対意見に対して譲歩を重ねたが，それでも頑なに反対意見を保持する委員がいた。このような事態に至った理由は，一言で言えば，法制審議会が利益調整の場になってしまったことに求められる。各種の利害関係者の中から選ばれた委員は，関係団体から具体的な指示を受けているため，会議の場で議論を交わし妥協する権限を持っていない。そのために，交渉は会議の外で行われることにならざるをえなかった。

こうした事態に至った遠因は1990年代後半に端を発する広義の審議会改革にあったと言える。法制審議会の民法関連部会に即して言うと，三つの点が重要である。第一に，1997年に成年後見小委員会が設置された際に，福祉関係者など利害関係者から委員が選任されたのを皮切りに，以後は関係者を委員とするのが常態となったこと。これにより，従来の専門家（民法学者と少数の裁判

官・弁護士）による立法体制の崩壊が始まった。第二に，常設の会議体であり検討対象の決定も含む強い権限を有していた民法部会が廃止され，必要に応じて検討対象を限定して部会が設置されるようになったことにより，部会の自律性の程度はかなり低下した。第三に，法案準備の段階で政治的な力が働くことが増えてきた。1999 年の借地借家法改正や 2002 年の区分所有法改正がその典型例であるが，2003 年に生殖関連の親子法改正が中断したのも，おそらく同じ理由によるのだろう。

　一言で言うならば，今回の民法改正では，個別の利害を離れて社会全体のために将来を見据えた立法を行うことが目指された——それは市民社会のための民法（市民法）改正であった——が，現代日本にはそのような立法を支える市民社会（あるいは市民社会の声を聞き取る仕組み）が存在しなかったということになるだろう。

II　今後どうすべきか——民法（市民法）の名の下での市民社会の実現

1　法制審議会のシステム改良

　今後の対応として，まず第一に考えなければならないのは，次にありうる民法改正に向けて法制審議会はこのままでよいのか，という問題である。

　民法（債権関係）部会の構成を見ると，その多数を占める学者委員は，抽象的な意味での「学界」の考え方を踏まえてはいるが，特定の「学会」の意見を代弁しているわけではなく，個人としての意見を述べている。これに対して，利害関係団体から選ばれている委員には，二つのタイプのものがあるようである。すなわち，会議の席上は一切交渉に応じない（議論に参加しない）という委員とある程度までの交渉は行う委員とが存在する。いわば使者型の委員と代理人型の委員がいるのである。そして，使者型の委員の存在が会議体の存在意義とその機能を大きく損なっている。

　この状況に対する対応にも，二つの方向性が考えられる。一つは，部会には使者型の委員は入れず（すなわち団体推薦を受けず），議論をする気がなく意見を

言いたいだけの団体に対しては，ヒアリングなどの機会を拡大することによって対応するという方向である。もう一つは，部会は利益調整の場であると割り切って，すべて利益団体の代表によって構成する（学者委員も学会推薦にする，あるいは官制団体である学術会議の推薦にする）という方向である。

どちらを選ぶかは極めて重要な選択となる。民法改正の審議の場に市民社会の原型を取り込むことができないのであれば，民法はもはや市民社会の法ではありえないからである。その場合には，もはや民法は droit civil や burgerliches Recht とは似て非なるものとなる。「民法（市民法）」という呼称自体を改めることを考えた方がよいかもしれない。

2 解釈論・立法論における進化主義

第二に考えなければならないのは，出来上がってしまうであろう不十分な改正法をどうするか，という問題である。

この点に関しては，次のような基本認識に立つことが重要であろう。すなわち，現代における民法改正は，弥縫的・場当たり的になるか，妥協的・微温的になることは避けられないということである。法制審議会の委員選任システムを変えたとしても，立法過程の全体を通じて見れば，様々な団体・様々な人々による介入は不可避だからである。それがよい結果をもたらすならば民主主義の成果であると言え，そうでなければ民主主義のコストであるとも言うほかない。

現代日本は，19世紀後半の開国期，20世紀半ばの占領期に続いて，第3の立法変革期を迎えていると言われ，法学の関心はかなりの程度まで解釈論から立法論へとシフトしたかに見えた。しかし，（ユスティニアヌス法典やナポレオン法典のように）強権を持った立法者が存在するか，（近代日本のように）抗いがたい外圧にさらされているのでない限り，統合的な法典を創りだすことは困難であることを正面から認識し，不出来な立法がむしろ常態であることを踏まえて，対応をはからなければならない。

具体的には，解釈論においても立法論においても，ある種の「進化主義・歴史主義な方法（méthode évolutive et historique）」を採用することが必要ではなかろうか。

すなわち解釈においては，現に存在する法規範（規範の現実態）に着目するだけでなく，将来ありうる法規範（規範の可能態）を提示することが求められる。そのためには，立法過程において実現しなかった諸提案が実現しなかった理由を仕分けることや，一部のみが実現した諸提案が内包する解釈の可能性を取捨することが重要になる。日本民法学は，こうした解釈論を支える具体的な研究を試みるとともに，その方法的な基礎を明らかにしていかなければなるまい。

同時に立法においては，複数の選択肢を明示的あるいは黙示的に設ける，あるいは，萌芽的・端緒的な規定を置いてみるなどの方策を用いた上で，その後の法発展の様子を見守り，必要ならばさらに立法を行うという試行錯誤的な方法を用いることが考えられてよい。このような方法はすでに用いられていると言えるが（たとえば児童虐待防止法などは数年ごとの見直しが予定されている），より積極的・意識的な活用をはかる必要がある。

おわりに——「人をつくる民法学」へ

今年になって明らかになった「敗戦」は，もう一つある。法科大学院の失敗である。外見上の徴表としては，法科大学院の募集停止が20校に達したことや予備試験の受験者が法科大学院の受験者数を上回ったことなどを挙げることができる。しかし，それよりも深刻なのは精神上の荒廃が進んでいるように見えることである。

大局的な見地からの柔軟な解釈，実験的な立法を担う法律家を私たちは送り出すことができるのだろうか。司法試験のために判例を暗記するという学習態度が，受験予備校ではなく大学に蔓延するという状況は，将来に対する不安を呼び起こす。

東京大学では，グローバリゼーションに対応できる人材を養成するという旗印のもと，大学改革が進行中であり，法学部においても学部教育の改革が試みられている。学部教育改革は重要である。市民の名にふさわしい人々を社会に送らなければ民法（市民法）の基盤はますます浸食されていくだろう。しかし，

同時に民法（市民法）の担い手として，日々，市民社会を更新していく法律家なしには市民社会は存続しえない。

　約款規制は不要，とうそぶく人々に対して，民法（市民法）は約款の拘束力を手放しには認めないことを明らかにできるのは法律家たちである。30年来新しい約款理論を教えながら，開示なき約款の拘束力を否定する判決がこの先も一つも出て来ないならば，学部・法科大学院を通じて私たちの行ってきた法学教育はやはり失敗しているということになろう。

　最後に余談を一つ。本報告の表題は二人の著名な建築家の著書から採られている。磯崎新の『Unbuilt』と安藤忠雄の『連戦連敗』である。建築家たちはコンペティションにおいて他の建築家に負けるだけではない。最近では，ゼネコン内部の規格重視の建築士たちにも負けているのではないかと言われる。それでも何かを変えようとして，彼らは挑む。

　今年，建築界のノーベル賞といわれるプリツガー賞を受賞した坂茂。彼は，大災害の後の廃墟に，紙でできた仮設建築を建てる試みを展開している。その坂の最近の著書は『Voluntary Architects' Network──建築をつくる。人をつくる。』と題されている。確かに，何かを変えていくには，「人をつくる」ことが肝要なのだろう。

C 最近の最高裁決定に見る法的推論

はじめに

2013年、日本では家族法の領域において重要な二つの決定が現れた。最大決2013（平25）・9・4民集67巻6号1320頁と最決2013（平25）・12・10民集67巻9号1847頁である。前者（以下，9月決定と呼ぶ）は嫡出子と非嫡出子の相続分の区別に関するもの，後者（以下，12月決定と呼ぶ）は性同一性障害と生殖補助医療に関するものであった。

二つの決定はすぐ後で述べるように，社会的にも大きなインパクトを持った。たとえば，家族法に関する専門誌である『戸籍時報』の2014年新年号（707号）の巻頭には，この雑誌を刊行している出版社の社主の新年の挨拶が掲載されているが，社主は法律家ではないものの，前年を振り返ってこの二つの決定に言及している。

二つの決定はその内容においてのみならず，法解釈の方法という観点からも興味深いものであった。そこで以下においては，二つの決定の内容を簡単に紹介した上で（I），法解釈の方法という観点からその特徴を摘出する（II）。最後に，ここに見出される特徴を，より大きな文脈の中に位置づけてみたい（おわりに）。

I 2件の最高裁決定の紹介

1 最大決2013・9・4（9月決定）
(1) これまでの状況
日本民法は，韓国民法とは異なり，嫡出子と非嫡出子の相続分に差を設ける

規定を置いていた（日民900条4号ただし書前段）。このような規定はフランス民法にもドイツ民法にも存在していたものであり，婚姻を重視するという観点から，少なくとも立法当時は一定の合理性を持つものであった。

もっとも，ドイツでもフランスでもこの種の規定は，最近になって削除されている。日本においても1993年に東京高裁が違憲決定を出したのを契機に，盛んに議論がなされるようになった。しかしながら，最高裁は10対5で，この規定は違憲だとは言えないという判断を示していた（最大決1995（平7）・7・5民集49巻7号1789頁）。

その後，何度も同種の事件が最高裁まで争われたが，どの小法廷においても違憲論が多数を占めるには至らなかった。ところが，最高裁は，9月決定によって，全員一致で従来の判例を変更するに至ったのである。

(2) 判決の内容と影響

9月決定は，まず一般論として次のように述べた。「相続制度は，被相続人の財産を誰に，どのように承継させるかを定めるものであるが，相続制度を定めるに当たっては，それぞれの国の伝統，社会事情，国民感情なども考慮されなければならない。さらに，現在の相続制度は，家族というものをどのように考えるかということと密接に関係しているのであって，その国における婚姻ないし親子関係に対する規律，国民の意識等を離れてこれを定めることはできない。これらを総合的に考慮した上で，相続制度をどのように定めるかは，立法府の合理的な裁量判断に委ねられているものというべきである。」

しかしながら，「この事件で問われているのは，このようにして定められた相続制度全体のうち，本件規定により嫡出子と嫡出でない子との間で生ずる法定相続分に関する区別が，合理的理由のない差別的取扱いに当たるか否かということであり，立法府に与えられた上記のような裁量権を考慮しても，そのような区別をすることに合理的な根拠が認められない場合には，当該区別は，憲法14条1項に違反するものと解するのが相当である。」と。

注意すべきは，9月決定は，1995年決定もまた同様の判断基準に立つと理解している点である。1995年決定は，「民法が法律婚主義を採用している以上，法定相続分は婚姻関係にある配偶者とその子を優遇してこれを定めるが，他方，非嫡出子にも一定の法定相続分を認めてその保護を図ったものである。」と理

解し，このような規定を置くことは立法府の合理的な裁量の限界を超えるものでないとしたというのである。

　しかしながら，9月決定によれば，「法律婚主義の下においても，嫡出子と嫡出でない子の法定相続分をどのように定めるかということについては，前記2で説示した事柄を総合的に考慮して決せられるべきものであり，また，<u>これらの事柄は時代と共に変遷する</u>ものでもあるから（下線・太字は筆者によるもの。以下，同じ），その定めの合理性については，個人の尊厳と法の下の平等を定める憲法に照らして不断に検討され，吟味されなければならない。」

　9月決定は，具体的には，「①昭和22年民法改正時から現在に至るまでの間の社会の動向，②我が国における家族形態の多様化やこれに伴う国民の意識の変化，③諸外国の立法のすう勢及び我が国が批准した条約の内容とこれに基づき設置された委員会からの指摘，④嫡出子と嫡出でない子の区別に関わる法制等の変化，⑤更にはこれまでの当審判例における度重なる問題の指摘」等を総合的に勘案した上で，「**法律婚という制度自体は我が国に定着しているとしても**，上記のような認識の変化に伴い，上記制度の下で父母が婚姻関係になかったという，子にとっては自ら選択ないし修正する余地のない事柄を理由としてその子に不利益を及ぼすことは許されず，<u>子を個人として尊重し，その権利を保障すべきであるという考えが確立されてきている</u>ものということができる。」として，1995年決定の判断基準は維持しつつ，判例変更を行ったのである。

　この判決を受けて，国会では900条4号ただし書き前段を削除する民法改正案が可決された（2013年12月5日）。もっとも，この改正によってすべての問題が改正されたわけではない。第一に，この決定の射程が問題になっている。違憲決定の事案は1999年に相続が開始したというものであったが，9月決定は，この時点以降に開始した相続で，判決時においてまだ未解決のものについては，この決定の事実上の拘束力が及ぶと自ら判示した。しかし，この基準の当否や適用の可否が問題とされている。第二に，配偶者の地位の強化が問題になっている。法改正にあたって，与党自民党の内部から，配偶者の地位の保護が十分かどうか，相続法全般の見直しが必要であるという意見が示され，これを受けて法務省には相続法制改正のためのワーキング・チームが設けられ，検討が始められている。

2 最決2013・12・10（12月決定）

(1) これまでの状況

日本では，おそらく韓国とは異なり，性同一性障害者の性別変更につき，2003年に特例法が制定されて，一定の要件の下に戸籍上の性別記載の変更が認められるに至っている。その結果，女性から男性に性別を変更した者がもともと女性である者と結婚することが可能になり，さらに，この夫婦が第三者提供精子による人工授精（AID）により子どもを持つという事例が現れている。

日本では，生殖補助医療に関する立法は1990年代の終わりから試みられているが，実現には至っていない。具体的には，法制審議会生殖補助医療関連親子法制部会は，2003年に中間試案を発表し，その中でAIDによって生まれた子の父親は母の父とすることなどが提案されたが，立法作業は中断したままになっている。その後，厚生労働大臣・法務大臣の連名で日本学術会議に代理懐胎に関する意見が求められ，学術会議からはごく例外的な場合を除いて禁止すべきだという意見が公表されたが，これも立法には至っていない。

しかしながら，AIDによって生まれたか否かは，通常は自治体の戸籍窓口では判断できないので，妻が産んだ子であれば，夫の子（嫡出子）としての出生届が認められる。ところが，夫が性別変更をした者であることは戸籍記載上もわかることなので，戸籍窓口はこのような夫については，嫡出子としての届出を受理しないという扱いをしていた。

12月決定の原審はこの戸籍実務を肯定したが，12月決定は3対2でこれを覆した。

(2) 決定の内容と影響

12月決定の多数意見は，比較的簡単なものであった。まず，多数意見は「特例法4条1項は，性別の取扱いの変更の審判を受けた者は，民法その他の法令の規定の適用については，法律に別段の定めがある場合を除き，その性別につき他の性別に変わったものとみなす旨を規定している。したがって，特例法3条1項の規定に基づき男性への性別の取扱いの変更の審判を受けた者は，以後，法令の規定の適用について男性とみなされるため，民法の規定に基づき夫として婚姻することができるのみならず，婚姻中にその妻が子を懐胎したときは，同法772条の規定により，当該子は当該夫の子と推定されるというべき

である。」とする。

続けて「もっとも，民法772条2項所定の期間内に妻が出産した子について，妻がその子を懐胎すべき時期に，既に夫婦が事実上の離婚をして夫婦の実態が失われ，又は遠隔地に居住して，夫婦間に性的関係を持つ機会がなかったことが明らかであるなどの事情が存在する場合には，その子は実質的には同条の推定を受けないことは，当審の判例とするところであるが〔判決引用は省略〕，**性別の取扱いの変更の審判を受けた者については，妻との性的関係によって子をもうけることはおよそ想定できないものの**，一方でそのような者に婚姻することを認めながら，他方で，その主要な効果である同条による嫡出の推定についての規定の適用を，妻との性的関係の結果もうけた子であり得ないことを理由に認めないとすることは相当でないというべきである。」とした。

12月決定が現れた後，生殖補助医療に関する立法が再び大きな関心事になりつつある。与党自民党は特命委員会を設けて検討を始めたが，3月になってから，代理懐胎を制限的に認める3案が取りまとめられたと報じられている。

II　2件の最高裁決定の特徴

1　9月決定における進化主義

9月決定は，1995年の大法廷決定を変更して，嫡出子と非嫡出子との間で相続分に差を設けるのは違憲であるとした点で，まず注目されるのはもちろんのことであるが，ここで注意したいのは，最高裁の論理展開である。

最高裁は従前の大法廷決定の判断枠組を維持したままで，判例変更を行った。では，従前の大法廷決定は判断枠組の適用の仕方に問題があったとしているのかと言えば，そういうわけでもない。9月決定は，従前の決定の判断枠組も結論もともに適切であったという前提に立ちつつ，結論を改めたのである。

なぜそのようなことが可能なのか。この問いに対して，9月決定は，当時と今とでは事情が変わったから，と答えている。法定相続分をいかに決めるかは諸般の事情によるが，その諸般の事情は「時代とともに変遷する」というのである。

確かに「個人の尊厳と法の下の平等」は，憲法が定め（日憲13条・14条），民法がそれを踏襲する（日民2条）基本原則である。しかし，その原則の働き方は時代によって同じではない。もちろん，人権のコアの部分は憲法の制定時に確立されている。しかし，人権からの要請が他の諸要請との関係でどこまで及ぶかは，歴史的な条件にかかっている。ここに現れているのは，歴史的な変遷を考慮に入れるという意味で進化主義的な解釈（interprétation évolutive/historique）である。

反対に，ここで退けられているのは何かと言えば，法律婚のカップルもその他のカップルも対等であるとか，すべての子は同等の相続分を有するはずであるといった原理主義的な主張である。

なお，憲法の適用が時代の変化の影響を受けることは，ある意味では当然のことのように思われるかもしれない。たとえば，ある出版物を猥褻であるとして規制することがかつては違憲ではなかったが，いまでは違憲であるということはありうる。しかし，この場合には，猥褻物の取締りは表現の自由を侵害しない，という基準自体は動いておらず，何が猥褻であるかという「事実に対する評価」が変化しただけである。

これに対して，9月決定においては，相続法制・家族法制に関する諸事情（それは国民の意識をも含みつつ，諸外国の立法，国際条約との関係，国内法制の変遷，判例の態度などの要素によって定まる「法システムの解釈」である）が変遷しているという理解が採られている点に注目すべきであろう。

2　12月決定における進化主義

9月決定において「進化主義」は顕著であるのに対して，12月決定においては，その発現は少なくとも見かけ上はそれほど明確ではない。しかし，（それ以前はともかくとして，性同一性障害者特例法が制定されて）「そのような者に婚姻を認めた以上は」という理由づけは，事情の変化を解釈に織り込んだものであると言うことができる。

しかし，12月決定において指摘すべき点はこの点ではない。ここでは，補足意見・反対意見に現れている別の問題にかかわる論理展開に注目する必要がある。問題は二つある。一つは，生物学上の父でない者を父とされてしまうこ

とは子の福祉を損なうことにならないか，という問題，もう一つは，生殖補助医療に関する立法を行わずに，親子の観念に変更を来すような判決を下してよいのか，という問題である。

　第一の問題について，木内道祥補足意見は問題の存在を認めつつ，それは本件に固有の問題ではなく，将来の立法に委ねられるべき問題であるとしている。これに対して，寺田逸郎補足意見は解釈による解決を示唆している。第二の問題については，大谷剛彦反対意見が次のように述べている。「特例法による婚姻関係において，性別取扱いの変更を受けた夫の妻が夫以外の精子提供型の生殖補助医療により懐胎，出産した子について，法律上の父子関係を裁判上認めることは，現在の民法の上記解釈枠組みを一歩踏み出すことになり，また，本来的には立法により解決されるべき生殖補助医療による子とその父の法律上の親子関係の形成の問題に，その手当や制度整備もないまま踏み込むことになると思われる。」この点につき，多数意見の側からの明示的な応答はなされていないが，その理由づけはやはり「そのような者に婚姻を認めた以上は」という点に求められると思われる。寺田補足意見は「本文を含めた以上の説明は，嫡出子とそのもととなる婚姻との関係についての現行法における理解を示したものであり，異なる制度をとることを立法論として否定するものではなく，これを維持するか修正するかなどは基本的にすべて憲法の枠内で国会において決められるべきことであることはいうまでもない。」と付言している。確かに，別の解決がありうることは否定していないが，民法に特例法が付け加えられた現状を前提にすれば，多数意見のようになるだろうというのである。

　ここに現れているのは，多数意見（それは寺田補足意見によって理論的に支えられている）は特例法の出現が指し示す方向にコミットしているということである。制度上の不備があることは確かであるし，他の立法論がありうることも認めるが，それでも特例法が指し示す方向に進むべきではないかというわけである。

　実は同様の姿勢は9月決定にも認められる。9月決定は，「子を個人として尊重し，その権利を保障すべきであるという考えが確立されてきている」としている。「法律婚という制度は我が国に定着しているとしても」，子の個人としての尊重の方向に一歩を踏み出そうというわけである。

ここに現れているのは，これまでの変遷だけではなく，それを踏まえてこれからの変遷に棹さす方向の解釈を提示しようという姿勢であると思われる。それは単に回顧的なだけではなく，歴史を踏まえて未来を目指すという意味での進化主義的な解釈（interprétation évolutive/prospective）であると言える。

おわりに

韓国社会も同様であろうが，日本社会は，この20年来，大きな変化の中にある。かつてに比べると，社会の変化に立法で対応するということも増えてきた。しかしながら，立法が社会変化に追い付かないことも少なくない。また，社会の多元化を反映して，程度の差はあれ立法は妥協的なものとなる。そうした中で，判例が社会の変化に対応していくためには，制度の変化を大きな流れの中でつかみ，その先を見る姿勢が求められる。その際には，かつての立法や判例において主張された少数意見や，提案はされたが実現には至らなかった法案の存在も意外な存在感を持ってくる。

現在，日本では債権法改正が行われているが，学説が当初提案した案に比べると，その内容は大きく後退していると言わざるをえない。しかし，採用されなかった意見は無に帰するわけではない。それが社会の変化をよく把握したものであるのならば，立法においては実現しなかったとしても，判例によって実現されるということは十分に考えられるところである。そのための解釈方法論をより精緻で，かつ，実用的なものとすることが，これからの課題の一つとなろう。

あとがきに代えて——近代日本・平成日本・ポスト司法改革

1　あとがきに代えて，私的な回想を行うことをお許しいただきたい。
　私が助手論文を提出して助教授に採用されたのは 1985 年のことだった。元号で言うと昭和 60 年である。助手論文の原稿をまとめて法学協会雑誌に出して初めての在外研究に出かけたのが 1987 年，帰国したのが 1989 年で，元号は平成に代わっていた。この時から本格的な研究生活がスタートし，昨年（2018年）で足かけ 30 年，私は 60 歳になった。還暦を迎えたのを機に今年（2019年）東大を早期退職したので，前天皇の退位とともに私の民法研究も一つの節目を迎えたことになる。また，昨年は明治維新から 150 周年にあたる年でもあったので，平成日本の 30 年間は近代日本にとっては，競馬にたとえれば 2000 メートルのレースの残り 400 メートル，最後の直線部分にあたることになる。そこで，ごく簡単にではあるが，平成日本の民法学を個人史的に振り返るとともに (2)，これを近代日本の民法学史の中に位置づけてみたい (3)。これは私の視点から，ポスト司法制度改革の民法学を展望する (4) ということに繋がる。

2　平成日本の民法学は「平井ショック」から始まった。1988 年から 90 年にかけて平井宜雄先生が「法律学基礎論覚書（正・続）」を発表し戦後日本民法学を批判したのに対して星野英一先生が反論して，星野・平井論争（第 2 次法解釈論争）が行われた。論争そのものに関して言えば，両先生の立脚点の違いは明らかになったものの，何か決着がついたわけではない。ただ当時は，加藤・星野両先生の利益考量論が主導した戦後民法学がある種の行き詰まりを見せていたので，若い世代にはこれを打破しようとする平井先生の試みに共感する人が多かったように思う。その後，池田・道垣内論争（1993 年ごろ），森田・潮見論争（1995 年ごろ）を経て，歴史指向（通時）から体系指向（共時）へと民法学の潮流は変化を見せた。
　他方，1990 年代は戦後民法学の総括の時代でもあった。バブル経済が頂点を迎えて一つの時代が終わりに差しかかり，「ジャパン・アズ・ナンバーワン」などと言われた「戦後日本」の民法を総括する試みが，内田貴さんの『契約の

再生』(1990) から始まり,山本敬三さんの「現代社会におけるリベラリズムと私的自治」(1993年),私自身の「典型契約論」(1993～95年)がこれに続いた。道垣内弘人さんの『信託法理と私法体系』(1997年)も,異なる指向性を持つものの同じ文脈に位置づけることが可能だろう。この時代の民法学の活況は,吉田克己さんの『現代市民社会と民法学』(1999年)に巧みに描かれている。このころまでの状況をふまえて,大村＝道垣内＝山本＝森田『民法研究ハンドブック』(2000年)が書かれている。

　2000年代に入ると状況は一変した。まずは,**司法制度改革審議会の報告** (2001年) を受けて**法科大学院開設** (2004年) に向けての準備が始まった。続いて,法務省が**民法（債権法）改正**を考えていることが報じられ (2006年),立法案を検討するいくつかの研究グループが立ちあげられた。「**グランド・セオリーの時代**」であった90年代に続く2000年代は,「**教育と立法の時代**」となった。見方を変えれば,理論面では停滞の時代を迎えたと言わざるを得ないところがある。

　ここで注意すべきことがある。それはこの時代が昭和40年代に続く「**第二の判例の時代**」であったことである。将来債権譲渡や集合動産譲渡担保,抵当権に基づく妨害排除請求や貸金業規制法43条のみなし弁済など平成10年代は重要判例が目白押しの時代となった。また,1999年の成年後見法,改正借地借家法,2002年の中間法人法,改正区分所有法,03年の担保・執行法制,04年の根保証,06年の一般法人法,新信託法と次々に法改正も行われた。この時代が「**第三の法制改革期**」(あるいは「**大立法時代**」) と呼ばれた所以である。消費者契約法の改正 (2006年) や児童虐待防止法 (2000年)・DV防止法 (2001年)・性同一性障害者特例法 (2003年) の制定も付け加えなければならない。こうした判例・立法の隆盛を背景の一つとした法科大学院教育における実定法重視が,学生たちの間に学説軽視の風潮を産み出すことになった。小粥太郎さんとの共著で,私が「**学説と学生の別居**」と呼んだ現象である。

　ところが2010年代には再び潮目が変わる。教育と立法への熱狂が終焉を迎えたのである。すでに2000年代の終わりには,ロースクールを準備中だった隣国韓国に向けて「日本の失敗」が語られるようになり,債権法改正のための法制審議会もまた波乱含みで始まっていた。しかし,このことを明確にしたの

は予備試験の隆盛と中間試案からの大きな後退であった。これらの傾向が顕著になった2014年ごろが「二つの戦後」の始まりにあたる（三谷太一郎先生にならって2011年から「第二の戦後」――戊辰戦争・日露戦争を数えれば第四の戦後――が始まったと言ってもよい）。同じ言葉を使うならば現在は戦後復興の時代であるはずだが，2017年に債権法改正案が成立したのを受けて，民法学者はその解説に忙しいというのが実情だろう。その傍らで法学部不人気・日本不人気が進行し，「**MBAとチャイナマネーの時代**」が始まっているが――あるいはこれらもすでにピークを過ぎているのかもしれない――，そのことへの関心は必ずしも高くはない。大村＝小粥『民法学を語る』（2015年）が視野に入れているのは，2014年ごろまでの状況である。

　私自身のことに戻ると，2000年代の最初の5，6年は教科書の執筆に時間を割いたが，『民法総論』（2001年），『基本民法Ⅰ～Ⅲ』（2001～03年）を刊行したのを境に，これらとは違うことに関心を持つようになった。それを象徴するのが『生活のための制度を創る』（2005年），『他者とともに生きる』（2007年），『民法0・1・2・3条』（2008年）である。論文で言えば「マイノリティと民法」（講演は2005年，公表は2008年），「『市民的権利の法』としての民法」（2006年）を契機に，「典型契約論」によって利益考量論離れを図った私は，10年の試行錯誤を経て再び利益考量論への回帰軌道に入った。もっともそれは星野先生の利益考量論そのものではない。最近の私は，「新しい利益考量法学のために」（2015年）を分水嶺として，さらに新たな方向を模索している。

　以上の遍歴を図式化するならば，平成日本の民法学は私個人にとっては，『民法研究ハンドブック』（2000年）までの第1期，『民法学を語る』（2015年）までの第2期，そしてそれ以降の第3期に分かれるということになるだろう。

　3　では，現時点でこの30年をどう見るのか。この点を話すには，より大きなパースペクティブが必要になる。そこで次に，近代日本の民法学の150年の歴史を振り返ってみたい。私が高校生のころ，日本の「戦後」は1945年から70年まで，まだ25年にすぎなかった。その後さらに半世紀が経過し，「戦後」は70年を超え，明治150年の後半部分を占めるに至った。そこで「戦後」に対して「ポスト戦後」を観念する動きも生じている。

　いつから「**ポスト戦後**」が始まるのか，見解は分かれているようだが，1970

年代が移行期であったことは確かである。一方で，経済成長の余力を利用して今日の社会保障の基礎が形成された。各種の制度が創設された1973年は福祉元年と呼ばれた。ところが1979年には**革新自治体**の象徴であった美濃部都政が終局を迎えることになった。福祉国家の大盤振る舞いに終止符が打たれたわけである。この転換を民法に投影すると次にようになる。すなわち，1970年代の前半にはいわゆる**四大公害訴訟**で相次いで原告側が勝訴を収める（1971年・72年）。ところが，約10年後の大阪空港訴訟最高裁判決は損害賠償は認めたものの差止めを認めた原審を破棄した（1981年）。ここから公害訴訟にとっての「冬の時代」が始まった。

　こうして1980年代以降の新しい時代は，福祉国家に代わって登場した新自由主義に導かれた時代となった。平成日本は世界史的には1989年の東欧革命とともに始まったが，その10年前に英米流の**新自由主義改革**はすでに日本にも及んでいた。歴史家が1914年から1989年までであったとする「短い世紀」としての20世紀は，実際にはもっと短かったわけで，日本について言えば，関東大震災の1923年から美濃部退陣の1979年までの約半世紀が20世紀だったことになろうか。そして，この「より短い20世紀」は，民法に引きつけて言えば，「**弱者保護**」が支配した時代だったと言ってよい。戦前は労働者・小作人（末弘），そして女と子ども（穂積），戦後は事故被害者（加藤），借地人・借家人（星野）。こうした「弱者」の保護こそが民法学の課題であった。これに対して，現代のキーワードは「**自己責任**」，民法学の課題は債権法の契約化・物権法の情報化・不法行為法の制裁化・家族法の個人化等々，抽象度の高いものとなっている。前の時代を「**社会化**（socialisation）」の時代と呼ぶならば，今の時代は「**規約化**（conventionnalisation）」の時代と呼ぶことができるかもしれない。ちなみに，近代日本150年の最初の時代は「**文明化**（civilisation）」の時代と呼べるだろう。

　社会問題に敏感な日本民法学は論理よりも社会的事実を重んじる傾向を帯びていた。また，モデルとしてのフランス法・ドイツ法についても，その背後にある社会とともにこれらを理解することが目指されていた。これが私の言う「**利益考量法学**」であるが，その影響は，1979年以降も約10年は続いたものの，90年代には退潮しはじめ2000年代には希薄化の一途をたどった。

4　こうしていまや，民法学は司法の補助者あるいは企業法務の随伴者として活路を見出そうとしているかに見える。民法学を含む法学自体が「社会の学」としての求心力を失いつつあるかのごとくである。それ以外に活路は見出せない，あるいは，求心力など最初から存在しないという見方もあろうが，私自身は「社会の学」としての民法学を蘇らせたいと考えている。そのためには，conventionnalisation の**人為性ではなく慣習性に着目する**必要がある。それは**慣習が宿る社会と人間を見直す**ことを要請する。

　より具体的に考慮すべきことは，少なくとも私自身にとっては，①「司法教育から**法教育へ**」（市民の時代），②「ヨーロッパから**東アジアへ**」（非西欧の時代），③「財産法から『**人の法**』へ」（人格権の時代），そして④「実定法から『**人と法**』へ」（制度の時代）の 4 点だろうと思っている（これらをまとめると，私にとってのこれからの民法学は文字通りの「**市民の法・人の法**」の学であることになる）。

　以上のうち前の 3 点（①～③）についてはこれまで多少の検討はした。これに対して，最後の点（④）が現在の私の直接の関心事である。2017 年 1 年を費やして書き散らした「七つのつぶて」論文（順次公表され，本書とほぼ同時期に別の論文集『民法のかたちを描く』にまとめて刊行予定）と，何とかまとめた『人間の学としての民法学 1・2』（2018 年）は，この点を検討するためのステップであったということになる。その先にも踏むべきステップはあるが，その成果もふまえて 10 年後を目途に，何冊かの書物の形で格闘の結果を書き遺したいと願っている。

　5　今後の研究計画も含めて，現代日本の民法学における私のポジションは異色のものであるかもしれない。「司法の補助者」という観点からは決してメインストリームに棹さすものとは言えない。しかしながら，穂積・末弘から（法政策学までの）中期平井に至る 20 世紀日本の社会法学的な民法学の伝統に連なり，これを継承・発展させて後世に伝える者たらんという意識は持っている。また最近では，法学の枠を拡張する試みに加わる者となろうという意識も強めている。本書は『性法・大学・民法学』と題されているが，ここでの「性法」は nature du droit（法の性質）であるとともに，時代・場所・視点によって異なる相貌を見せる droit naturel（自然法）でもある。そして「大学」は，

いかにして，誰が，こうした法を生成させるのかという問いとかかわっている。この試みをはたしてどこまで推し進めることができるのか，読者の皆さまには，多少の興味をもって見守っていただければ幸いである。この先さらに検討が進むならば，（法律家・法学者に重点を置いた）『法源・解釈・民法学』（1997 年）や（一般市民に重点を置いた）『法典・教育・民法学』（1999 年）と比べて，（法学研究者に重点を置いた）『性法・大学・民法学』はどのような意味を持ちうるのかをより明確に示すことができるのではないかと思う。

　本書の編集に関しては，有斐閣書籍編集部長の藤本依子さんにお世話になった。いつもながらの細やかなご配慮に対して謝意を表する。

　　　2019 年 10 月 15 日

　　　　　　　　　　　　　　　　　　　　　　　　　　　大村　敦志

初出一覧

第1部

第1章

　A「法の変動とその担い手——大学の役割を中心に」大村敦志編『岩波講座　現代法の動態5　法の変動の担い手』（岩波書店，2015）

　B「現代日本における民法典論争——新たな『資料集』の必要性」松山大学法学部松大GP推進委員会編『「民法典論争資料集」〔増補復刻版〕の現代的意義』（松山大学，2014）

第2章「法教育から見た法学教育——『共和国の民法学』は再び可能か？」法の科学45号（2014）

第3章

　A「民法の30年＋30年——変化する法典と法学」法学教室361号（2010）

　B「新しい利益考量法学のために——ポスト司法制度改革の民法学」星野英一先生追悼『日本民法学の新たな時代』（有斐閣，2015）

　C「偶感・現代日本における相続法学説」水野紀子編著『相続法の立法的課題』（有斐閣，2016）

第4章「債権法改正後の解釈論・立法論——進化・連結・多元」安永正昭＝鎌田薫＝能見善久監修『債権法改正と民法学Ⅰ　総論・総則』（商事法務，2018）

第2部

第1章

　A「日本民法改正中的消費者法回顧」（渠遥訳）中日民商法研究第13巻（2014）

　B「債権法改正と労働法」日本労働法学会誌123号（2014）

第2章

　A「明治期日本における民法の受容」法制史学会シンポジウム口頭報

告・未公刊（2010）
　　　B「日本における民法典の継受——ボワソナード自然法論との関連」韓国明治民法研究会シンポジウム口頭報告・未公刊（2015）
第 3 章
　　　A「フランス法研究の展望——民法」ジュリスト 1395 号（2010）
　　　B「グローバリゼーションの中の法学教育——パリから東京へ，中間報告」法の支配 169 号（2013）
　　　C「先進モデルから離れて——フランス法のこだわりにこだわる」日仏文化 84 号（2015）
第 4 章
　　　A「架橋する法学・開放する法学——星野英一『法学入門』」書斎の窓 603 号（2011）
　　　B「広中俊雄の民法体系論——『人の法』構想を中心に」法律時報 87 巻 9 号（2015）
第 5 章
　　　A「法教育から見た利益考量論」法と教育 Vol. 1 2010（2011）
　　　B「法教育から見た民法改正」NBL 940 号（2011）
第 6 章
　　　A「民法と消費者法の 25 年」東大連続講演会・未公刊（2014）
　　　B「"未建成"（Unbuilt）的民法学——在債権法修改"連戦連敗"之后」（渠遥訳）中日民商法研究第 14 巻（2015）
　　　C「最近の最高裁決定に見る法的推論」光州講演会・未公刊（2014）

事項索引

あ 行

アメリカ法 … 54
アレティスト … 76
安藤忠雄 … 279
生きた法 … 178
英吉利法律学校 … 26
池田・道垣内論争 … 53
池田真朗 … 171
意思能力 … 120, 140, 266
磯崎新 … 279
一元論（閉鎖主義）と二元論（開放主義）… 131
一次規範（先行規範）と二次規範（救済規範）… 227
一般市民 … 68, 154, 242, 253
「一般法化」と「統合」 … 138, 265
井上正一 … 175
インターフェイス … 151
植木枝盛 … 27, 160
ヴォジェル、ルイ … 190, 207
「内からの検討」と「外からの検討」… 195
内田貴 … 251, 275
梅謙次郎 … 99
営業担保 … 183
延期派・断行派 … 26
大谷剛彦反対意見 … 286
荻村慎一郎 … 186
小野梓 … 27, 160

か 行

外郭秩序論 … 225
外国人留学生 … 11
解釈 … 84
解釈学説 … 15
解釈共同体 … 73
「解釈そのもの」と「解釈のためになすべきこと」… 78
「解釈そのもの」と「真の解釈のためになすべきこと」… 60, 70
解釈としての法 … 132
解釈方法 … 270
解釈・立法のための研究 … 80
解釈論 … 71, 235
解除 … 186
概説書 … 95
「外的視点」と「内的視点」 … 211
科学学派 … 194
科学的自由探究 … 41, 113
「科学としての法律学」と「人文学としての法律学」 … 82
書かれざる基本原則 … 176
学際性（学際化） … 21, 151, 194
学際性と国際性 … 199
格差契約 … 266
学者中心主義 … 64
学説 … 102, 178, 193
学説継受 … 166
「学説の自由」と「学説からの自由」 … 200
学知 … 20, 77
学問観 … 65
家族法改正 … 49
価値の体系（ヒエラルヒア） … 63
価値判断 … 68
学界 … 81, 84, 137
割賦販売法 … 263
加藤一郎 … 108, 233
金山直樹 … 185
鎌田薫 … 104, 186
カルボニエ … 115, 206, 209
川井健 … 59
川島武宜 … 71, 81, 222
環境 … 123, 221
環境法 … 129, 130
韓国 … 8, 55, 187, 283
カンボジア … 55
記憶の場 … 33
企業法務 … 7
危険責任論 … 41
基層の法と上層の法 … 132
基礎研究 … 15, 71, 73, 80, 103

基礎的な法学教育 …………………44, 46
基礎法学 ………………………6, 14, 22
北川善太郎…………………………59, 166
北村一郎………………………………185
規定（制度）の「意味」………………32
規範指向的な研究………………………78
基本原則（基本原理）………142, 148, 171
「基本的な法的ルールを明確にする」作業と
　「大上段の議論」……………………93
逆照射…………………………………188
旧民法……………………………………25
教育の大衆化…………………………247
教員ポスト………………………………11
業界の利益に適う立法………………274
教科書・概説書………………13, 244, 260
共　感……………………………83, 236
競争の資金………………………………11
共同体（学問）………………………229
教　養……………………………211, 215
共和主義的な民法観…………………162
巨大ローファーム………………………16
議論空間……………73, 79, 91, 102, 230
「議論」論…………………………69, 74
近代法のあり方…………………63, 229
窪田充見………………………………51
グローバリゼーション…4, 11, 22, 164, 205
経済界…………………………………269
経済学…………………………………212
継受研究………………………………166
　──論争……………………………109
継続形成………………………………270
契　約…………………………………228
契約主義…………………………………57
契約当事者の情報・交渉力の格差……142
結果指向………………………………233
結　社…………………………………228
見　解……………………………………16
原規範……………………………………45
研究（問題指向的な）…………………75
研究指向的な法学教育…………………46
研究者……………………………………10
　──養成……………………………11
権力秩序………………………………227

原論・講義系…………………………245
公益通報者保護法……………………263
公益法人改革……………………………49
講学上の体系と法典上の体系………245
公共の福祉………………………228, 239
講義録…………………………………163
公序良俗違反…………………………139
高大連携…………………………………43
構　築…………………………………239
交通事故………………………………183
高齢化社会への対応……………………50
講話・読本系…………………………245
小粥太郎………………………………181
国際性（国際化）…………21, 151, 194
国法典…………………………………155
国民にわかりやすい法典……………253
国民にわかりやすい民法……………177
国民にわかりやすい立法………………84
国民の創出……………………………22
個　人……………………141, 224, 262, 263
　──のイニシアティブ………………72
個人の尊厳と両性の本質的平等……142
個人保証………………………………141
コーズ理論………………………………41
子ども中心主義………………………206
ゴベール，ミシェル…………………203
コンセンサス………………50, 253, 275

さ　行

債権総論………………………………182
債権法改正……28, 48, 53, 104, 180, 182, 243, 287
最高裁判所決定
　最大決平 7・7・5 民集 49 巻 7 号 1789 頁
　　……………………………………281
　最大決平 18・1・13 民集 60 巻 1 号 1 頁…264
　最大決平 25・9・4 民集 67 巻 6 号 1320 頁
　　…………………………86, 122, 270, 280
　最決平 25・12・10 民集 67 巻 9 号 1847 頁
　　………………………………123, 270, 280,
　最大決平 27・12・26 民集 69 巻 8 号 2427 頁
　　……………………………………124
　最大決平 27・12・26 民集 69 巻 8 号 2586 頁
　　……………………………………124

事項索引 *299*

再婚禁止期間	124
齋藤哲志	186
裁判員制度	180
裁判官	68
裁判規範	45
裁判の民主化・市民化	68
坂　茂	279
錯　誤	139
作　用	250, 255
サレイユ，レイモン	41, 111, 132
参照枠	188
ジェニー，フランソワ	41, 113
ジェネラリスト	9
ジェンダー理論	54
事業者団体	140
自己決定	57
自己認識と他者理解	217
時　際	23
市場（経済の優位，専門家の支配，法の道具化）と政治（社会の復権，市民の参加，思想としての法）	184
自生的な社会規範	172
自然法	168, 170, 177
自然法上の義務と実定法上の義務	175
自然法論	112
社会思想としての――	177
実定法学	14
実務（界）	41, 52, 84, 274
実務知の組織化	17
視点の往還	215
視点の往復	218
児童虐待	50
私法学会シンポジウム	102
司法研修所	16
司法省法学校	6, 25
司法制度改革	2, 43, 67, 84
――による挑戦	60
市　民	3, 7, 14, 225
市民教育	40
市民社会	49, 58, 66, 85, 129, 151, 180, 224, 229, 264, 270
――なき消費者市民社会	271
――の基本法	66
――の縮図	40
市民社会論	220
市民的諸自由	156
市民的討議	68
市民的法律家	68, 69, 71
市民のための民法典	57
市民の法の学	46
市民法＝市民社会の自己認識	84
社会学	41, 212
社会学主義	64
「社会学主義」と「直結主義」と「学者中心主義」	108
社会観・社会理論	83
社会構成技術	20
社会秩序の先行性	225
社会認識	73, 229
社会のあり方	209
社会の学	20
社会の構成原理	162, 184, 216
社会法学	234
社会問題に対応する立法	274
弱者保護	57
借地借家法	49, 145
――改正	30
ジャーナリスト	5, 10
ジャマン，クリストフ	42, 191
シャルル，クリストフ	41
自　由	200
就業規則	145
集合体としての「学説」	86, 91
修士課程	11
主客二元論	63
準法律家	9, 20, 70
常　識	67
商事裁判所	186
商取引法	145
消費者	136, 140, 262
消費者基本法	263
消費者契約	266
消費者契約法	137, 140, 145, 262
消費者市民	264
――社会	258, 260

消費者団体 …………………………121, 263
　　──訴権 …………………………264
消費者庁 ……………………………263
消費者法 ……………………………54
　　──の制度化 ……………………260
消費者保護の強化 ……………………49
情報提供義務 ………………………266
消滅時効 ……………………………141
将来世代の法 ………………………130
職業人コース ………………………11
職　際 ………………………………23
私立法律学校 ……………………9, 26, 167
人　格 ………………………………223
進化主義 …………………………107, 111
　　──・歴史主義な方法 …………277
　　──と原理主義 ………………285
進化的解釈 ………………………41, 111
シンガポール大学 …………………199
進化・連結・多元 …………………111
人権法 ………………………………130
人工生殖 ……………………………184
新自然法論 …………………………63
人事法 ………………………………101
信託法 ………………………………92
人文学 ………………………………44
末弘厳太郎 ………………………113, 245
杉山直治郎 …………………………183
スペンサー …………………………112
スリウー，ジャン＝ルイ …………199
生活感覚 …………………………215, 247
政策法務 ……………………………7
政　治 ………………………………228
政治学 ……………………………41, 212
政治社会の法 ………………………155
政治自由学院 ………………………193
生殖補助医療 ……………………50, 284
製造物責任法 ………………………262
制　度 ……………………………20, 73, 228
性同一性障害者特例法 ……………51, 124
制度構築の次元と規範適用の次元 ……64
制度の趣旨 …………………………78
制度の理解・検討のための枠組み ……185
成年後見制度 ………………………50

成年後見法 …………………………183
性別変更と嫡出推定 ………………123
性　法 ………………………………168
生命倫理法 …………………………42
世界法論 ……………………………112
全会一致による決定 ………………106
戦後法解釈論 ………………………64
戦後法学 …………………………60, 84
全法体系の根本法 …………………155
専門教育と一般教育 ………………19
専門書の売れ行き …………………12
総合社会科学 ……………………20, 44
総合の知 ……………………………46
叢　書 ………………………………83
相　続 ………………………………186
相続法 ………………………………86
贈与法 ………………………………92
「即自的な法」と「対自的な法」…132
ソルボンヌ大学連合 ………………191

た　行

大　学 …………………4, 22, 23, 84, 197
　　──の自治 ……………………22
大学学長会議 ………………………191
大学教員の処遇 ……………………11
第三の法制改革期 ………………77, 110
大上段の議論 ………………………99
「大上段の議論」と「基本的なルールを明確
　にする作業」………………………89
大正デモクラシー ………………114, 62
第二次法解釈論争 …………………53
代理懐胎 …………………………238, 284
高村学人 ……………………………185
多元主義 ……………………………115
脱社会＝実定法中心 ………………110
脱歴史＝現在化 ……………………109
田中耕太郎 ………………59, 111, 132, 218
断行派と延期派 ……………………25
団体訴権 ……………………………263
団体訴訟 ……………………………186
中間試案 …………………106, 139, 265, 273
中　国 ……………………………55, 187
直観主義 ……………………………64

通信教育	26
津田真道	27
土田道夫	146
定型約款・保証	120
「テクスト主義」と「論証主義」と「法曹中心主義」	108
寺田補足意見	286, 286
デルマス=マルティ	115, 130
当為型の利益考量論	238
東京専門学校	163
東京大学法学部	6, 25
東京法学院	163
特定商取引法	263
特別養子法	183
「閉じたシステム」と「開いたシステム」	75
富井政章	87, 245
取引インフラの整備	49

な 行

名宛人	68, 74, 82, 227, 253
中川善之助	59
中田裕康	186
「何か」,「何のためか」「どうしてそうなったのか」	238
「なんであるか」,「なんのためのものか」,「なぜそうなっているか」	62
南原繁	59
担い手	3, 74
日本私法学会シンポジウム	51, 87
日本の社会理論	73
日本民法典施行100周年	51
「人間と市民」像	221
人間の尊厳	223
根抵当法改正	30
能見善久	104
野田進	145
野田良之	183

は 行

博士課程	11
パクス	184
発想源	188
ハードケース	233

鳩山秀夫	87
パブリックコメント	30
原島重義	59
パリ政治学院	42, 191, 207
パリ政治学院法学校	193
パリ第2大学	191
判例	16, 75, 178, 262
判例研究	13, 76
比較民法	41
東アジア	153, 182, 187
東アジア法	21
樋口陽一	211
ビジネス・スクール	10
非嫡出子の相続分	122
人	136
人の法	220
「──」構想	221
批判	238
「非法律家を法律家に,法律家を非法律家に」	218
平井宜雄	108, 59
広中・星野論争	63
広中俊雄	59, 220
広場	23
夫婦同氏	124
夫婦別姓	50
フォーラム	81, 230, 271
福井勇二郎	183
福沢諭吉	27, 160
附合契約	183
附合契約論	41
不実告知	266
不実表示	118
物権変動	186
物権法	182
フランス・モデル	184
フランス科学学派	39
フランス法	169
フランス民法のルネサンス	158
ブルデュー,ピエール	41
ベトナム	55
ペリュシュ事件	184
弁護士会	274

編集者……………………………………5, 12
法意識…………………………………14, 185
法解釈に関するモデルと法律編成上のモデル
　……………………………………………148
法解釈の客観性………………………………235
法解釈方法論……………………………………52
法　学……………………………………………18
法学学…………………………………………84
法学学習者……………………………………69
法学教育…………………………………69, 208
　　実務指向的な――……………………46
　　専門的な――……………………45, 46
法学者共同体………………………………180
法学知の輸入…………………………………17
法学部……………………………4, 6, 23, 39, 42
法科大学院
　……6, 11, 15, 39, 53, 60, 74, 110, 180, 188, 278
法教育……………………18, 43, 180, 231, 243, 256
法教育と法学教育の連続性………………241
法形成と法認識………………………………180
法社会学………………………………………235
　　――による挑戦………………………59
法　術……………………………………………19
法術学……………………………………77, 84
「法術に関する法学」と「法術のための法学」
　………………………………………………20
「法術のための法学」と「法術に関する法学」
　………………………………………………19
法人理論………………………………………41
法政策学…………………………………64, 72, 82
法制審議会
　……29, 32, 78, 89, 106, 137, 144, 180, 243, 265,
　271, 273
法生成への関与………………………………14
法整備支援………………………………………21
放送大学………………………………………251
「法中心主義」と「一般教養」………………196
法的市民………………………9, 20, 68, 69, 70, 71
法典調査会……………………………………29
法典編成論と社会モデル論…………………259
「法と教育」学会………………………231, 243
法と経済学………………………………………54
「法」と「法律」の区別（droitとloiの区別）
　…………………………………………205, 211, 212
「法」の特殊性・技術性………………………70
法普及活動………………………………………7
法務省………………………………89, 92, 282
暴利行為………………………………118, 140, 266
法律家……………………3, 6, 14, 64, 69, 71, 154, 253
法律雑誌………………………………………12, 247
ボー，オリヴィエ……………………………192
星野英一
　……48, 57, 59, 87, 108, 115, 166, 181, 184, 186,
　205, 210, 233, 238
星野・平井論争……………………………63, 64
保証人保護……………………………………263
穂積重遠………………………………218, 245
穂積陳重………………………………111, 132
ボワソナード…………………………158, 166

ま　行

マイノリティ……………………………………51
牧野英一………………………………114, 113
マズレク判決…………………………………206
松本恒雄………………………………………260
松本英実………………………………………186
マルクス主義法学………………………………18
マロリー，フィリップ……………………192, 201
水林彪…………………………………155, 185
民主主義の成果と民主主義のコスト………277
民　法
　――改正………………………29, 49, 164, 258
　――季刊雑誌……………………………193
　「――とは市民社会の法」である…………85
　――と民事訴訟法の交錯………………185
　――の意義の見直し……………………56
　――の思想………………………………72
　――の「人間」観………………………120
　――の人間像……………………………142
　――の領分の拡張………………………53
　行為規範としての――…………………122
　従来法としての――……………………177
　社会の基本法としての――……………184
　小さい――か大きい――か……………159
民法学
　――の参照対象の転換…………………54

──の目的 …………………………67, 74
　　Unbuilt の── ……………………107
　　国民にわかりやすい── ……………103
　　多面体としての── …………………52
　民法学者の共同体 ……………………71
　民法（債権法）改正検討委員会
　　　　　………………104, 138, 144, 265
　民法小説 ………………………………164
　民法典制定過程 ………………………25
　民法典という思想 ………………184, 184
　民法典論争 ………………………25, 154
　　19 世紀の── ………………………25
　　21 世紀の新・── …………………28
　明治 30 年代研究………………………156
　明治法律学校 ……………………26, 163, 167
　明治民法 ………………………………25
　メタ規範 ………………………………45
　メタの視点 ……………………………77
　メタのレベル …………………………85
　目的論的解釈 …………………………60
　森田・潮見論争 ………………………53
　森田修 …………………………………53
　森田宏樹 …………………………52, 186

や　行

　安永正昭 ………………………………104
　約款規制 …………………………140, 145
　山田卓生 ………………………………59
　山本敬三 …………………………53, 144
　用益権 …………………………………207
　要件事実論 ……………………………6
　吉田克己 ………………………………180
　米倉明 …………………………………57
　「より広く，深く，遠くから」……………62

ら・わ 行

　リアリズム法学 ………………………194
　利益考量 ………………………………75
　利益考量法学 ………………46, 60, 84
　利益考量論 ……………………………232
　　説明型の── ………………………236
　利益団体 ………………………………137
　理解のための研究 ……………………81
　利息制限法 ……………………………145
　立　法 …………………………………77
　　──の時代 …………………………48
　　──補助 ……………………………77
　　──モデル …………………………31
　留学生 …………………………………56
　理　論 …………………………………15
　　──構成 ……………………………70
　　──と実務の架橋 ………6, 77, 78, 84
　　──上の体系と講学上の体系 ………226
　隣接諸学 …………………10, 22, 41, 81
　歴史的・進化主義的 …………………270
　歴史的解釈 ……………………………111
　連　結 ……………………………17, 212
　連結主義 ………………………………113
　連戦連敗 …………………………267, 273
　労働契約法 ……………………………137
　労働者 …………………………………136
　労働法 …………………………………145
　労働法学の民法像 ……………………150
　我妻栄 ………………………59, 87, 245
　わかりやすい民法典 …………………57
　和田肇 …………………………………146
　和仏法律学校 ……………………26, 163, 167

文献索引（邦文）

あ 行

鯨京正訓『法整備支援とは何か』（名古屋大学出版会，2011）……21
青木人志『「大岡裁き」の法意識——西洋法と日本人』（光文社，2005）……112
青木保『「日本文化論」の変容』（中央公論社，1990）……81
芦部信喜ほか編『岩波講座 基本法学 1～8』（岩波書店，1983～84）……80
足立幸男『公共政策学とは何か』（ミネルヴァ書房，2009）……20
渥美参平『民法告達概略鈔』（明治9〔1876〕年）……159
阿部裕介『抵当権者の追及権について——抵当権実行制度の再定位のために』（有斐閣，2018）……81
天野郁夫『学歴の社会史』（新潮選書，1992）……9
天野郁夫『旧制専門学校論』（玉川大学出版部，1993）……9
天野郁夫『高等教育の時代（上）（下）』（中公新書，2013）……9
天野郁夫『大学の誕生（上）（下）』（中公新書，2009）……9, 26, 163
天野和夫ほか編『マルクス主義法学講座（全8巻）』（日本評論社，1976～80）……18
荒木尚志＝菅野和夫＝山川隆一『詳説労働契約法〔第2版〕』（弘文堂，2014，初版，2008）…107, 137
蟻川恒正「起案講義憲法（1）～（43・完）」（法教391号～483号，2013～17）……77
淡路剛久『紛争と民法』（放送大学教育振興会，2002）……251
飯田高『〈法と経済学〉の社会規範論』（勁草書房，2004）……18
家永三郎編『植木枝盛選集』（岩波文庫，1974）……27, 161
五十嵐清『民法と比較法』（一粒社，1984）……83
池田恒男「民法典の改正——前三編」広中俊雄＝星野英一編『民法典の百年Ⅰ全般的考察』（有斐閣，1998）……34
池田真朗『債権譲渡の研究〔初版〕』（弘文堂，1993）……181
池田真朗「第1章 自然法学者ボワソナード・第2章 ボワソナード『自然法講義（性法講義）』の再検討」池田真朗『ボワソナードとその民法』（慶應義塾大学出版会，2011）……171
池田真朗『ボワソナードとその民法』（慶應義塾大学出版会，2011）……166
池田真朗『民法はおもしろい』（講談社現代新書，2012）……36
石川稔ほか編『家族法改正への課題』（日本加除出版，1993）……37
石田眞「末弘法学の軌跡」六本佳平＝吉田豊編『末弘厳太郎と日本の法社会学』（東京大学出版会，2007）……115
石綿はる美「遺言における受遺者の処分権の制限——相続の秩序と物権の理念（1）～（7・完）」法協131巻2～5号・7～9号（2014）……94
磯村哲『社会法学の展開と構造』（日本評論社，1975）……114, 234
伊藤滋夫『民事法学入門——法学の基礎から民事実務までの道しるべ』（有斐閣，2012）……6
伊藤昌司『相続法』（有斐閣，2002）……95
伊藤眞『法律学への誘い』（有斐閣，2003）……77
稲本洋之助ほか「フランスの農家相続（全7回）」社会科学研究36巻3・4号，37巻1・6号，38巻3・5号，39巻5号（1984～1988）……186
井上茂「法哲学」鈴木竹雄編『田中耕太郎——人と業績』（有斐閣，1977）……113
井上正一『民法正義財産編第二部巻之一』（新法註釈会，1892，復刻版，信山社，1995）……174

文献索引（邦文） *305*

井上達夫＝河合幹雄編『体制改革としての司法改革——日本型意思決定システムの構造転換と司法の役割』（信山社，2001）……………………………………………………………………38
井上治典「ある不動産取引紛争の分析」井上治典『民事手続論』（有斐閣，1993，初出，1990）……77
岩瀬大輔『ハーバードMBA留学記——資本主義の士官学校にて』（日経BP社，2006）…………10
岩谷十郎『明治日本の法解釈と法律家』（慶應義塾大学出版会，2012）…………………………166
岩村正彦ほか編『岩波講座　現代の法1〜15』（岩波書店，1997〜1998）………………………3
ヴィートー，リチャード＝仲條亮子共著『ハーバードの「世界を動かす授業」——ビジネスエリートが学ぶグローバル経済の読み解き方』（徳間書店，2010）…………………………………10
植木枝盛「如何なる民法を制定す可き耶」国民之友60号・61号（明治22〔1889〕）…………27, 161
臼井貞夫『法と政治のはざまで——素顔の議員立法』（花伝社，2007）……………………………38
内田貴『契約の再生』（弘文堂，1990）………………………………………………………………71
内田貴『債権法の新時代——「債権法改正の基本方針」の概要』（商事法務，2009）………35, 243
内田貴「探訪『法の帝国』(1)(2)」法協105巻3号・4号（1988）……………………………71
内田貴「日本民法学の出発点——補遺の試み」星野英一先生追悼『日本民法学の新たな時代』（有斐閣，2015）………………………………………………………………………………112
内田貴「日本法学の閉塞感の制度的，思想的，歴史的要因の分析」曽根威彦＝楜澤能生編『法実務，法理論，基礎法学の再定位』（日本評論社，2009）………………………………………11
内田貴『民法Ⅰ〜Ⅳ』（東京大学出版会，初版，1994〜2002）…………………………………109
内田貴『民法改正のいま——中間試案ガイド』（商事法務，2013）……………………………37, 138
内田貴『民法改正——契約のルールが百年ぶりに変わる』（ちくま新書，2011）…………………36
NHK放送文化研究所編『NHK中学生・高校生の生活と意識調査——楽しい今と不確かな未来』（NHK出版，2003）…………………………………………………………………………10
NHK放送文化研究所編『NHK中学生・高校生の生活と意識調査2012——失われた20年が生んだ"幸せ"な十代』（NHK出版，2013）…………………………………………………10
NBL編集部編『インタビュー「債権法改正の基本方針」のポイント——企業法務における関心事を中心に』別冊NBL133号（商事法務，2010）…………………………………………35
海老原明夫「ドイツ法学継受史余滴」ジュリ927〜999号（1989〜92）……………………………166
榎本松之助『万民必読民法早わかり』国立国会図書館デジタルコレクション……………………163
エレット，ウィリアム（斎藤聖美訳）『入門ケース・メソッド学習法——世界のビジネス・スクールで採用されている』（ダイヤモンド社，2010）………………………………………10
大久保泰甫『日本近代法の父ボアソナアド』（岩波書店，1977）…………………………………166
大久保泰甫＝高橋良彰『ボワソナード民法典の編纂』（雄松堂出版，1999）………………………166
大阪弁護士会『実務家からみた民法改正——「債権法改正の基本方針」に対する意見書』別冊NBL131号（商事法務，2009）……………………………………………………………35
大阪弁護士会編『民法（債権法）改正の論点と実務〈上〉〈下〉——法制審の検討事項に対する意見書』（商事法務，2011）…………………………………………………………………37
太田勝造ほか編『法社会学の新世代』（有斐閣，2009）……………………………………………17
太田誠一ほか編『きこえますか子どもからのSOS——児童虐待防止法の解説』（ぎょうせい，2001）……………………………………………………………………………………37
大橋洋一『現代行政過程論〔第4版〕』（有斐閣，2019）…………………………………………21
大村敦志『新しい日本の民法学』（東京大学出版会，2009）………………………………106, 156
大村敦志「科学学派の誕生」大村敦志『20世紀フランス民法学から』（東京大学出版会，2009）…234
大村敦志「科学学派の背景」大村敦志『20世紀フランス民法学から』（東京大学出版会，2009）…234

大村敦志「家族法と公共性」長谷部恭男 = 金泰昌編『公共哲学』(東京大学出会, 2004。大村敦志『新しい日本の民法学へ』〔東京大学出版会, 2009〕収録) ………………………………… 30
大村敦志『家族法〔第3版〕』(有斐閣, 2010) …………………………………………… 106, 112
大村敦志「共和国の民法学」大村敦志『20世紀フランス民法学から』(東京大学出版会, 2009)
………………………………………………………………………………………… 22, 39, 185
大村敦志「現象としての判例——『フランスにおける民事判例の理論』その後」日仏17号
  (1990) ………………………………………………………………………………………… 186
大村敦志「現代日本の法学教育——法学部における教育を中心として」田中成明ほか編『岩波講座現代の法15 現代法学の思想と方法』(岩波書店, 1997) …………………………………… 3
大村敦志『公序良俗と契約正義』(有斐閣, 1995) ………………………………… 71, 54, 109, 153
大村敦志「人工生殖論議と「立法学」」大村敦志『法源・解釈・民法学』(有斐閣, 1995, 初出, 1992) ………………………………………………………………………………………… 240
大村敦志『生活のための制度を創る』(有斐閣, 2005) ……………………………………… 228
大村敦志『生活民法入門』(東京大学出版会, 2003) ………………………………………… 237
大村敦志「生殖補助医療」大村敦志『もうひとつの基本民法Ⅰ』(有斐閣, 2005) ……………… 238
大村敦志「相続法における配偶者保護——立法論における「進化主義」」仁荷法学17輯3号
  (2014) ………………………………………………………………………………………… 106
大村敦志「損害賠償法から制度設計へ」平井宜雄先生追悼『民事責任法のフロンティア』(有斐閣, 2019) ……………………………………………………………………………………… 132
大村敦志「第2部第1章 家族法改革と立法学」大村敦志『法源・解釈・民法学』(有斐閣, 1995) …………………………………………………………………………………………… 115
大村敦志『典型契約と性質決定』(有斐閣, 1995) ………………………………… 71, 109, 186
大村敦志『20世紀フランス民法学から』(東京大学出版会, 2009) ………………… 111, 181, 194
大村敦志「日本における科学学派の受容」大村敦志『20世紀フランス民法学から』(東京大学出版会, 2009) …………………………………………………………………………………… 60
大村敦志「パクスその後——私事と公事の間で」水野紀子編『社会法制・家族法制における国家の介入』(有斐閣, 2013) ……………………………………………………………………… 190
大村敦志『広がる民法1 入門編』(有斐閣, 2017) …………………………………………… 132
大村敦志「広中俊雄の民法体系論——『人の法』構想を中心に」法時87巻9号 …………… 64, 177
大村敦志「フィンランドで日本の法学について考える——外国語, 読書, 学者」民事判例Ⅵ(日本評論社, 2013) ……………………………………………………………………………… 17, 204
大村敦志『不法行為判例に学ぶ』(有斐閣, 2011) ……………………………………………… 237
大村敦志「フランスの市民教育と法生活」大村敦志『〈法と教育〉序説』(商事法務, 2010) ……… 39
大村敦志『フランスの社交と法——〈つきあい〉と〈いきがい〉』(有斐閣, 2002) ……… 185, 228
大村敦志『フランス民法——日本における研究状況』(信山社, 2010) …………………… 80, 153
大村敦志『文学から見た家族法』(ミネルヴァ書房, 2012) …………………………………… 25
大村敦志「紛争解決の民法学から制度構想の民法学へ」大村敦志『新しい日本の民法学へ』(東京大学出版会, 2009, 初出, 2007) ………………………………………………………… 82
大村敦志「法教育への招待——法学から見た法教育」(商事法務, 2015) ……………… 132, 277
大村敦志「法教育からみた利益考量論」「法と教育」学会学会誌創刊号 (2011) ……………… 60
大村敦志「法教育と市民教育」大村敦志『〈法と教育〉序説』(商事法務, 2010) ………… 39, 241
大村敦志『法源・解釈・民法学』(有斐閣, 1995) ………………………… 39, 53, 76, 109, 181
大村敦志『法典・教育・民法学』(有斐閣, 1999) ……………………………………………… 24, 53

大村敦志『〈法と教育〉序説』（商事法務，2010）……………………………………………18
大村敦志「法の根源へ――ジャック・デリダ」大村敦志『法典・教育・民法学』（有斐閣，1999）………………………………………………………………………………67
大村敦志「法の変動とその担い手――大学の役割を中心に」長谷部恭男ほか編『現代法の動態5』（岩波書店，2015）…………………………………………………………………60
大村敦志「星野英一先生と『法学教室』」法教389号（2013）………………………………80
大村敦志『穂積重遠――社会教育と社会事業とを両翼として』（ミネルヴァ書房，2013）…18, 88, 114
大村敦志「補論B「共通の法へ――デルマス＝マルティ」大村敦志『法典・教育・民法学』（有斐閣，1999）……………………………………………………………………………115
大村敦志「民主主義の再定位と民法・民法学の役割」大村敦志『新しい日本の民法学へ』（東京大学出版会，2009，初出，2001）……………………………………………………71
大村敦志『民法改正を考える』（岩波新書，2011）……………………………36, 76, 143, 201, 244
大村敦志『民法総論』（岩波書店，2001）……………………………………………60, 153, 233
大村敦志「民法典の改正――後二編」広中俊雄＝星野英一編『民法典の百年Ⅰ全般的考察』有斐閣，1998）〔大村敦志『消費者・家族と法』（東京大学出版会，1999）〕…………………30, 34
大村敦志『民法読解親族編』（有斐閣，2015）……………………………………………31, 106
大村敦志『民法読解総則編』（有斐閣，2009）……………………………………31, 55, 156, 256
大村敦志「民法と民法典を考える」民法研究1巻（1996）〔『法典・教育・民法学究』（有斐閣，1999）〕……………………………………………………………………………24, 154
大村敦志「利益考量論の再検討」大村敦志『新しい日本の民法学へ』（東京大学出版会，2009，初出，2008）…………………………………………………………………………60, 233
大村敦志ほか『民法研究ハンドブック』（有斐閣，2000）……………………………………76
大村敦志ほか編『比較家族法研究――離婚・親子・親権を中心に』（商事法務，2012）……37
大村敦志＝小粥太郎『民法学を語る』（有斐閣，2015年）………………………………110
大村敦志＝土井真一編『法教育のめざすもの――その実践に向けて』（商事法務，2009）…18, 243
大村敦志＝道垣内弘人編『解説 民法（債権法）改正のポイント』（有斐閣，2017）……106
大村敦志＝伴ゆりな「留学生教育に関する一資料――東京大学大学院法学政治学研究科（民法専攻）の場合」書斎の窓594号（2010）………………………………………………12, 56
岡孝「明治民法と梅謙次郎」法学志林88巻4号（1991）………………………………166
荻村慎一郎「フランスにおける団体訴訟と訴訟要件」法協121巻6号（2004）……………186
奥島孝康「小野梓と早稲田法学」梓5号（2010）……………………………………161
奥田昌道『民法・財産法〔新版〕』（放送大学教育振興会，1998）…………………………251
落合誠一『消費者契約法』（有斐閣，2001）………………………………………………137
小野梓『民法之骨』（東洋館，明治19〔1886〕）国会図書館デジタルコレクション ……27, 161
折茂豊「世界法」鈴木竹雄編『田中耕太郎――人と業績』（有斐閣，1977）………………113

か 行

戒能通孝『法廷技術』（岩波書店，1952）……………………………………………………77
戒能民江編著『DV防止法とこれからの被害当事者支援』（ミネルヴァ書房，2006）………37
梶田太市「家族法の改正をめぐる諸問題」戸籍時報特別増刊号675号（2011）……………37
加藤一郎「法解釈学における論理と利益衡量」加藤一郎『民法における論理と利益衡量』（有斐閣，1974，初出，1966）……………………………………………………………60, 66, 233
加藤一郎「〔補論〕『利益衡量論』について」加藤一郎『民法における論理と利益衡量』（有斐閣，

1974) ………………………………………………………………………………66
加藤新太郎編『裁判官論』(第一法規, 2004) …………………………………………16
加藤新太郎編『リーガル・コミュニケーション』(弘文堂, 2002) …………………16
加藤雅信「債権法改正法の成立——債権法改正総括」名古屋学院大学論集(社会科学編)54巻2
　号 (2017) ……………………………………………………………………………110
加藤雅信『「所有権」の誕生』〔三省堂, 2001〕…………………………………………82
加藤雅信『民法(債権法)改正——民法典はどこにいくのか』(日本評論社, 2011) ……36, 110
加藤雅信責任編集『民法学説百年史』(三省堂, 1999) ………………………………80
金山直樹「フランス革命・民法典における契約自由の原則」金山直樹『法典という近代——装置
　としての民法』(勁草書房, 2011, 初出, 2004) …………………………………185
金山直樹『消滅時効法の現状と改正提案』別冊 NBL 122号 (商事法務, 2008) …………35
金山直樹ほか「法典調査会に学ぶ——債権法改正によせて (1) (2・完)」ジュリ 1331・1333号
　(2007) ………………………………………………………………………………154
金子明雄「『家庭小説』と読むことの帝国——『己が罪』という問題領域」小森陽一ほか編『メ
　ディア・表象・イデオロギー——明治30年代の文化研究』(小沢書店, 1997) ……156
鎌田薫『物権法ノート物権法①〔第3版〕』(日本評論社, 2007) ………………………104
川井健『日常生活と法』(放送大学教育振興会, 1986) ………………………………251
川井健ほか編『講座現代家族法1〜6』(日本評論社, 1991〜92) ……………………80
川島武宜『科学としての法律学』(弘文堂, 1955)〔現在では, 川島武宜『「科学としての法律学」
　とその発展』(岩波書店, 1987)〕………………………………………………………82
川島武宜『「科学としての法律学」とその発展』(岩波書店, 1987〔1955年版, 1964年版あり〕)
　…………………………………………………………………………………………235
川島武宜『日本社会の家族的構成』(学生書房, 1948)〔日本評論社, 1950, 岩波現代文庫版,
　2000〕……………………………………………………………………………………10
川島武宜『民法Ⅰ総論・物権』(有斐閣, 1960) ……………………………………222, 224
川島武宜『民法講義 第1巻 序説』(岩波書店, 1951) ………………………………222
川島武宜『民法総則』(有斐閣, 1965) …………………………………………………222
川島武宜編『法社会学講座 全10巻』(岩波書店, 1972〜73) …………………………17
川原順舟(川原梶三郎)『民法小説親子の訴訟』国立国会図書館デジタルコレクション ……164
北川善太郎『日本法学の歴史と理論』(日本評論社, 1968) ………………………153, 166
北川善太郎『民法の理論と体系』(一粒社, 1987) ……………………………………83
北田幸恵「男の法, 女の法——『虞美人草』における相続と恋愛」漱石研究16号 (2003) ……156
北村一郎「契約の解釈に対するフランス破毀院のコントロオル (1)〜(10・完)」法協93巻12
　号, 94巻1・3・5・7・8・10号, 95巻1・3・5号 (1976〜78) ………………186
北村一郎「私法上の契約と『意思自律の原理』」芦部信喜ほか編『基本法学4契約』(岩波書店,
　1983) ……………………………………………………………………………………71
北村一郎「追悼ジャン・カルボニエ学長 (1908-2003)」日仏法学23号 (2004) …………115
北村一郎「フランス——法曹養成と法学教育」比較法研究73号 (2011) ……………193
北村一郎編『フランス民法典の200年』(有斐閣, 2006) ……………………………180
草野厚『政策過程分析入門〔第2版〕』(東京大学出版会, 2012, 初版, 1997) ……………20
草野厚編著『政策過程分析の最前線』(慶應義塾大学出版会, 2008) …………………20
草野耕一『未央の夢——ある国際弁護士の青春』(商事法務, 2012) …………………16
窪田充見『家族法——民法を学ぶ〔第4版〕』(有斐閣, 2019) ………………………51

文献索引（邦文）　　*309*

クリステンセン，クレイトン・M（櫻井祐子訳）『イノベーション・オブ・ライフ——ハーバード・ビジネススクールを巣立つ君たちへ』（翔泳社，2012）……………………………10
来栖三郎「法の解釈と法律家」来栖三郎著作集１（信山社，2004，初出，1954）……………235
現代家族法大系編集委員会編『現代家族法大系１〜５』（有斐閣，1979〜80）………………80
黒田行元『民法大意』（明治７〔1874〕，上22丁，下20丁）……………………………………159
高村学人『アソシアシオンへの自由——〈共和国〉の論理』（勁草書房，2007）……………185
古賀勝次郎『近代日本の社会科学者たち』（行人社，2001）……………………………………112
小粥太郎「遺産共有法の解釈——合有説は前世紀の遺物か？」論ジュリ10号（2014）………83
小粥太郎「担保責任論の争点」東北ローレビュー１号（2014）…………………………………83
小粥太郎『日本の民法学』（日本評論社，2011）…………………………………………………83
小粥太郎「日本の民法学におけるフランス法研究」民商131巻４＝５号（2005）……………181
小粥太郎「マルセル・プラニオルの横顔」日仏23号（2004）…………………………………186
小粥太郎『民法学の行方』（商事法務，2008）……………………………………………………181
後藤巻則「フランス製造物責任法の成立とその影響」日仏22号〔1999〕……………………183
木庭顕『現代日本法へのカタバシス〔新版〕』（羽鳥書店，2018，初版，2011）………………15
木庭顕『「債権法改正の基本方針」に対するロマニスト・リヴュー，速報版』東京大学法科大学院ローレビュー５号（2010）…………………………………………………………………32
木庭顕『ローマ法案内——現代の法律家のために〔新版〕』（羽鳥書店，2017）………………15
小林昭彦＝原司『平成11年民法一部改正法等の解説』（法曹会，2002）………………………37
小森陽一ほか編『メディア・表象・イデオロギー——明治30年代の文化研究』（小沢書店，1997）……………………………………………………………………………………………156
小柳春一郎「民法典の誕生」広中俊雄＝星野英一編『民法典の百年Ｉ 全般的考察』（有斐閣，1998）……………………………………………………………………………………………154
小山勉『教育闘争と地のヘゲモニー——フランス革命後の学校・教育・国家』（御茶の水書房，1998）……………………………………………………………………………………………22

さ　行

最高裁判所事務総局編『民法改正に関する国会関係資料』家庭裁判資料34号（1953）………34
齋藤哲志「フランスにおける契約の解除（１）（２・完）」法協123巻７・８号（いずれも2006）……186
坂本慶一『新要件事実論——要件事実論の生成と発展』（悠々社，2011）………………………6
笹倉秀夫『法解釈講義』（東京大学出版会，2009）………………………………………………15
笹倉秀夫『法哲学講義』（東京大学出版会，2002）………………………………………………15
笹倉秀夫『法学講義』（東京大学出版会，2014）…………………………………………………77
椎木緑司『判例の生成過程と破棄判決』（有信堂，1996）………………………………………77
塩川徹也『徴虹と秘蹟——パスカル〈見えないもの〉の認識』（岩波書店，1993）……………67
潮見佳男『相続法』（弘文堂，初版，2003，第５版，2014。現在では，『詳解相続法』〔弘文堂，2018〕）………………………………………………………………………………………95
四宮和夫＝能見善久『民法総則〔第９版〕』（弘文堂，2018）…………………………………104
下森定「詐害行為取消権に関する近時の学説展開と債権法改正」法学志林110巻３号（2013）……32
七戸克彦「現行民法典を創った人々」法セミ54巻５号（2009）………………………………154
司馬遼太郎『本郷界隈——街道をゆく37（朝日文芸文庫）』（朝日新聞社，1996，初版，1971）……23
清水誠『時代に挑む法律学——市民法学の試み』（日本評論社，1992）………………………18
シャベル，スティーブン（田中亘＝飯田高訳）『法と経済学』（日本経済新聞出版社，2010）……18

ジュリスト編集部編『法解釈論と法学教育——平井宜雄「法律学基礎論覚書」をめぐって』（有斐閣，1990）………………………………………………………………………53, 108
商事法務編『民法（債権関係）部会資料集』第1集～（商事法務，2011～）………………37
商事法務編『民法（債権関係）の改正に関する中間試案の補足説明』（商事法務，2013）………37
白羽祐三『刑法学者牧野英一の民法論』（中央大学出版部，2003）………………………114
新堂幸司「民事訴訟法理論はだれのためにあるか」新堂幸司『民事訴訟制度の役割』（有斐閣，1993，初出，1968）……………………………………………………………77
末弘厳太郎『民法講話』（岩波書店，1926～27。戒能通孝改訂で『民法講話（上）（中）（下）』〔岩波書店，1954〕として公刊）……………………………………………245, 246
鈴木仁志『民法改正の真実——自壊する日本の法と社会』（講談社，2013）………………36
鈴木禄弥『相続法講義〔改訂版〕』（創文社，1996，初版，1986）………………………95
鈴木禄弥『根抵当法概説〔第3版〕』（新日本法規，1998，初版，1973）………………30
瀬川信久「梅・富井の民法解釈論と法思想」北大法学論集41巻5＝6号（1991）………166
瀬川信久「研究から見た星野英一先生」「特集・星野英一先生の人と学問」論ジュリ7号（2013）……………………………………………………………………………117
瀬川信久「末弘厳太郎の民法解釈と法理論」六本佳平＝吉田豊編『末弘厳太郎と日本の法社会学』（東京大学出版会，2007）………………………………………………115
瀬川信久「Ch. ペレルマン『議論の研究』——実用法学の視点からの検討」日仏13号（1984）…186
瀬川信久『不動産附合法の研究』（有斐閣，1981）………………………………………181
瀬川信久「民法解釈論の今日的位相」瀬川信久編『私法学の再構築』（北海道大学図書刊行会，1999）………………………………………………………………………83, 109
瀬川信久「民法の解釈」星野英一編集代表『民法講座別巻1』（有斐閣，1990）………83, 108, 233
千田有紀『日本型近代家族』（勁草書房，2011）…………………………………………81
曽根威彦＝楜澤能生編『法実務，法理論，基礎法学の再定位』（日本評論社，2009）………6

た　行

高須順一『民法（債権法）改正を問う——改正の必要性とあるべき姿』（酒井書店，2010）………36
髙山佳奈子「社会的連帯と個人主義——フランス法意識調査に見る責任観念」ジュリ1341号（2007）………………………………………………………………………185
高山崇彦＝大野正文編『銀行・事業会社のための債権法改正入門』（金融財政事情研究会，2009）……………………………………………………………………………36
滝沢聿代「最近のフランスにおける氏の諸問題」日仏14号〔1986〕……………………183
滝沢聿代「法学教育と民法学——平井・内田論争を読んで」判タ1034号（2000）………110
竹内昭夫「消費者保護」竹内昭夫ほか『現代の経済構造と法』（筑摩書房，1975）………260
武川正吾『政策志向の社会学』（有斐閣，2012）……………………………………………20
太政官記録掛編『法令彙纂民法之部』（明治8〔1875〕，太政官）…………………………159
田中成明ほか「〔座談会〕法哲学と実定法学の対話」法教102号（1989）〔田中成明＝星野英一編『法哲学と実体法学の対話』（有斐閣，1989）所収〕……………………………54
田中豊ほか編『債権法改正と裁判実務——要件事実・事実認定の重要論点』（商事法務，2011）…36
田中豊ほか編『債権法改正と裁判実務II——要件事実・事実認定の重要論点』（商事法務，2013）…36
俵木浩太郎『孔子と教育——「好学」とフィロソフィア』（みすず書房，1990）……………22
千種達夫編著『満洲家族制度の慣習（全3巻）』（一粒社，1964～1967）……………………56
中国農村慣行調査刊行会編『中国農村慣行調査（全6巻）』（岩波書店，1952～1958）………56

朝鮮総督府『慣習調査報告書〔再版〕』(1927) ···56
辻村みよ子『ジェンダーと法』(不磨書房,2005) ·······································54
土田道夫『労働契約法〔第2版〕』(有斐閣,2016,初版,2008) ·····················137
土田道夫編『債権法改正と労働法』(商事法務,2012) ························36, 138, 146
常木淳『「法と経済学」による公共政策分析』(岩波書店,2012) ·················18, 82
椿寿夫ほか編『民法改正を考える』法時増刊(日本評論社,2008) ·······················35
円谷峻編著『民法改正案の検討(第1巻〜第3巻)』(成文堂,2013) ···················36
テュルパン＝高津尚志『なぜ,日本企業は「グローバル化」でつまずくのか——世界の先進企業
  に学ぶリーダー育成法』(日本経済新聞出版社,2012) ···10
道垣内弘人『担保物権法〔第4版〕』(有斐閣,2017,〔初版,三省堂,1990〕) ········76
道垣内弘人＝佐伯仁志「〔対談〕民法と刑法(1)〜(16)」法教223号〜238号(1999〜2000)·····54
東京裁判所編纂『民法撮要』(明治8〔1875〕年,東京裁判所,1226頁)·················159
東京弁護士会法友全期会債権法改正プロジェクトチーム編『民法改正を知っていますか?』(民
  事法研究会,2009)··36
得津晶「負け犬の遠吠え——多元的法政策学の必要性またはその不要性」新世代法政策学研究1
  号(2009)···54
得津晶「民商の壁——一商法学者から見た法解釈方法論争」新世代法政策学研究2号(2009) ······55
富井政章『民法原論第1巻〜第3巻』(有斐閣,1903〜1929) ·····················245
富井政章『民法原論第1巻』(有斐閣,1985〔復刻版〕,訂正増補版,1920) ··········60

な 行

中川善之助『相続法』(有斐閣,初版,1964,第4版〔中川善之助＝泉久雄,2000) ·········95
中川善之助ほか編集代表『注釈民法1〜26』(有斐閣,1964〜1987) ················60
長島安治編集代表『日本のローファームの誕生と発展』(商事法務,2011)··············16
中田裕康『継続的取引の研究』(有斐閣,2000) ···186
中田裕康『債権総論〔第3版〕』(岩波書店,2013,初版,2008) ·······························79
中田裕康「枠契約の概念の多様性」日仏22号(1999) ·······································186
中田裕康編『家族法改正——婚姻・親子関係を中心に』(有斐閣,2010) ················37
中田裕康ほか「〔座談会〕民法と刑法(1)〜(3)」法教241号〜243号(2000) ········54
中村菊男『近代日本の法的形成——条約改正と法典編纂』(新版,1963,初版,1956) ·····154
中村菊男「法典争議と福沢の立場——明治法史における福沢諭吉(1)」法学研究23巻8号
  (1950) ··27, 161
西希代子「遺留分制度の再検討(1)〜(10・完)」法協123巻9・10・12号,124巻4・6〜10
  号,125巻6号(2006〜08) ···94, 182
能見善久『現代信託法』(有斐閣,2004) ···104
能見善久「民法学と隣接基礎法学との関連」法時61巻2号(1989) ·······················105
能見善久「法律学・法解釈の基礎研究」星野英一先生古稀祝賀『日本民法学の形成と課題(上)』
  (有斐閣,1996) ··105
能見善久ほか「債権法改正の課題と方向——民法100周年を契機として」別冊NBL51号(商事
  法務研究会,1998) ···35
野田愛子＝梶村太市総編集『新家族法実務大系1〜5』(新日本法規,2008) ···········81
野田良之「明治初年におけるフランス法研究」日仏法学1号(1961) ·····················172
野村豊弘『市民生活の財産法』(放送大学教育振興会,2006) ·····························251

野村豊弘「フランスにおける最近の民法典改正」日仏10号(1979) ･･････････････････183
野村豊弘ほか「座談会・アジアの民法——その比較法的意義と特色」ジュリ1406号(2010)
　　･･21, 56, 242

は　行

橋本博之『行政法学と行政判例——モーリス・オーリウ行政法学の研究』(有斐閣, 1998)･･･････76
長谷川正安『法学論争史〔第2版〕』(学陽書房, 1978) ･･････････････････････････108
長谷部恭男ほか編『岩波講座　現代法の動態1〜6』(岩波書店, 2014〜2015) ････････2
幡野弘樹「ヨーロッパ人権条約がフランス家族法に与える影響——法源レベルでの諸態様」日仏
　24号(2007) ･･187
浜辺陽一郎『民法大改正——ビジネス・生活はどう変わる?』(日本経済新聞社, 2010)･･････36
原田純孝『近代土地賃貸借法の研究——フランス農地賃貸借法の構造と史的展開』(東京大学出
　版会, 1980)･･186
平井宜雄「『エピステーメーとしての知識』と『テクネーとしての知識』」平井宜雄『教壇と研究
　室の間』(有斐閣学術センター, 2007, 初出, 1994)･･････････････････････････････65
平井宜雄「現代不法行為理論の一展望（現代民法学の課題）」(一粒社, 1980)･････････72, 83
平井宜雄「現代法律学の課題」平井宜雄『法律学基礎論の研究——平井宜雄著作集1』(有斐閣,
　2010, 初出, 1979)･･64
平井宜雄「言明の『意図せざる結果』」平井宜雄『教壇と研究室の間』(有斐閣学術センター,
　2007, 初出, 1991)･･65
平井宜雄「故星野英一会員追悼の辞」日本学士院紀要68巻2号(2014)･･････････････65
平井宜雄『債権総論〔第2版〕』(弘文堂, 1994, 初版, 1987)････････････････････････108
平井宜雄「責任の沿革的・比較法的考察」芦部信喜ほか編『岩波講座　基本法学5　責任』(岩波
　書店, 1984)･･･237
平井宜雄「想像力と共感」平井宜雄『教壇と研究室の間』(有斐閣学術センター, 2007, 初出,
　1982) ･･･72
平井宜雄「法解釈論の合理主義的基礎づけ」平井宜雄『法律学基礎論の研究——平井宜雄著作集
　1』(有斐閣, 2010, 初出, 1990)･･64
平井宜雄『法政策学——法制度設計の理論と技法〔第2版〕』(有斐閣, 1995, 初版, 1987)
　･･10, 54, 73, 109
平井宜雄「『法的思考様式』を求めて」平井宜雄『教壇と研究室の間』(有斐閣学術センター,
　2007, 初出, 1997)･･74
平井宜雄「『法の解釈』論覚書」来栖三郎先生古稀記念『民法学の歴史と課題』(東京大学出版会,
　1982) ･･･64
平井宜雄『法律学基礎論の研究——平井宜雄著作集1』(有斐閣, 2010) ･････････････64, 107
平井宜雄「星野英一先生の古稀をお祝いして」平井宜雄『法律学基礎論の研究——平井宜雄著作
　集1』(有斐閣, 2010, 初出, 1996)･･･65
平田守衛編著『黒田麹廬と「漂荒紀事」(全2巻)』(京都大学学術出版会, 1990) ･････････160
平野裕之=片山直也=山野目章夫「〔特集〕フランス担保法2006年改正」日仏25号(2009) ･････183
廣川洋一『ギリシア人の教育——教養とは何か』(岩波新書, 1990)･･････････････････22
廣瀬久和ほか「〔座談会〕星野英一先生を偲ぶ」「特集・星野英一先生の人と学問」論ジュリ7号
　(2013) ･･117
広田照幸ほか編『シリーズ大学1〜6』(岩波書店, 2013) ････････････････････････････3

広中俊雄「いわゆる『財産法と家族法との関係』について」広中俊雄『民事法の諸問題〔著作集4〕』(創文社, 1994, 初出, 1978) ···223
広中俊雄「近代市民法における人間」広中俊雄『民法論集』(東京大学出版会, 1971, 初出, 1963) ··63, 223
広中俊雄『契約とその法的保護』(創文社, 1974, 初出, 1953) ·······························222
広中俊雄「現代の法解釈学に関する一つの覚書」広中俊雄『民法論集』(東京大学出版会, 1971, 初出, 1969) ··63
広中俊雄『債権各論講義〔第6版〕』(有斐閣, 1994, 初版, 第1分冊~第3分冊, 1961~1963) ··222
広中俊雄「主題(個人の尊厳と人間の尊厳)に関する覚書」民法研究第4号(東京大学出版会, 1994) ··223
広中俊雄『新版民法綱要第1巻』(創文社, 2006) ·································177, 220
広中俊雄「成年後見制度の改革と民法の体系(上)(下)」ジュリ1184号・1185号(2000) ········226
広中俊雄「唄さんのこと」広中俊雄『戦争放棄の思想についてなど』(創文社, 2007, 初出, 2004) ··227
広中俊雄「綻びた日本民法典の体系と民法学の対処」広中俊雄『戦争放棄の思想についてなど』(創文社, 2007, 初出, 2005) ··224
広中俊雄『民法解釈方法に関する十二講』(有斐閣, 1997) ···································64
広中俊雄ほか編『日本民法典資料集成』(信山社, 2005) ·····································154
広中俊雄=星野英一編『民法典の百年I全般的考察』(有斐閣, 1998) ········34, 64, 235
広渡清吾『知的再生産構造の基盤変動——法科大学院・大学・学術コミュニティーの行方』(信山社出版, 2009) ··3
福沢諭吉「民法編成の問答」交詢雑誌41号(明治14 〔1881〕) ······························161
福田誠治「19世紀フランス法における連帯債務と保証(1)~(7・完)」北大法学論集47巻5・6号, 48巻1・2・6号, 50巻3・4号(1997~99) ·······································182
福永有利=井上治典『民事の訴訟——ある事件の発生から解決まで』(筑摩書房, 1987) ············77
更田義彦「フランス人と民事裁判」日仏10号(1979) ···185
藤田友敬編『ソフトローの基礎理論』(有斐閣, 2008) ···55
フット, ダニエル・H(溜箭将之訳)『名もない顔もない司法——日本の裁判は変わるのか』(NTT出版, 2007) ···38
ブリントン, メアリー・C(池村千秋訳)『失われた場を探して——ロストジェネレーションの社会学』(NTT出版, 2008) ···10
古市憲寿『絶望の国の幸福な若者たち』(講談社, 2011) ···9
ペナック, ダニエル(水林章訳)『学校の悲しみ』(みすず書房, 2009, 原作, 2007) ··········40
星野英一「意思自治の原則,私的自治の原則」星野英一『民法講座1民法総則』(有斐閣, 1984) ··70
星野英一「いわゆる『預金担保貸付』の法律問題」星野英一『民法論集第7巻』(有斐閣, 1989, 初出, 1987) ··62, 234
星野英一『家族法』(放送大学教育振興会, 1994) ···212
星野英一「『議論』と法学教育」星野英一『民法論集第8巻』(有斐閣, 1996, 初出, 1990) ···64, 108
星野英一「時効に関する覚書」星野英一『民法論集第4巻』(有斐閣, 1978, 初出, 1969) ···171
星野英一『借地・借家法』(有斐閣, 1969) ···30, 75
星野英一「〔書評〕幾代通=鈴木禄弥=広中俊雄『民法の基礎知識』」星野英一『民法論集第1

巻』(有斐閣, 1970, 初出, 1965)……………………………………………63
星野英一「製造物責任法ができるまで——法制審議会財産法小委員会の視点から」星野英一『民法論集第9巻』(有斐閣, 1999, 初出, 1994)………………………………………78
星野英一「追悼文集等のすすめ」星野英一『心の小琴に』(有斐閣出版サービス, 1987, 初出, 1975)……………………………………………………………………59
星野英一「長年の同志で畏敬すべき後輩——平井宜雄君」星野英一『法学者のこころ』(有斐閣, 2002, 初出, 1997)…………………………………………………65
星野英一「日本人の法意識」星野英一『民法論集第7巻』(有斐閣, 1989, 初出, 1985)…………241
星野英一「日本民法学の出発点——民法典の起草者たち」星野英一『民法論集第5巻』(有斐閣, 1986, 初出, 1977)………………………………………………166
星野英一「日本民法学の現代的課題」星野英一『民法論集第7巻』(有斐閣, 1989, 初出, 1986)…62
星野英一「日本民法典及び日本民法学説におけるG・ボアソナードの遺産」星野英一『民法論集第8巻』(有斐閣, 1996, 初出, 1992)…………………………………………166
星野英一「日本民法典に与えたフランス民法の影響」星野英一『民法論集第1巻』(有斐閣, 1970, 初出, 1965)……………………………………………153, 166, 181
星野英一「日本民法典の全面改正」ジュリ1339号 (2007)………………………………77
星野英一『人間・社会・法』(創文社, 2009)……………………………………212
星野英一「フランス民法典の日本に与えた影響」北村一郎編『フランス民法典の200年』(有斐閣, 2008)〔星野英一『民法論集第10巻』(有斐閣, 2015)〕……………………………181
星野英一「法制審議会——この知られざる存在」星野英一『民法論集 第9巻』(有斐閣, 1999, 初出, 1996)……………………………………………………………78
星野英一「法学とは何をする学問か」星野英一『民法論集第9巻』(有斐閣, 1999, 初出, 1994)…85
星野英一『法学入門』(放送大学教育振興会, 1995, 現在では, 有斐閣, 2010)………66, 82, 210, 211
星野英一「『法』と『法律』の区別について」星野英一『民法論集第7巻』(有斐閣, 1989 初出, 1982)……………………………………………………………………172
星野英一『民事判例研究第2巻 (3分冊)・第3巻 (2分冊)』(有斐閣, 1971～73, 1990)………76
星野英一「民法解釈論序説」星野英一『民法論集第1巻』(有斐閣, 1970, 初出, 1967)
　………………………………………………………………60, 61, 63, 66, 233
星野英一「『民法解釈論序説』補論」星野英一『民法論集第1巻』(有斐閣, 1970, 初出, 1970)…63
星野英一『民法概論Ⅰ～Ⅳ』(良書普及会, 1971～78)……………………………………78
星野英一『民法概論Ⅲ債権総論』(良書普及会, 1978, 初出, 1975)……………………………174
星野英一「民法学習の入門」星野英一『民法論集第5巻』(有斐閣, 1986)……………………177
星野英一「民法学の方法に関する覚書」星野英一『民法論集第5巻』(有斐閣, 1986, 初出, 1983)………………………………………………………………61, 66, 238
星野英一「民法講義——総論 (1)～(12)」法学教室1号～11号, 13号 (1980～81)………48, 80
星野英一『民法〔財産法〕』(放送大学教育振興会, 1994)……………………………212, 248, 251
星野英一「民法の解釈のしかたとその背景」星野英一『民法論集第8巻』(有斐閣, 1996, 初出, 1988)………………………………………………………………………61
星野英一『民法のすすめ』(岩波新書, 1998)……………………………………64, 66, 212
星野英一『民法のもう一つの学び方』(有斐閣, 2002, 補訂版, 2006)…………………57, 80, 213
星野英一「民法の解釈をめぐる論争についての中間的覚書」星野英一『民法論集第7巻』(有斐閣, 1989, 初出, 1986)………………………………………………………………64
星野英一『民法の焦点 PART 1 総論』(有斐閣, 1987)…………………………………213

文献索引（邦文）　　*315*

星野英一「利益考量論と借地借家関係規定の解釈」星野英一『民法論集第 4 巻』（有斐閣，1978，初出，1977）··240
星野英一「我妻法学の足跡──『民法講義』など」星野英一『民法論集第 4 巻』（有斐閣，1978，初出，1974）··240
星野英一＝田中成明「〔対談〕法哲学と実定法学をめぐって」法教 79 号（1987）〔田中成明＝星野英一編『法哲学と実定法学の対話』（有斐閣，1989）所収〕························54
星野英一ほか編『ボワソナード民法典資料集成』（雄松堂，1998〜2006）·····················154
星野英一編集代表『民法講座第 1 巻〜第 7 巻，別巻 1，2』（有斐閣，1984〜90）·······48, 80, 259
星野英一＝梁慧星監修『中国物権法を考える』（商事法務，2008）····························55
星野通『日本民法編纂史研究』（ダイヤモンド社，1943，復刻版，1994）·················24, 154
星野通編著＝松山大学法学部松大 GP 推進委員会増補『民法典論争資料集（復刻増補版）』（日本評論社，2013）··24, 25
穂積重遠『債権各論及び担保物権法（講義案）』（有斐閣，1928）····························87
穂積重遠『親族法』（岩波書店，1933）··87, 88
穂積重遠『相続法　第 1 分冊〜第 3 分冊』（岩波書店，1946〜47）······················87, 88, 95
穂積重遠『民法総論（上）（下）』（有斐閣，1922）···87
穂積重遠『民法読本』（日本評論社，1926。戦後改訂され『新民法読本』〔日本評論社，1948〕として刊行）···245, 246
穂積重遠『民法の由来と将来』（海軍経理学校，1928）··157
穂積陳重『法窓夜話』（岩波文庫，1980）···27
穂積陳重『法律進化論』（岩波書店，1924）··112
ボワソナード『自然法講義序説（仏文）』（明法寮，明治 7〔1874〕）···························169
ボワソナード（加太邦憲筆記）『司法省版・法律大意講義完』（司法省法学校，明治 13〔1880〕）···169
ボワソナード（井上操筆記）『校訂増補性法講義』（司法省法学校，明治 14〔1881〕）······169
ボワソナード（関口豊筆記）『自然法講義筆記ノート（仏文）』（明法寮，明治 7〔1874〕）···169
ボワソナード（井上操筆記）『司法省版性法講義』（明法寮，明治 10〔1877〕，復刻版，有斐閣，1986）···168, 169
ボワソナード（磯部四郎通訳）『性法講義完』（明治法律学校，明治 25）······················169
ボワソナード（市瀬勇三郎＝市川亮功訳）『法律大意第 2 回講義』（司法省法学校，明治 16〔1883〕）··169

ま　行

牧野篤『認められたい欲望と過剰な自分語り──そして居合わせた他者・過去とともにある私へ』（東京大学出版会，2011）···9
牧野英一『法律学における進化的と普遍的』（有斐閣，1937）··································112
牧野智和『自己啓発の時代──「自己」の文化社会学的探究』（勁草書房，2012）·············9
松尾弘『開発法学の基礎理論──良い統治のための法律学』（勁草書房，2012）··········21
松尾弘『民法改正を読む──改正論から学ぶ民法』（慶應義塾大学出版会，2012）········36
松岡久和＝潮見佳男＝山本敬三『民法総合・事例演習〔第 2 版〕』（有斐閣，2009，初版 2006）···245
松川正毅「人工生殖に関する日仏共同アンケート」日仏 18 号〔1993〕······················185
松原正明『全訂判例先例相続法Ⅰ〜Ⅴ』（日本加除出版，2006〜2012）······················95
松村良之ほか編『現代日本の紛争処理と民事司法　1〜3』（東京大学出版会，2010）·······17

松本恒雄「カンボジア民法典の制定とその特色」ジュリ1406号（2010）……………242, 257
松本英実「Confit de juridictionとアンシャン・レジーム期フランスの法構造」法制史研究56号
　（2006）……………………………………………………………………………………………186
丸尾実子「民法制定下の道草」漱石研究9号（1997）………………………………………………156
水林彪「近代民法の本源的性格——全法体系の根本法としてのCode civil」民法研究5号
　（2008）……………………………………………………………………………………………155, 185
水林彪「1791年のCode de lois civiles構想について」新世代法政策研究7号（2010）…………155
水林彪「ナポレオン法典におけるcivilとcommercial」飯島紀昭ほか編集代表『市民法学の課題
　と展望』（日本評論社，2000）……………………………………………………………………155
水林彪ほか「シンポジウム・実定法学の基礎法学（1）（2）」法時83巻3・4号（2011）…………6
水町勇一郎『労働法〔第7版〕』（有斐閣，2017）……………………………………………………21
三谷太一郎「二つの戦後」三谷太一郎『二つの戦後——権力と知識人』〔筑摩書房1988，初出
　1985，増補改題の上で『人は時代といかに向き合うか』（東大出版会，2014）として刊〕………59
民事法研究会編集部編『民法（債権関係）の改正に関する検討事項——法制審議会民法（債権関
　係）部会資料〈詳細版〉』（民事法研究会，2011）………………………………………………37
民法改正研究会（代表加藤雅信）『民法改正　国民・法曹・学界有志案——仮案の提示』法時増
　刊（日本評論社，2009）………………………………………………………………………35, 51, 253
民法改正研究会（代表加藤雅信）『民法改正と世界の民法典』（信山社，2009）……………………35
民法（債権法）改正検討委員会編『債権法改正の基本方針』別冊NBL126号（商事法務，2009）
　……………………………………………………………………………………………………35, 253
民法（債権法）改正検討委員会編『詳解・債権法改正の基本方針Ⅰ～Ⅴ』（商事法務，2009）
　……………………………………………………………………………………………………35, 51, 80
閔永盛「韓国の新しい法曹養成制度——法学専門大学院制度の導入経緯と現況」比較法研究73
　号（2011）…………………………………………………………………………………………8
牟田和恵『ジェンダー家族を超えて』（新曜社，2006）……………………………………………81
村上一博「明治法律学校機関誌にみる法典論争関係記事　1～6」法律論叢77巻1号～83巻1号
　（2004～2010）……………………………………………………………………………………26
村上淳一「包摂技術とコミュニケーション」村上淳一『現代法の透視図』（東京大学出版会，
　1996，初出，1994）………………………………………………………………………………67
村上淳一「ヨーロッパの近代とポスト・モダン」村上淳一『仮想の近代——西洋的理性とポスト
　モダン』（東京大学出版会，1992）………………………………………………………………67
村上淳一編『法律家の歴史的教養』（東京大学出版会，2003）……………………………………15
村松俊夫「民事事件の法律的構成」廣濱先生追悼記念論文集『法と法学教育』（勁草書房，1962）
　……………………………………………………………………………………………………77
盛岡多智男『基本法立法過程の研究——法務省・法制審議会による立案と政治の関わり』（山梨
　学院大学行政研究センター，2005）……………………………………………………………38
森田修『強制履行の法学的構造』（東京大学出版会，1995）………………………………………81
森田修『債権回収法講義〔第2版〕』（有斐閣，2011，初版，2006）………………………………53
森田修「債権法改正の文脈——新旧両規定の架橋のために」法教427号（2016）………………118
森田修「私法学における歴史認識と規範認識（1）（2）」社会科学研究47巻4号・6号（1995～
　1996）………………………………………………………………………………………………71, 109
森田修「16世紀フランスにおける担保権実行——rente契約を素材として」日仏21号（1998）…182
森田果「清算義務は合理的か（1）（2）」NBL801号・802号（2005）……………………………54

森田果＝小塚荘一郎「不法行為法の目的──『損害塡補』は主要な制度目的か」NBL 874 号
　（2008）……………………………………………………………………………………54
森田宏樹「契約」北村一郎編『フランス民法典の 200 年』（有斐閣，2006）………………186
森田宏樹『契約責任の帰責構造』（有斐閣，2002）……………………………………………186
森田宏樹『債権法改正を深める──民法の基礎理論の深化のために』（有斐閣，2013）………32, 52, 76
盛山和夫ほか編『公共社会学 1, 2』（東京大学出版会，2012）……………………………20

や　行

安永正昭『講義物権・担保物権法〔第 3 版〕』（有斐閣，2019，初版，2009）………………104
柳瀬昇『裁判員制度の立法学──討議民主主義理論に基づく国民の司法参加の意義の再構成』
　（日本評論社，2009）………………………………………………………………………38
山口定『市民社会論』有斐閣　2004………………………………………………………………82
山口俊夫「フランス法における意思自治理論とその現代的変容」『法学協会百周年記念論文集第
　3 巻』（有斐閣，1983）………………………………………………………………………71
山下雅之『コントとデュルケームのあいだ──1870 年代のフランス社会学』（木鐸社，1996）……20
山田卓生『民法』（放送大学教育振興会，1990）………………………………………………251
山野目章夫「『人の法』の観点の再整理」民法研究第 4 号（2004）……………………………226
山野目章夫＝小粥太郎「平成 15 年法による改正担保物権法・逐条研究（1）〜（9）」NBL 778〜
　799 号（2004）………………………………………………………………………………81
山本和彦＝事業再生研究機構編『債権法改正と事業再生』（商事法務，2011）………………36
山本和彦＝事業再生研究機構編『事業再生と金融実務からの債権法改正』（商事法務，2013）……36
山本敬三「現代社会におけるリベラリズムと私的自治（1）（2）」法学論叢 133 巻 4 号・5 号，
　1993）………………………………………………………………………………………71
山本敬三『公序良俗論の再構成』（有斐閣，2000）……………………………………………71
山本敬三「法的思考の構造と特質──自己理解の現況と課題」岩村正彦ほか編『岩波講座　現代
　の法 15　現代法学の思想と方法』（岩波書店，1997）……………………………109, 233
吉田克己『現代市民社会と民法学』（日本評論社，1999）………………………………18, 82
吉田克己「二人の自然法学者──ボワソナードと梅謙次郎」法時 71 巻 3 号（1999）………166
吉田克己「フランスにおける住居賃貸借法制の新展開」日仏 15 号（1987）…………………183
吉田克己『フランス住宅法の形成──住宅をめぐる国家・契約・所有権』（東京大学出版会，
　1997）………………………………………………………………………………………186
吉田克己「民法学の方法・覚書」ジュリ 1126 号（1998）……………………………………180
吉田邦彦『都市居住・災害復興・戦争補償と批判的「法の支配」』（有斐閣，2011）………110
米倉明「民法講義──総則（1）〜（80）」法教 14 号〜78 号・80 号〜82 号・84 号〜87 号・89 号
　〜93 号・95 号〜97 号（1981〜88）………………………………………………………57
米倉明『プレップ民法〔第 5 版増補版〕』（弘文堂，2018，初版，1984）……………………247
読売新聞政治部『法律はこうして生まれた──ドキュメント立法国家』（中公新書ラクレ，2003）…38

ら　行

ランドー，オーレ＝ビール，ヒュー編（潮見佳男ほか監訳）『ヨーロッパ契約法原則Ⅰ・Ⅱ』（法
　律文化社，2006）……………………………………………………………………………55
ランドー，オーレ＝ビール，ヒュー編（潮見佳男ほか監訳）『ヨーロッパ契約法原則Ⅲ』（法律文
　化社，2008）…………………………………………………………………………………55

李勝雨（権澈訳）「韓国における最近の民法改正──家族法」ジュリ 1362 号（2008）……………55
梁彰洙（権澈訳）「韓国の 2004 年民法改正案──その後の経過と評価」ジュリ 1362 号（2008）…55
臨時台湾旧慣調査会編『台湾私法（全 3 巻）』（1910〜1911）……………………………………56
臨時台湾旧慣調査会編『台湾私法附録参考書（全 3 巻）』（1909〜1911）……………………56

わ 行

我妻栄『法学概論』（有斐閣，1974）……………………………………………………………219
我妻栄『民法講義Ⅰ〜Ⅴ』（岩波書店，1932〜62）……………………………………………245
我妻栄『民法大意（上）（下）』（岩波書店，1944〜46。上中下の 3 巻本で改訂版〔1950〜53〕，新訂版〔1953〜54〕，第 2 版〔1971〕公刊）………………………………………………249
我妻栄編『戦後における民法改正の経過』（日本評論社，1956）………………………………34

法律学全集（有斐閣）……………………………………………………………………………60

NBL（商事法務）
　「座談会・企業実務から見た民法（債権関係）の改正に関する中間試案（上下）」NBL 1014号・1015 号（2013）…………………………………………………………………………37
　「私法学会シンポジウム資料・新しい法益と不法行為法の課題」NBL 936 号（2010）………38
戸籍時報……………………………………………………………………………………………280
　「シンポジウム『家族法改正を考える』」戸籍時報 659 号（2010）……………………………37
　「民法改正要綱試案と戸籍制度」戸籍時報特別増刊号 444 号（1995）………………………37
私　法………………………………………………………………………………………………81
　「遺言自由の原則と遺言の解釈」私法 69 号（2007）……………………………………………88
　「家族法改正」私法 72 号（2010）…………………………………………………………………88
　「契約責任論の再構築」私法 69 号（2007）………………………………………………………88
　「『消費者契約法』をめぐる立法的課題」私法 62 号（2000）……………………………………88
　「消滅時効の改正に向けて」私法 71 号（2009）…………………………………………………88
　「新法下における相続の実態」私法 15 号（1956）………………………………………………88
　「生命科学の発展と私法──生命倫理法案」私法 65 号（2003）………………………………88
　「団体論・法人論の現代的課題」私法 66 号（2004）……………………………………………88
　「日本民法典財産法編の改正」私法 71 号（2009）………………………………………………88
　「農地相続調査について」私法 26 号（1964）……………………………………………………88
　「法制審議会身分法小委員会中間報告をめぐって──寄与分を中心として」私法 39 号（1977）…88
ジュリスト（有斐閣）……………………………………………………………………………247
　「特集・加速する法教育」ジュリ 1353 号（2008）……………………………………………231
　「特集・家族法改正を考える──平成 8 年改正要綱から 10 余年を経て」ジュリ 1336 号（2007）…37
　「特集・法教育と法律学の課題」ジュリ 1404 号（2010）………………………………………232
　「特集・法社会学的法律学の可能性」ジュリ 1010 号（1992）…………………………………109
　「特集・星野英一先生の人と学問」論ジュリ 7 号（2013）……………………………………116
　「特集・民法（債権関係）の改正に関する中間試案をめぐって」ジュリ 1456 号（2013）……37
日仏法学……………………………………………………………………………………………18
法学教室（有斐閣）……………………………………………………………………………47, 80
　「特集・民法（債権法）改正──基礎法学・法の歴史の視点から」法時 82 巻 10 号（2010）………36

「特集・民法と憲法――民法から出発して」法教 171 号（1994）……………………………53, 71
法律時報（日本評論社）……………………………………………………………………81, 247
　「特集・『債権法改正の基本方針』を読む」法時 81 巻 10 号（2009）………………………35
　「特集　不法行為法の新時代」法時 78 巻 8 号（2006）……………………………………38
　「特集・民法（債権法）改正と労働法」法時 82 巻 11 号（2010）……………………36, 146
その他
　「家族法改正――子の利益を中心に」家族〈法と社会〉26 号（2010）……………………37
　「家族法改正――ジェンダーの視点から」ジェンダーと法 7 号（2010）…………………37
　「特集・民法改正と消費者法」消費者法 4 号（2009）………………………………………36

文献索引（欧文）

BLOQUET (S.), *La loi et son interprétation à travers le Code civil (1804-1880)*, LGDJ (bib. d'histoire du droit et droit romain), 2017, préf. JAMIN (Ch.)（『民法典を通じて見た法律とその解釈 (1804-1880)』）……128

CARBONNIER (J.), *Essai sur les lois*, 2e éd., LGDJ, 1995 ……115

CASSESE (A.), Cette bouleversante pluralité d'espaces juridiques, RUIZ FABRI (H.) et al. (dir,), *Mirelle Delmas-Marty et les années UMR*, Société de législation comparée, 2005……116

CHERFOUH (F.), Portrait d'un activiste: Raymond Saleilles au service de la science juridique, AUDREN (F.) et al. (dir.), *Raymond Saleilles et au-delà*, Dalloz, 2013 ……111

DANIS-FATOME (A.), Les applications contemporaines du《non-droit》en droit des personnes, in VERDIER (R.) (dir.), *Jean Carbonnier. L'homme et l'œuvre*, 2012. ……116

DELMAS-MARTY (M.), *Les forces imaginantes du droit*, 4 tomes, Seuil, 2004-2011. ……115

GAILLARD (E.), *Générations futures en droit privé. Vers un droit des générations futures*, LGDJ, 2011, préf. DELMAS-MARTY (M.)（『将来世代と私法――将来世代の法に向けて』）……129

GAUTIER (P. Y.), Réflexions sur François Gény: l'actualité méthodologique de *Science et technique*, CACHARD (O.) (dir.), *La pensée de François Gény*, Dalloz, 2013 ……113

GÉNY (F.), *Science et technique en droit privé positif*, 4 tomes, Sirey, 1914-1924. ……113

JAMIN (Ch.), *La cuisine du droit. L'École de Droit de Sciences Po: une expérimentation française*, Lextenso, 2012（『法の料理』）……128, 191

JESTAZ (Ph.) et JAMIN (Ch.), *La doctrine*, Dalloz, 2004, ……128, 194

LAFRANCE (R.), Le Droit au mépris de l'État: l'exemple du pluralisme familial comme art de se jouer de la norme étatique, VERDIER (R.) (dir.), *Jean Carbonnier. L'homme et l'œuvre*, 2012 ……116

MALAURIE (Ph.), La nouvelle École de droit Sciences Po. L'École des cuisiniers du droit, *Droit et patrimoine*, N. 187, Décembre 2009 ……193

MARTHA C. Nussbaum, *Not for Profit: Why Democracy Needs the Humanities*, Princeton University Press, 2010……8

MURIEL Jolivet, *Japon, la crise des modèles*, Philippe Piquier, 2010 ……10

MALAURIE (Ph.), *Dictionnaire d'un droit humaniste*, LGDJ, 2015 ……224

OST (F.) et VAN DE KERCHOVE (M.), *Entre la lettre et l'esprit. Les directives d'interprétation en droit*. Bruyant, 1989 ……131

POMADE (A.), *La société civile et le droit de l'environnement. Contribution à la réflexion sur les théories des sources du droit et de la validité*, LGDJ, 2010, préf. THIBIERGE (C.).（『市民社会と環境法――法源と妥当性の諸理論に関する考察のために』）……129

SALEILLES (R.), Quelques mots sur le rôle de la méthode historique dans l'enseignement du roit, *Rev. int. enseignement*, t. 19, 1890, p. 482 et s.; École historique et droit naturel, *Rev. trim. dr. civ.*, 1902 ……111

TERRE (Fr.), Rencontre avec François Gény, CACHARD (O.) (dir.), *La pensée de François Gény*, Dalloz, 2013 ……114

THIBIERGE (C.), *Nullité, Restitutions et Responsabilité*, LGDJ, 1992 ……129

VOGEL (L.), *L'université: une chance pour la France*, PUF, 2010.（『大学，フランスの好機』）……191

WICKERS (Th.), Remettre la faculté de droit au service de la profession d'avocat. A propos de l'ouvrage de Christophe Jamin, «La cuisine du droit», *Gaz. Pal.*, 14-16 oct. 2012·····················203

大村 敦志（おおむら・あつし）

1958年　千葉県に生まれる
1982年　東京大学法学部卒業
東京大学教授を経て，現在，学習院大学教授

〈主要著書〉
公序良俗と契約正義（有斐閣，1995）
法源・解釈・民法学（有斐閣，1995）
典型契約と性質決定（有斐閣，1997）
消費者法（有斐閣，1998，第4版，2011）
法典・教育・民法学（有斐閣，1999）
家族法（有斐閣，1999，第3版，2010）
民法総論（岩波書店，2001）
生活民法入門（東京大学出版会，2003）
民法読解総則編（有斐閣，2009）
フランス民法（信山社，2010）
民法読解親族編（有斐閣，2016）
新基本民法 1〜8（3・5：2016，6：2015，7：2014，8：2017，1・2・4〔第2版〕：2019）
広がる民法 1 入門編（有斐閣，2017）
人間の学としての民法学 1・2（岩波書店，2018）
民法のかたちを描く（東京大学出版会，近刊）

性法・大学・民法学──ポスト司法制度改革の民法学
　　Le droit civil au Japon d'après-réformes :
　　Nature de droit, régimes des sciences

2019年12月3日　初版第1刷発行

著　者　　大　村　敦　志
発行者　　江　草　貞　治
発行所　　株式会社　有　斐　閣
〒101-0051 東京都千代田区神田神保町2-17
電話　(03) 3264-1314〔編集〕
　　　(03) 3265-6811〔営業〕
http://www.yuhikaku.co.jp/

印刷・株式会社精興社／製本・牧製本印刷株式会社
© 2019, Atsushi OMURA. Printed in Japan
落丁・乱丁本はお取替えいたします。
★定価はカバーに表示してあります
ISBN 978-4-641-13823-0

JCOPY　本書の無断複写（コピー）は、著作権法上での例外を除き、禁じられています。複写される場合は、そのつど事前に(一社)出版者著作権管理機構（電話03-5244-5088、FAX03-5244-5089、e-mail:info@jcopy.or.jp）の許諾を得てください。

本書のコピー，スキャン，デジタル化等の無断複製は著作権法上での例外を除き禁じられています。本書を代行業者等の第三者に依頼してスキャンやデジタル化することは，たとえ個人や家庭内での利用でも著作権法違反です。